十四届全国人大三次会议

《政府工作报告》

学习问答

2025

国务院研究室编写组

中国言实出版社

图书在版编目(CIP)数据

十四届全国人大三次会议《政府工作报告》学习问答 /
国务院研究室编写组著. -- 北京 : 中国言实出版社,
2025. 3. -- ISBN 978-7-5171-5075-6

Ⅰ. D623

中国国家版本馆 CIP 数据核字第 20256ND526 号

十四届全国人大三次会议《政府工作报告》学习问答

责任编辑：史会美
责任校对：严　实

出版发行：中国言实出版社
　　　　　地　址：北京市朝阳区北苑路180号加利大厦5号楼105室
　　　　　邮　编：100101
　　　　　编辑部：北京市海淀区花园北路35号院9号楼302室
　　　　　邮　编：100083
　　　　　电　话：010-64924853（总编室）　010-64924716（发行部）
　　　　　网　址：www.zgyscbs.cn　电子邮箱：zgyscbs@263.net

经　　销：新华书店
印　　刷：北京中科印刷有限公司
版　　次：2025年3月第1版　2025年3月第1次印刷
规　　格：880毫米×1230毫米　1/32　11.75印张
字　　数：248千字

定　　价：40.00元
书　　号：ISBN 978-7-5171-5075-6

本书编委会

主　　任：沈丹阳

副主任：康旭平　肖炎舜　陈昌盛

编　　委：（以下按姓氏笔画排序）

　　　　　王汉章　王胜谦　牛发亮

　　　　　包益红　冯文礼　乔尚奎

　　　　　刘日红　李攀辉　宋　立

　　　　　姜秀谦　秦青山

目　录

第一部分　2024年工作回顾

第二部分　2025年经济社会发展
总体要求和政策取向

第三部分 2025年政府工作任务

政 府 工 作 报 告

——2025年3月5日在第十四届全国
人民代表大会第三次会议上

国务院总理 李 强

各位代表：

现在，我代表国务院，向大会报告政府工作，请予审议，并请全国政协委员提出意见。

一、2024年工作回顾

过去一年，我国发展历程很不平凡。党的二十届三中全会胜利召开，对进一步全面深化改革、推进中国式现代化作出部署。我们隆重庆祝中华人民共和国成立75周年，极大激发了全国各族人民的爱国热情和奋斗精神。

一年来，面对外部压力加大、内部困难增多的复杂严峻形势，在以习近平同志为核心的党中央坚强领导下，全国各族人民砥砺奋进、攻坚克难，经济运行总体平稳、稳中有进，全年经济社会发展主要目标任务顺利完成，高质量发展扎实推进，新质生产力稳步发展，我国经济实力、科技实力、综合国力持续增强，中国式现代化迈出新的坚实步伐，更加坚定了我们在新时代新征程全面建设社会主义现代化国家的决心和信心。

"稳"的态势巩固延续。主要表现在，经济规模稳步扩大，国内生产总值达到134.9万亿元、增长5%，增速居世界主要经济体前列，对全球经济增长的贡献率保持在30%左右。就业、物价总体平稳，城镇新增就业1256万人、城镇调查失业率平均为5.1%，居民消费价格上涨0.2%。国际收支基本平衡，对外贸易规模创历史新高，国际市场份额稳中有升，外汇储备超过3.2万亿美元。民生保障扎实稳固，居民人均可支配收入实际增长5.1%，脱贫攻坚成果持续巩固拓展，义务教育、基本养老、基本医疗、社会救助等保障力度加大。重点领域风险化解有序有效，社会大局保持稳定。

"进"的步伐坚实有力。主要表现在，产业升级有新进展，粮食产量首次跃上1.4万亿斤新台阶、亩产提升10.1斤；高技术制造业、装备制造业增加值分别增长 8.9%、7.7%，新能源汽车年产量突破 1300 万辆；信息传输软件和信息技术服务业、租赁和商务服务业增加值分别增长 10.9%、10.4%。创新能力有新提升，集成电路、人工智能、量子科技等领域取得新成果；"嫦娥六号"实现人类首次月球背面采样返回，"梦想"号大洋钻探船建成入列；技术合同成交额增长 11.2%。生态环境质量有新改善，地级及以上城市细颗粒物（$PM_{2.5}$）平均浓度下降 2.7%，优良天数比例上升至 87.2%，地表水优良水质断面比例提高到 90.4%；单位国内生产总值能耗降幅超过 3%；可再生能源新增装机 3.7 亿千瓦。改革开放有新突破，扎实有力落实党的二十届二中、三中全会改革部署，机构改革全面完成，构建全国统一大市场、渐进式延迟法定退休年龄等重大改革举措陆续推出；制造业领域外资准入限制措施全部取消，共建"一带一路"贸易投资合作不断扩容升级。

回顾过去一年，成绩来之不易。外部环境变化带来的不利影响持续加深，国内长期积累的一些深层次结构性矛盾集中显现，内需不振、预期偏弱等问题交织叠加，局部地区洪涝等自然灾害频发，保持经济社会平稳运行的难度加大。面对多重困难挑战，我们加力实施存量政策，适时优化宏观调控，积极有效应对。特别是坚决贯彻落实 9 月 26 日中央政治局会议果断部署的一揽子增量政策，推动经济明显回升，社会信心有效提振，既促进了全年目标实现，也为今年发展奠定了良好基础。在这个过程中，我们深化了对经济工作的规律性认识，进一步认识到党中央集中统一领导是做好经济工作的根本保证，必须统筹好有效市场和有为政府、总供给和总需求、培育新动能和更新旧动能、做优增量和盘活存量、提升质量和做大总量的关系。实践再次表明，在以习近平同志为核心的党中央坚强领导下，全国上下聚力攻坚，我国发展没有闯不过的难关。

一年来，我们深入学习贯彻习近平新时代中国特色社会主义思想，坚定维护以习近平同志为核心的党中央权威和集中统一领导，把党的领导贯穿政府工作各方面全过程，全面贯彻落实党的二十大和二十届二中、三中全会精神，按照党中央决策部署，主要做了以下工作。

一是因时因势加强和创新宏观调控，推动经济回升向好。去年一季度经济开局良好，但受国内外多方面因素影响，进入二季度以后主要指标连续走低，下行压力加大。我们加强逆周期调节，聚焦突出问题针对性施策，紧抓存量和增量政策落实，推动需求较快回升，生产增长加快，市场预期明显改善，全年经济运行呈现前高、中低、后扬态势。有力实施财政货币政策，扩大支出规模，加强重点领域财力保障，两次下调存款准备金率和政策利率，社会融资成本进一步降低。围绕扩大有效需求，扎实推进"两重"建设，加力支持"两新"工作，设备购置投资增长 15.7%，家电类商品零售额增长 12.3%。推动房地产市场止跌回稳，下调住房贷款利率和首付比例，居民存量房贷利息年支出减少约 1500 亿元，降低交易环节税费水平，扎实推进保交房工作。积极稳定资本市场，加快完善基础性制度，创设互换便利、回购增持再贷款等工具，市场活跃度上升。一次性增加 6 万亿元地方专项债务限额置换存量隐性债务。稳妥推进地方中小金融机构改革化险。

二是坚定不移全面深化改革扩大开放，增强发展内生动力。清理废除妨碍全国统一市场的规定做法，制定实施公平竞争审查条例，出台规范地方招商引资的措施。深化国有企业改革，持续优化国有经济布局。提请全国人大常委会审议民营经济促进法草案，改善民营经济发展环境。积极拓展外贸新增长点，进出口结构不断优化，外贸出口对经济增长贡献增大。全面实施跨境服务贸易负面清单。开展增值电信、生物技术、独资医院开放试点。加大单边开放力度，对所有同中国建交的最不发达国家产品全面给予零关税待遇。扩大单方面免签国家范围，过境免签境内停留时间延长至 240 小时，入境旅游持续升温。高质量共建"一带一路"成效显著，一批重大工程、民生项目稳步实施。

三是大力推动创新驱动发展，促进产业结构优化升级。推进科技强国建设，全面启动实施国家科技重大专项，加快完善重大科技基础设施体系，加强拔尖创新人才培养。稳定工业经济运行，推进制造业技术改造升级，制造业投资增长 9.2%。新培育一批国家级先进制造业集群，商业航天、北斗应用、新型储能等新兴产业快速发展。制定修订环保、安全等强制性国家标准。加快数字中国建设，数字经济核心产业增加值占国内生产总值比重达到 10% 左右。

四是统筹城乡区域协调发展，优化经济布局。出台实施新型城镇化战略五年行动计划，扎实推进城市更新，常住人口城镇化率提高到 67%。坚持不懈夯实农业基础，防灾减灾和综合生产能力稳步提高，乡村全面振兴取得新成效。出台一批区域发展政策，实施一批区域重大项目，健全主体功能区制度政策，区域融合发展取得新进展。

五是积极发展社会事业，增进民生福祉。出台促进高质量充分就业的政策措施，强化对企业吸纳就业的支持，高校毕业生、脱贫人口、农民工等重点群体就业保持稳定。推进教育强国建设。提高义务教育阶段家庭经济困难学生生活补助标准。国家奖助学金提标扩面、助学贷款提额降息，惠及学生 3400 多万人次。巩固"双减"成果，持续优化基础教育生态。推进医疗机构检查检验结果互认，扩大基层慢性病、常见病用药种类。扎实做好重点传染病防治。扩大职工医保个人账户共济范围。提高城乡居民基础养老金和退休人员基本养老金。深化养老服务改革，制定促进银发经济发展的政策。强化残疾人权益保障。提高优抚补助标准。健全低保标准确定和调整机制，拓展救助对象范围。向困难群众发放一次性生活补助，惠及 1100 多万人。完善全国年节及纪念日放假办法。繁荣发展文化事业和文化产业，文化和旅游市场持续活跃。扎实筹办第九届亚洲冬季运动会，成功举办第十二届全国少数民族传统体育运动会，我国体育健儿在巴黎奥运会取得境外参赛最好成绩。

六是持续加强生态环境保护，提升绿色低碳发展水平。强化生态环境综合治理，主要污染物排放量继续下降。深入实施重要生态系统保护和修复重大工程，荒漠化、沙化土地面积持续"双缩减"。生物多样性保护取得积极成效，大量珍稀濒危野生动植物种群稳步增长。推动重点行业节能降碳改造，推进新能源开发利用，非化石能源发电量占总发电量的比重接近 40%。启动全国温室气体自愿减排交易市场。全国碳排放权交易更趋活跃。

七是加强政府建设和治理创新，保持社会和谐稳定。贯彻落实党中央全面从严治党战略部署，严格落实中央八项规定精神，扎实开展党纪学习教育，大力整治形式主义、官僚主义，切实为基层减负，深入治理群众身边的不正之风，持续加强党风廉政建设和反腐败斗争。深入推进依法行政。提请全国人大常委会审议法律议案19件，制定修订行政法规28部。自觉依法接受监督。认真办理人大代表建议和政协委员提案。加强行政执法监督，规范涉企行政检查。推出两批"高效办成一件事"重点事项清单，推动线上线下服务能力整体提升。开展推动高质量发展综合督查。创新和完善社会治理。加强矛盾纠纷排查化解，推进信访工作法治化。强化应急管理和安全生产，开展燃气、电动自行车等安全隐患全链条专项整治。有效防范应对洪涝、台风、地震等自然灾害。完善国家安全体系。严防极端案事件发生，依法严惩恶性犯罪，全力保障人民群众生命财产安全和社会稳定。

过去一年，中国特色大国外交开创新局面。习近平主席等党和国家领导人出访多国，出席上海合作组织峰会、金砖国家领导人会晤、亚太经合组织领导人非正式会议、二十国集团领导人峰会、东亚合作领导人系列会议等重大多双边活动。成功举办中非合作论坛北京峰会、和平共处五项原则发表70周年纪念大会、中阿合作论坛部长级会议等重大主场外交活动。推动构建人类命运共同体，巩固拓展全球伙伴关系，坚持真正的多边主义，在应对全球性挑战和解决国际地区热点问题中发挥积极建设性作用。中国为促进世界和平与发展作出了重要贡献。

过去一年取得的成绩，根本在于习近平总书记领航掌舵，在于习近平新时代中国特色社会主义思想科学指引，是以习近平同志为核心的党中央坚强领导的结果，是全党全军全国各族人民团结奋斗的结果。我代表国务院，向全国各族人民，向各民主党派、各人民团体和各界人士，表示衷心感谢！向香港特别行政区同胞、澳门特别行政区同胞、台湾同胞和海外侨胞，表示衷心感谢！向关心和支持中国现代化建设的各国政府、国际组织和各国朋友，表示衷心感谢！

在肯定成绩的同时，我们也清醒看到面临的问题和挑战。从国际看，世界百年变局加速演进，外部环境更趋复杂严峻，可能对我国贸易、科技等领域造成更大冲击。世界经济增长动能不足，单边主义、保护主义加剧，多边贸易体制受阻，关税壁垒增多，冲击全球产业链供应链稳定，对国际经济循环造成阻碍。地缘政治紧张因素依然较多，影响全球市场预期和投资信心，加剧国际市场波动风险。从国内看，经济回升向好基础还不稳固，有效需求不足，特别是消费不振。部分企业生产经营困难，账款拖欠问题仍较突出。群众就业增收面临压力。民生领域存在短板。一些地方基层财政困难。社会矛盾化解和风险防范工作还需要加强。政府效能和依法行政能力有待提升。一些工作协调配合不够，有的政策落地偏慢、效果不及预期。有的部门服务观念不强、办事效率不高。一些干部乱作为、不作为、不善为，一些领域和地方腐败问题依然多发。我们既要正视困难问题，更要坚定发展信心。我国具有显著的制度优势，有超大规模市场、完备产业体系、丰富人力人才资源等诸多优势条件，有长远规划、科学调控、上下协同的有效治理机制，有需求升级、结构优化、动能转换的广阔增量空间，经济长期向好的基本趋势没有改变也不会改变，我国经济航船必将乘风破浪、行稳致远！

二、2025年经济社会发展总体要求和政策取向

今年是"十四五"规划收官之年。做好政府工作，要在以习近平同志为核心的党中央坚强领导下，以习近平新时代中国特色社会主义思想为指导，全面贯彻落实党的二十大和二十届二中、三中全会精神，按照中央经济工作会议部署，坚持稳中求进工作总基调，完整准确全面贯彻新发展理念，加快构建新发展格局，扎实推动高质量发展，进一步全面深化改革，扩大高水平对外开放，建设现代化产业体系，更好统筹发展和安全，实施

更加积极有为的宏观政策，扩大国内需求，推动科技创新和产业创新融合发展，稳住楼市股市，防范化解重点领域风险和外部冲击，稳定预期、激发活力，推动经济持续回升向好，不断提高人民生活水平，保持社会和谐稳定，高质量完成"十四五"规划目标任务，为实现"十五五"良好开局打牢基础。

今年发展主要预期目标是：国内生产总值增长5%左右；城镇调查失业率5.5%左右，城镇新增就业1200万人以上；居民消费价格涨幅2%左右；居民收入增长和经济增长同步；国际收支保持基本平衡；粮食产量1.4万亿斤左右；单位国内生产总值能耗降低3%左右，生态环境质量持续改善。

提出上述预期目标，综合考虑了国内外形势和各方面因素，兼顾了需要与可能。经济增长预期目标为5%左右，既是稳就业、防风险、惠民生的需要，也有经济增长潜力和有利条件支撑，并与中长期发展目标相衔接，突出迎难而上、奋发有为的鲜明导向。城镇调查失业率5.5%左右，体现了在就业总量和结构性矛盾更加突出背景下，加大稳就业力度的要求。居民消费价格涨幅2%左右，目的在于通过各项政策和改革共同作用，改善供求关系，使价格总水平处在合理区间。实现这些目标很不容易，必须付出艰苦努力。

我们将坚持稳中求进、以进促稳，守正创新、先立后破，系统集成、协同配合，充实完善政策工具箱，根据形势变化动态调整政策，提高宏观调控的前瞻性、针对性、有效性。注重目标引领，把握政策取向，讲求时机力度，强化系统思维，提升宏观政策实施效能。

实施更加积极的财政政策。统筹安排收入、债券等各类财政资金，确保财政政策持续用力、更加给力。今年赤字率拟按 4% 左右安排、比上年提高 1 个百分点，赤字规模 5.66 万亿元、比上年增加 1.6 万亿元。一般公共预算支出规模 29.7 万亿元、比上年增加 1.2 万亿元。拟发行超长期特别国债 1.3 万亿元、比上年增加 3000 亿元。拟发行特别国债 5000 亿元，支持国有大型商业银行补充资本。拟安排地方政府专项债券 4.4 万亿元、比上年增加 5000 亿元，重点用于投资建设、土地收储和收购存量商品房、消化地方政府拖欠企业账款等。今年合计新增政府债务总规模 11.86 万亿元、比上年增加 2.9 万亿元，财政支出强度明显加大。要加快各项资金下达拨付，尽快形成实际支出。持续优化支出结构，更加注重惠民生、促消费、增后劲，切实提高资金使用效益。中央财政加大对地方一般性转移支付力度，向困难地区和欠发达地区倾斜。严格落实分级保障责任，筑牢兜实基层"三保"底线。坚持政府过紧日子，推进财政科学管理，严肃财经纪律，严禁铺张浪费，腾出更多资金用于发展所需、民生所盼。

实施适度宽松的货币政策。发挥好货币政策工具的总量和结构双重功能，适时降准降息，保持流动性充裕，使社会融资规模、货币供应量增长同经济增长、价格总水平预期目标相匹配。优化和创新结构性货币政策工具，更大力度促进楼市股市健康发展，加大对科技创新、绿色发展、提振消费以及民营、小微企业等的支持。进一步疏通货币政策传导渠道，完善利率形成和传导机制，落实无还本续贷政策，强化融资增信和风险分担等支持措施。推动社会综合融资成本下降，提升金融服务可获得性和便利度。保持人民币汇率在合理均衡水平上的基本稳定。拓展中央银行宏观审慎与金融稳定功能，创新金融工具，维护金融市场稳定。

强化宏观政策民生导向。坚持以人民为中心，经济政策的着力点更多转向惠民生、促消费，以消费提振畅通经济循环，以消费升级引领产业升级，在保障和改善民生中打造新的经济增长点。推动更多资金资源"投资于人"、服务于民生，支持扩大就业、促进居民增收减负、加强消费激励，形成经济发展和民生改善的良性循环。

打好政策"组合拳"。加强财政、货币、就业、产业、区域、贸易、环保、监管等政策协同以及与改革开放举措的协调配合，增强政策合力。健全和用好宏观政策取向一致性评估工作机制，把经济政策和非经济性政策统一纳入一致性评估，统筹政策制定和执行全过程，提升政策目标、工具、时机、力度、节奏的匹配度。出台实施政策要能早则早、宁早勿晚，与各种不确定性抢时间，看准了就一次性给足，提高政策实效。加强上下联动、横向协作，促进政策从"最初一公里"到"最后一公里"衔接畅通。注重倾听市场声音，协同推进政策实施和预期引导，塑造积极的社会预期。

完成好今年目标任务，必须深入贯彻习近平经济思想，紧抓高质量发展这个首要任务，坚持以质取胜和发挥规模效应相统一，实现质的有效提升和量的合理增长。坚定实施扩大内需战略，做大做强国内大循环，在扩大开放中拓展国际合作空间，实现国内国际双循环在更高水平上相互促进、良性互动。持续深化供给侧结构性改革，着力破解消费供给的结构性矛盾，更加注重以高质量供给引领需求、创造需求。坚持以进一步全面深化改革调动各方面积极性，激发全社会创新创造活力。

三、2025年政府工作任务

今年经济社会发展任务十分繁重。我们要突出重点、把握关键，着重抓好以下几个方面工作。

（一）大力提振消费、提高投资效益，全方位扩大国内需求。促进消费和投资更好结合，加快补上内需特别是消费短板，使内需成为拉动经济增长的主动力和稳定锚。

实施提振消费专项行动。制定提升消费能力、增加优质供给、改善消费环境专项措施，释放多样化、差异化消费潜力，推动消费提质升级。多渠道促进居民增收，推动中低收入群体增收减负，完善劳动者工资正常增长机制。安排超长期特别国债3000亿元支持消费品以旧换新。从放宽准入、减少限制、优化监管等方面入手，扩大健康、养老、助残、托幼、家政等多元化服务供给。创新和丰富消费场景，加快数字、绿色、智能等新型消费发展。落实和优化休假制度，释放文化、旅游、体育等消费潜力。完善免税店政策，推动扩大入境消费。深化国际消费中心城市建设，健全县域商业体系。完善全口径消费统计制度。强化消费者权益保护，营造安全放心消费环境。

积极扩大有效投资。紧扣国家发展战略和民生需求，发挥好各类政府投资工具作用，加强财政与金融配合，强化项目储备和要素保障，加快实施一批重点项目，推动"十四五"规划重大工程顺利收官。切实选准选好项目，管好用好资金，保障在建项目资金需求，坚决防止低效无效投资。今年中央预算内投资拟安排7350亿元。用好超长期特别国债，强化超长期贷款等配套融资，加强自上而下组织协调，更大力度支持"两重"建设。优化地方政府专项债券管理机制，实施好投向领域负面清单管理、下放项目审核权限等措施。简化投资审批流程，建立健全跨部门跨区域重大项目协调推进机制。加大服务业投资力度。支持和鼓励民间投资发展，规范实施政府和社会资本合作新机制，引导更多民间资本参与重大基础设施、社会民生等领域建设，让民间资本有更大发展空间。

（二）因地制宜发展新质生产力，加快建设现代化产业体系。推动科技创新和产业创新融合发展，大力推进新型工业化，做大做强先进制造业，积极发展现代服务业，促进新动能积厚成势、传统动能焕新升级。

培育壮大新兴产业、未来产业。深入推进战略性新兴产业融合集群发展。开展新技术新产品新场景大规模应用示范行动，推动商业航天、低空经济、深海科技等新兴产业安全健康发展。建立未来产业投入增长机制，培育生物制造、量子科技、具身智能、6G等未来产业。深化先进制造业和现代服务业融合发展试点，加快发展服务型制造。加强产业统筹布局和产能监测预警，促进产业有序发展和良性竞争。加快国家高新区创新发展。梯度培育创新型企业，促进专精特新中小企业发展壮大，支持独角兽企业、瞪羚企业发展，让更多企业在新领域新赛道跑出加速度。

推动传统产业改造提升。加快制造业重点产业链高质量发展，强化产业基础再造和重大技术装备攻关。进一步扩范围、降门槛，深入实施制造业重大技术改造升级和大规模设备更新工程。加快制造业数字化转型，培育一批既懂行业又懂数字化的服务商，加大对中小企业数字化转型的支持。开展标准提升引领传统产业优化升级行动。深入推进制造业"增品种、提品质、创品牌"工作，加强全面质量管理，打造名品精品、经典产业。

激发数字经济创新活力。持续推进"人工智能＋"行动，将数字技术与制造优势、市场优势更好结合起来，支持大模型广泛应用，大力发展智能网联新能源汽车、人工智能手机和电脑、智能机器人等新一代智能终端以及智能制造装备。扩大5G规模化应用，加快工业互联网创新发展，优化全国算力资源布局，打造具有国际竞争力的数字产业集群。加快完善数据基础制度，深化数据资源开发利用，促进和规范数据跨境流动。促进平台经济规范健康发展，更好发挥其在促创新、扩消费、稳就业等方面的积极作用。

（三）深入实施科教兴国战略，提升国家创新体系整体效能。坚持创新引领发展，一体推进教育发展、科技创新、人才培养，筑牢中国式现代化的基础性、战略性支撑。

加快建设高质量教育体系。制定实施教育强国建设三年行动计划。全面实施新时代立德树人工程，推进大中小学思政课一体化改革创新。深入实施基础教育扩优提质工程，健全与人口变化相适应的资源统筹调配机制。加强义务教育学校标准化建设，推动义务教育优质均衡发展，扩大高中阶段教育学位供给，提升县域高中质量，逐步推行免费学前教育。办好特殊教育、继续教育、专门教育，引导规范民办教育发展。推进职普融通、产教融合，增强职业教育适应性。分类推进高校改革，扎实推进优质本科扩容，加快"双一流"建设，完善学科设置调整机制和人才培养模式。积极开展学校体育活动，普及心理健康教育，关爱师生身心健康。弘扬教育家精神，建设高素质专业化教师队伍，加强师德师风建设和教师待遇保障。要紧紧围绕国家需求和群众关切推进教育改革发展，加快从教育大国向教育强国迈进。

推进高水平科技自立自强。充分发挥新型举国体制优势，强化关键核心技术攻关和前沿性、颠覆性技术研发，加快组织实施和超前布局重大科技项目。优化国家战略科技力量布局，推进科研院所改革，探索国家实验室新型科研组织模式，增强国际和区域科技创新中心辐射带动能力。推动科技支出向基础研究倾斜，完善竞争性支持和稳定支持相结合的投入机制，提高基础研究组织化程度。发挥科技领军企业龙头作用，加强企业主导的产学研深度融合，从制度上保障企业参与国家科技创新决策、承担重大科技项目。完善中央财政科技经费分配和管理使用机制。健全科技成果转化支持政策和市场服务，推进职务科技成果赋权和资产单列管理改革，提升科技成果转化效能。加强知识产权保护和运用。加快概念验证、中试验证和行业共性技术平台建设。健全创投基金差异化监管制度，强化政策性金融支持，加快发展创业投资、壮大耐心资本。扩大科技开放合作。加强科学普及工作，提升公民科学素质。弘扬科学家精神，推动形成鼓励探索、宽容失败的创新环境。

全面提高人才队伍质量。发挥人才高地和人才平台的辐射作用，加快建设国家战略人才力量，加强拔尖创新人才、重点领域急需紧缺人才和高技能人才培养。大力支持、大胆使用青年科技人才。弘扬工匠精神，建设一流产业技术工人队伍。完善海外引进人才支持保障机制，优化外籍人才服务。深化人才管理和使用制度改革，赋予用人单位更大自主权，推动产学研人才联合培养和交流。促进人才区域合理布局，加强东中西部人才协作，鼓励优秀人才在中西部地区建功立业。深化人才分类评价改革和科教界"帽子"治理，建立以创新能力、质量、实效、贡献为导向的人才评价体系，鼓励各类人才潜心钻研、厚积薄发。

（四）推动标志性改革举措加快落地，更好发挥经济体制改革牵引作用。扎实推进重点领域改革，着力破除制约发展的体制机制障碍，创造更加公平、更有活力的市场环境。

有效激发各类经营主体活力。坚持和落实"两个毫不动摇"。高质量完成国有企业改革深化提升行动，实施国有经济布局优化和结构调整指引，加快建立国有企业履行战略使命评价制度。扎扎实实落实促进民营经济发展的法律法规和政策措施，切实依法保护民营企业和民营企业家合法权益，鼓励有条件的民营企业建立完善中国特色现代企业制度。加力推进清理拖欠企业账款工作，强化源头治理和失信惩戒，落实解决拖欠企业账款问题长效机制。深化政企常态化沟通交流，切实帮助企业解决实际困难和问题。多措并举精准支持个体工商户发展。开展规范涉企执法专项行动，集中整治乱收费、乱罚款、乱检查、乱查封，坚决防止违规异地执法和趋利性执法。政府要寓管理于服务之中，用服务的暖心增强企业的信心。

纵深推进全国统一大市场建设。加快建立健全基础制度规则，破除地方保护和市场分割，打通市场准入退出、要素配置等方面制约经济循环的卡点堵点，综合整治"内卷式"竞争。实施全国统一大市场建设指引，修订出台新版市场准入负面清单，优化新业态新领域市场准入环境。制定重点领域公平竞争合规指引，改革完善招标投标体制机制。出台健全社会信用体系的政策，构建统一的信用修复制度。完善企业简易退出制度，逐步推广经营主体活动发生地统计。加快建设统一开放的交通运输市场，实施降低全社会物流成本专项行动。

深化财税金融体制改革。开展中央部门零基预算改革试点，支持地方深化零基预算改革，在支出标准、绩效评价等关键制度上积极创新。加快推进部分品目消费税征收环节后移并下划地方，增加地方自主财力。规范税收优惠政策。积极探索建立激励机制，促进地方在高质量发展中培育财源。严控财政供养人员规模。完善科技金融、绿色金融、普惠金融、养老金融、数字金融标准体系和基础制度。深化资本市场投融资综合改革，大力推动中长期资金入市，加强战略性力量储备和稳市机制建设。改革优化股票发行上市和并购重组制度。加快多层次债券市场发展。

（五）扩大高水平对外开放，积极稳外贸稳外资。无论外部环境如何变化，始终坚持对外开放不动摇，稳步扩大制度型开放，有序扩大自主开放和单边开放，以开放促改革促发展。

稳定对外贸易发展。加大稳外贸政策力度，支持企业稳订单拓市场。优化融资、结算、外汇等金融服务，扩大出口信用保险承保规模和覆盖面，强化企业境外参展办展支持。促进跨境电商发展，完善跨境寄递物流体系，加强海外仓建设。拓展境外经贸合作区功能，发展中间品贸易，开拓多元化市场。支持内外贸一体化发展，加快解决标准认证、市场渠道等方面问题。推动服务贸易创新发展，提升传统优势服务竞争力，鼓励服务出口，扩大优质服务进口。培育绿色贸易、数字贸易等新增长点，支持有条件的地方发展新型离岸贸易，积极发展边境贸易。高质量办好进博会、广交会、服贸会、数贸会、消博会等重大展会。推进智慧海关建设与合作，提升通关便利化水平。

大力鼓励外商投资。推进服务业扩大开放综合试点示范，推动互联网、文化等领域有序开放，扩大电信、医疗、教育等领域开放试点。鼓励外国投资者扩大再投资，支持参与产业链上下游配套协作。切实保障外资企业在要素获取、资质许可、标准制定、政府采购等方面的国民待遇。加强外资企业服务保障，加快标志性项目落地，持续打造"投资中国"品牌。推动自贸试验区提质增效和扩大改革任务授权，加紧推进海南自由贸易港核心政策落地，完善经开区开放发展政策，促进综合保税区转型升级。持续营造市场化、法治化、国际化一流营商环境，让外资企业更好发展。

推动高质量共建"一带一路"走深走实。统筹推进重大标志性工程和"小而美"民生项目建设，形成一批示范性合作成果。保障中欧班列稳定畅通运行，加快西部陆海新通道建设。引导对外投资健康安全有序发展，强化法律、金融、物流等海外综合服务，优化产业链供应链国际合作布局。

深化多双边和区域经济合作。持续扩大面向全球的高标准自由贸易区网络，推动签署中国—东盟自贸区 3.0 版升级协定，积极推动加入《数字经济伙伴关系协定》和《全面与进步跨太平洋伙伴关系协定》进程。坚定维护以世界贸易组织为核心的多边贸易体制，扩大同各国利益的汇合点，促进共同发展。

（六）有效防范化解重点领域风险，牢牢守住不发生系统性风险底线。更好统筹发展和安全，坚持在发展中逐步化解风险，努力实现高质量发展和高水平安全的良性互动。

持续用力推动房地产市场止跌回稳。因城施策调减限制性措施，加力实施城中村和危旧房改造，充分释放刚性和改善性住房需求潜力。优化城市空间结构和土地利用方式，合理控制新增房地产用地供应。盘活存量用地和商办用房，推进收购存量商品房，在收购主体、价格和用途方面给予城市政府更大自主权。拓宽保障性住房再贷款使用范围。发挥房地产融资协调机制作用，继续做好保交房工作，有效防范房企债务违约风险。有序搭建相关基础性制度，加快构建房地产发展新模式。适应人民群众高品质居住需要，完善标准规范，推动建设安全、舒适、绿色、智慧的"好房子"。

稳妥化解地方政府债务风险。坚持在发展中化债、在化债中发展，完善和落实一揽子化债方案，优化考核和管控措施，动态调整债务高风险地区名单，支持打开新的投资空间。按照科学分类、精准置换的原则，做好地方政府隐性债务置换工作。完善政府债务管理制度，坚决遏制违规举债冲动。加快剥离地方融资平台政府融资功能，推动市场化转型和债务风险化解。

积极防范金融领域风险。按照市场化、法治化原则，一体推进地方中小金融机构风险处置和转型发展，综合采取补充资本金、兼并重组、市场退出等方式分类化解风险。完善中小金融机构功能定位和治理机制，推动实现差异化、内涵式发展。健全金融监管体系，加强跨部门合作，强化央地监管协同，保持对非法金融活动的高压严打态势。充实存款保险基金、金融稳定保障基金等化险资源。完善应对外部风险冲击预案，有效维护金融安全稳定。

（七）着力抓好"三农"工作，深入推进乡村全面振兴。坚持农业农村优先发展，学习运用"千万工程"经验，完善强农惠农富农支持制度，千方百计推动农业增效益、农村增活力、农民增收入。

持续增强粮食等重要农产品稳产保供能力。稳定粮食播种面积，主攻单产和品质提升。巩固大豆扩种成果，开发挖掘油料扩产潜力。推动棉糖胶等稳产提质。扶持畜牧业、渔业稳定发展，支持发展现代设施农业，全方位开发食物资源。严守耕地红线，严格占补平衡管理。高质量推进高标准农田建设、管护、利用，加强农田水利设施和现代化灌区建设，推进退化耕地治理和撂荒地复垦。深入实施种业振兴行动。加快先进适用农机装备研发应用和农业科技成果大面积推广。综合施策推动粮食等重要农产品价格保持在合理水平。启动中央统筹下的粮食产销区省际横向利益补偿，加大对产粮大县支持，保护种粮农民和粮食主产区积极性。各地区都要扛稳保障国家粮食安全责任，共同把饭碗端得更牢。

毫不松懈巩固拓展脱贫攻坚成果。提高监测帮扶效能，持续巩固提升"三保障"和饮水安全成果，确保不发生规模性返贫致贫。加强易地搬迁后续扶持，分类推进帮扶产业提质增效，加大就业帮扶力度，扩大以工代赈规模。深化东西部协作、定点帮扶、消费帮扶。健全脱贫攻坚国家投入形成资产的长效管理机制。统筹建立农村防止返贫致贫机制和低收入人口、欠发达地区分层分类帮扶制度，开展巩固拓展脱贫攻坚成果同乡村振兴有效衔接总体评估，完善过渡期后帮扶政策体系。

扎实推进农村改革发展。巩固和完善农村基本经营制度，有序推进第二轮土地承包到期后再延长30年试点，扩大整省试点范围。完善承包地经营权流转价格形成机制，提高农业社会化服务质效。支持发展新型农村集体经济。创新乡村振兴投融资机制。壮大乡村人才队伍。深化集体林权、农垦、供销社、农业水价等改革。因地制宜推动兴业、强县、富民一体发展，做好"土特产"文章，发展林下经济，促进乡村特色产业延链增效、联农带农，拓宽农民增收渠道。加强文明乡风建设，丰富农民文化生活，推进农村移风易俗。持续改善农村基础设施、公共服务和人居环境，建设宜居宜业和美乡村。

（八）推进新型城镇化和区域协调发展，进一步优化发展空间格局。完善实施区域协调发展战略机制，坚持以人为本提高城镇化质量水平，构建优势互补的区域经济布局和国土空间体系。

深入实施新型城镇化战略行动。科学有序推进农业转移人口市民化，全面推进常住地提供基本公共服务，强化随迁子女义务教育保障，推动将符合条件的农业转移人口纳入住房保障体系，畅通参加社会保险渠道。加快补齐县城基础设施和公共服务短板，大力发展县域经济，提高城乡规划、建设、治理融合水平。发展现代化都市圈、优化空间格局，提升超大特大城市现代化治理水平，促进大中小城市和小城镇协调发展。持续推进城市更新和城镇老旧小区改造，统筹城市低效用地再开发，加快健全城市防洪排涝体系，加强燃气、给排水、热力、地下管廊等建设和协同管理。发展数字化、智能化基础设施，完善无障碍适老化配套设施，提升社区综合服务功能，打造宜居、韧性、智慧城市。

加大区域战略实施力度。发挥区域协调发展战略、区域重大战略、主体功能区战略的叠加效应，积极培育新的增长极。深入实施西部大开发、东北全面振兴、中部地区加快崛起、东部地区加快推进现代化等战略。提升京津冀、长三角、粤港澳大湾区等经济发展优势区域的创新能力和辐射带动作用。深入推动长江经济带建设、黄河流域生态保护和高质量发展。支持经济大省挑大梁，在要素保障、科技创新、改革开放先行先试等方面制定支持政策。鼓励其他地区因地制宜、各展所长。高标准高质量推进雄安新区建设。推动成渝地区双城经济圈建设走深走实。深化东、中、西、东北地区产业协作，推动产业有序梯度转移。支持革命老区、民族地区加快发展，加强边疆地区建设，推进兴边富民、稳边固边。积极探索资源型地区转型发展新路径。大力发展海洋经济，建设全国海洋经济发展示范区。

（九）协同推进降碳减污扩绿增长，加快经济社会发展全面绿色转型。进一步深化生态文明体制改革，统筹产业结构调整、污染治理、生态保护、应对气候变化，推进生态优先、节约集约、绿色低碳发展。

加强污染防治和生态建设。持续深入推进蓝天、碧水、净土保卫战。制定固体废物综合治理行动计划，加强新污染物协同治理和环境风险管控。深入实施生态环境分区管控，统筹推进山水林田湖草沙一体化保护和系统治理，全面推进以国家公园为主体的自然保护地体系建设，推动"三北"工程标志性战役取得重要成果。实施生物多样性保护重大工程，坚定推进长江十年禁渔。健全生态保护补偿和生态产品价值实现机制。积极推进美丽中国先行区建设，不断满足人民群众对良好生态环境新期待。

加快发展绿色低碳经济。完善支持绿色低碳发展的政策和标准体系，营造绿色低碳产业健康发展生态。深入实施绿色低碳先进技术示范工程，培育绿色建筑、绿色能源、绿色交通等新增长点。完善资源总量管理和全面节约制度，加强重点用能用水单位节能节水管理，有力有效管控高耗能项目。加强废弃物循环利用，大力推广再生材料使用，促进循环经济发展。健全绿色消费激励机制，推动形成绿色低碳的生产方式和生活方式。

积极稳妥推进碳达峰碳中和。扎实开展国家碳达峰第二批试点，建立一批零碳园区、零碳工厂。加快构建碳排放双控制度体系，扩大全国碳排放权交易市场行业覆盖范围。开展碳排放统计核算，建立产品碳足迹管理体系、碳标识认证制度，积极应对绿色贸易壁垒。加快建设"沙戈荒"新能源基地，发展海上风电，统筹就地消纳和外送通道建设。开展煤电低碳化改造试点示范。规划应对气候变化一揽子重大工程，积极参与和引领全球环境与气候治理。

（十）加大保障和改善民生力度，提升社会治理效能。加强普惠性、基础性、兜底性民生建设，稳步提高公共服务和社会保障水平，促进社会和谐稳定，不断增强人民群众获得感幸福感安全感。

更大力度稳定和扩大就业。就业是民生之本。要完善就业优先政策，加大各类资金资源统筹支持力度，促进充分就业、提高就业质量。实施重点领域、重点行业、城乡基层和中小微企业就业支持计划，用足用好稳岗返还、税费减免、就业补贴等政策。支持劳动密集型产业吸纳和稳定就业，统筹好新技术应用和岗位转换，创造新的就业机会。优化就业创业服务，拓宽高校毕业生等青年就业创业渠道，做好退役军人安置和就业服务，促进脱贫人口、农民工就业，强化大龄、残疾、较长时间失业等就业困难群体帮扶。加强灵活就业和新就业形态劳动者权益保障，推进扩大职业伤害保障试点。切实保障劳动者工资发放，清理整治欠薪，坚决纠正各类就业歧视。开展大规模职业技能提升培训行动，增加制造业、服务业紧缺技能人才供给。加快构建技能导向的薪酬分配制度，提高技能人才待遇水平，让多劳者多得、技高者多得、创新者多得。

强化基本医疗卫生服务。实施健康优先发展战略，促进医疗、医保、医药协同发展和治理。深化以公益性为导向的公立医院改革，推进编制动态调整，建立以医疗服务为主导的收费机制，完善薪酬制度，优化绩效考核。改善病房和诊疗条件，以患者为中心持续改善医疗服务。促进优质医疗资源扩容下沉和区域均衡布局，实施医疗卫生强基工程。加强护理、儿科、病理、全科、老年医学专业队伍建设，完善精神卫生服务体系。优化药品和耗材集采政策，强化质量评估和监管，让人民群众用药更放心。健全药品价格形成机制，制定创新药目录，支持创新药和医疗器械发展。完善中医药传承创新发展机制，推动中医药事业和产业高质量发展。加强疾病预防控制体系建设，统筹做好重点传染病防控。居民医保和基本公共卫生服务经费人均财政补助标准分别再提高30元和5元。稳步推动基本医疗保险省级统筹，健全基本医疗保险筹资和待遇调整机制，深化医保支付方式改革，促进分级诊疗。全面建立药品耗材追溯机制，严格医保基金监管，让每一分钱都用于增进人民健康福祉。

完善社会保障和服务政策。城乡居民基础养老金最低标准再提高20元，适当提高退休人员基本养老金。加快发展第三支柱养老保险，实施好个人养老金制度。积极应对人口老龄化，完善发展养老事业和养老产业政策机制，大力发展银发经济。加快发展智慧养老。推进社区支持的居家养老，强化失能老年人照护，加大对老年助餐服务、康复辅助器具购置和租赁支持力度，扩大普惠养老服务，推动农村养老服务发展。加快建立长期护理保险制度。制定促进生育政策，发放育儿补贴，大力发展托幼一体服务，增加普惠托育服务供给。稳妥实施渐进式延迟法定退休年龄改革。做好军人军属、退役军人和其他优抚对象优待抚恤工作。加强困境儿童、流动儿童和留守儿童关爱服务。做好重度残疾人托养照护服务，提升残疾预防和康复服务水平。加强低收入人口动态监测和常态化救助帮扶，完善分层分类社会救助体系，保障困难群众基本生活。

加强精神文明建设。完善培育和践行社会主义核心价值观制度机制，推进群众性精神文明创建和公民道德建设。发展哲学社会科学、新闻出版、广播影视、文学艺术和档案等事业，加强智库建设。深化全民阅读活动。加强和改进未成年人思想道德建设。健全网络生态治理长效机制，发展积极健康的网络文化，推动新时代网络强国建设。完善公共文化服务体系，推动优质文化资源直达基层。健全文化产业体系和市场体系，加快发展新型文化业态，大力发展旅游业。推进文化遗产系统性保护，提升文物、非物质文化遗产保护利用和考古研究水平。扩大国际人文交流合作，全面提升国际传播效能。改革完善竞技体育管理体制和运行机制。办好第十五届全国运动会和第十二届世界运动会。积极发展冰雪运动和冰雪经济。推进群众身边的运动场地设施建设，广泛开展全民健身活动。加强青少年科学健身普及和健康干预，让年轻一代在运动中强意志、健身心。

维护国家安全和社会稳定。全面贯彻总体国家安全观，完善维护国家安全体制机制，推进国家安全体系和能力现代化。落实维护社会稳定责任制，加强公共安全治理，强化基层应急基础和力量。深入实施安全生产治本攻坚三年行动，做好重点行业领域安全生产风险排查整治，坚决遏制重特大事故发生。严格食品药品监管，抓好校园学生餐、平台外卖安全监管。加强气象服务。做好洪涝、干旱、台风、森林草原火灾、地质灾害、地震等自然灾害防范应对。做好西藏定日县地震灾后恢复重建，提高重点地区房屋、基础设施抗震能力。健全城乡基层治理体系，加强乡镇街道服务管理力量，提高市域社会治理能力。全面深化事业单位改革。引导支持社会组织、人道救助、志愿服务、公益慈善等健康发展。发挥好行业协会商会行业自律作用。保障妇女、儿童、老年人、残疾人合法权益。坚持和发展新时代"枫桥经验"，推进基层综治中心规范化建设，持续推进信访工作法治化，进一步加强社会矛盾和风险隐患排查，把矛盾纠纷化解在基层、化解在萌芽状态。提升公共法律服务均衡性和可及性。健全社会心理服务体系和危机干预机制，培育自尊自信、理性平和、积极向上的社会心态。建设更高水平的平安中国，完善社会治安整体防控体系，依法严厉打击黑恶势力、电信网络诈骗等违法犯罪活动，保障人民群众安居乐业、社会安定有序。

今年将开展"十五五"规划编制工作。要深入分析"十五五"时期新的阶段性特征，科学确定发展目标，谋划好重大战略任务、重大政策举措、重大工程项目，更好发挥规划对经济社会发展的引领指导作用。

应对新挑战、完成新任务，对政府工作提出新的更高要求。各级政府及其工作人员要深刻领悟"两个确立"的决定性意义，增强"四个意识"、坚定"四个自信"、做到"两个维护"，自觉在思想上政治上行动上同以习近平同志为核心的党中央保持高度一致。坚决扛起全面从严治党政治责任，深入贯彻中央八项规定精神，坚定不移推进政府党风廉政建设和反腐败斗争。全面提升政府履职能力，确保党中央决策部署不折不扣落实到位。

加强法治政府建设。严格依照宪法法律履职尽责，推进政府机构、职能、权限、程序、责任法定化。自觉接受同级人大及其常委会的监督，自觉接受人民政协的民主监督，自觉接受社会和舆论监督。加强审计监督。坚持科学、民主、依法决策，加强政府立法审查，强化重大决策、规范性文件合法性审查。深化政务公开。推进严格规范公正文明执法，落实行政裁量权基准制度，健全维护群众利益的制度机制。支持工会、共青团、妇联等群团组织更好发挥作用。政府工作人员要恪尽职守、廉洁奉公，厉行法治、依法办事，确保党和人民赋予的权力始终用来为人民谋幸福。

提升行政效能和水平。坚持求真务实，从实际出发解决问题。善于把党中央决策部署与自身实际结合起来，谋划牵引性、撬动性强的工作抓手和载体，提高创造性贯彻落实能力。加快数字政府建设，健全"高效办成一件事"重点事项清单管理和常态化推进机制，完善覆盖全国的一体化在线政务服务平台。强化正向激励，完善考核评价体系，持续整治形式主义为基层减负，切实把面向基层的多头重复、指标细碎、方式繁琐的督查检查考核减下来，让广大干部把更多时间和精力用到干实事上。各级政府工作人员要坚持干字当头、脚踏实地，创造更多经得起历史和人民检验的发展业绩。

我们要以铸牢中华民族共同体意识为主线，推进中华民族共同体建设，坚持和完善民族区域自治制度，不断推进民族团结进步事业，加快民族地区现代化建设步伐。坚持党的宗教工作基本方针，系统推进我国宗教中国化，加强宗教事务治理法治化。完善侨务工作机制，维护海外侨胞和归侨侨眷合法权益，汇聚海内外中华儿女共创辉煌的强大力量。

过去一年，国防和军队建设取得新的重要进展。新的一年，我们要深入贯彻习近平强军思想，贯彻新时代军事战略方针，坚持党对人民军队的绝对领导，全面深入贯彻军委主席负责制，持续深化政治整训，全力打好实现建军一百年奋斗目标攻坚战。深入推进练兵备战，加快发展新质战斗力，构建中国特色现代军事理论体系，坚定捍卫国家主权、安全、发展利益。抓好军队建设"十四五"规划收官，加紧实施国防发展重大工程，加快推进网络信息体系建设。协力推进跨军地改革，优化国防科技工业体系和布局，健全一体化国家战略体系和能力建设工作机制。加强国防教育、国防动员和后备力量建设。各级政府要大力支持国防和军队建设，完善双拥工作机制，巩固和发展坚如磐石的军政军民团结。

我们要全面准确、坚定不移贯彻"一国两制"、"港人治港"、"澳人治澳"、高度自治的方针，维护宪法和基本法确定的特别行政区宪制秩序，落实"爱国者治港"、"爱国者治澳"原则。支持香港、澳门发展经济、改善民生，深化国际交往合作，更好融入国家发展大局，保持香港、澳门长期繁荣稳定。

我们要坚持贯彻新时代党解决台湾问题的总体方略，坚持一个中国原则和"九二共识"，坚决反对"台独"分裂和外部势力干涉，推动两岸关系和平发展。完善促进两岸经济文化交流合作制度和政策，深化两岸融合发展，增进两岸同胞福祉，坚定不移推进祖国统一大业，携手共创民族复兴伟业。

我们要坚持独立自主的和平外交政策，坚持走和平发展道路，坚定奉行互利共赢的开放战略，反对霸权主义和强权政治，反对一切形式的单边主义、保护主义，维护国际公平正义。中国愿同国际社会一道，倡导平等有序的世界多极化、普惠包容的经济全球化，推动落实全球发展倡议、全球安全倡议、全球文明倡议，积极参与全球治理体系改革和建设，推动构建人类命运共同体，共创世界和平发展的美好未来。

各位代表！信心凝聚力量，实干谱写华章。我们要更加紧密地团结在以习近平同志为核心的党中央周围，高举中国特色社会主义伟大旗帜，以习近平新时代中国特色社会主义思想为指导，迎难而上、锐意进取，努力完成全年经济社会发展目标任务，确保"十四五"规划圆满收官，为以中国式现代化全面推进强国建设、民族复兴伟业不懈奋斗！

推动经济持续回升向好
高质量完成"十四五"规划目标任务

（代 序）

沈 丹 阳

今年全国两会已经胜利闭幕。习近平总书记在会议期间发表一系列重要讲话，科学回答了事关党和国家事业长远发展的系列重大问题，讲话高屋建瓴、思想深邃、内涵丰富，具有很强的政治性、思想性、指导性、针对性。李强总理所作的《政府工作报告》（以下简称《报告》)，以习近平新时代中国特色社会主义思想为指导，深入贯彻党的二十大和二十届二中、三中全会精神以及中央经济工作会议精神，总结过去一年政府工作，对今年重点工作作出了具体安排。为便于各方面学习、理解、把握，国务院研究室参照往年惯例，组织编写了《报告》辅导读本、学习问答等系列读物。这里，结合学习习近平总书记重要讲话精神，围绕《报告》起草的相关情况和主要内容作个简要介绍，谈谈个人学习体会。

一、《报告》起草过程和主要特点

向全国人民代表大会报告政府工作，是国务院的法定职责。做好《报告》起草工作非常重要，党中央、国务院高度重视。今年全国人民代表大会和社会各方面对《报告》给予了充分肯定。许多代表委员表示，《报告》凝心聚力、求真务实、干字当头，是一篇高举旗帜、改革创新的高质量报告。一些市场机构认为，《报告》提出的发展目标积极务实，凸显政府稳经济的决心和信心。国内外媒体普遍评价，《报告》提出的政策举措精准有力，彰显了更加积极有为的宏观政策导向。网民和更多评论认为，《报告》文风朴实、自然、接地气，读起来感到很亲切。这充分反映了各方面对《报告》的高度认可与赞同。

今年《报告》具体好在哪里？主要体现在三个方面：

《报告》突出体现了全面贯彻落实习近平新时代中国特色社会主义思想和党中央决策部署。《报告》好，归根结底是党中央精神好。从起草工作一开始，李强总理就提出明确要求，强调要深入学习贯彻习近平总书记重要讲话和重要指示批示精神，不折不扣落实党中央决策部署。《报告》的主要内容，包括对去年工作的回顾和今年政府工作的总体要求、主要预期目标、宏观政策取向、重点工作任务等，都是按照习近平总书记在去年中央经济工作会议上的重要讲话精神起草的。起草组认真学习领会习近平总书记最新重要讲话和重要指示批示精神，认真学习领会党中央最新会议和文件精神，在《报告》中加以充分体现，同时结合各领域实际提出了一系列具体工作举措，把党中央决策部署细化实化。

《报告》内容务实，针对性、创新性、逻辑性强。《报告》的总体基调是鼓舞士气、提振信心。总结回顾工作坚持实事求是，注重用事实和数据说话。提出的今年发展预期目标和重点工作任务，既是积极的，也是实实在在的。宏观政策既有针对性，又有创新性，符合经济运行实际。《报告》全文 1.8 万字，成绩亮点、目标任务、政策措施等内容有机结合，具有很强的内在逻辑性。

《报告》文风朴实接地气。《报告》直面社会关切、民生民意，文字尽可能精准扼要、平实简练，尽量不用专业性术语、不需要做名词解释，目的是让人民群众听得懂、好理解，更好了解党和国家的方针政策。

《报告》为什么好？**最根本的是，习近平总书记高度重视《报告》起草工作。**习近平总书记先后主持召开中央政治局常委会会议、中央政治局会议审议《报告》，多次

3

作出重要指示，对《报告》的定位、重点等提出明确要求，为起草工作指明了方向、提供了根本遵循。

李强总理亲自主持《报告》起草工作。李强总理先后主持召开国务院常务会议、国务院全体会议对《报告》进行研究讨论，对《报告》框架、内容、表述方式等提出明确要求和具体意见。今年1月下旬，李强总理先后主持召开3场座谈会听取意见建议，一场是专家、企业家和教科文卫体等领域代表座谈会，一场是各民主党派中央、全国工商联负责人和无党派人士代表座谈会，还在安徽省合肥市召开由部分省、市、县、乡（镇）政府主要负责同志参加的座谈会。国务院其他领导同志也对《报告》起草和修改工作给予了具体指导。

《报告》起草过程中广泛征求和认真吸纳各方面意见，集中各方智慧、充分发扬民主。《报告》稿形成后，按程序印发各地区、各部门、各单位征求意见，发出和收回征求意见稿近4000份，从中梳理出1000多条意见建议。从去年12月起，中国政府网联合21家网络平台以及部分政府网站，开展"@国务院 我为政府工作报告提建议"网民建言征集活动，总计收到建言200余万条，起草组从中精选出2050条有代表性的建言。全国两会期间，起草组又收集汇总了全国人大代表、政协委员对《报告》提出的一些修改意见。起草组对这些意见逐条研究，尽可能采纳。

此外，起草组认真领会党中央精神，创新工作方法，通过专题调研、召开座谈会等方式，充分听取全国人大代表、政协委员、地方、部门、企业、专家学者等对政府工作的意见建议，也为《报告》顺利完成提供了有力支撑。

二、充分肯定过去一年来之不易的发展成就

《报告》在回顾过去一年工作时，特别讲到成绩来之不易。过去一年，我国经济社会发展可以说是"历经风雨见彩虹"。面对外部压力加大、内部困难增多的复杂严峻形势，在以习近平同志为核心的党中央坚强领导下，全国各族人民砥砺奋进、攻坚克难，顺利完成全年经济社会发展主要目标任务。《报告》在总结去年标志性成就时，在表述方式上进行了创新。以往一般是从经济运行、科技创新、改革开放、民生保障等方面分别总结；今年则是从"稳"和"进"两个方面作了概括性回顾，紧扣中央经济工作会议"经济运行总体平稳、稳中有进"的科学判断，更加直观明了，更能体现年度特点。

"稳"主要体现在总量和规模上。《报告》讲了五个方面的"稳"。从经济运行看，去年我国国内生产总值达到 134.9 万亿元、首次突破 130 万亿元。在面临多重困难挑战的情况下，经济总量再上新台阶，尤为难能可

贵。放眼全球，我国经济表现依然亮眼，5%的增速不仅高于全球3%左右的预计增长水平，高于新兴市场和发展中经济体的整体增速，也高于美国、欧元区、日本的增速。我国对世界经济增长的贡献率保持在30%左右，仍然是世界经济增长的重要引擎。从就业形势看，全国城镇调查失业率均值为5.1%，比上年下降0.1个百分点，低于5.5%左右的预期目标。从对外贸易看，货物进出口总额达到43.8万亿元、增长5%，连续跨过42万亿和43万亿级大关，规模创历史新高。服务进出口总额达到7.5万亿元、增长14.4%，首次突破1万亿美元。从保障和改善民生看，去年出台了不少有力措施。比如，教育方面，提高义务教育阶段家庭经济困难学生生活补助标准，近2000万学生受益；社保方面，按照3%的总体水平调整退休人员基本养老金，向1100多万困难群众发放一次性生活补助；住房方面，实施城中村改造项目1863个，建设筹集安置住房189.4万套；巩固脱贫攻坚成果方面，加大以工代赈力度，脱贫人口务工规模超过3300万人，等等。这些都让老百姓享受到了真金白银的实惠。从防范风险看，重点领域风险化解有序有效，社会大局保持稳定。

　　"进"主要体现在质量和效益上。《报告》讲了四个"新"。产业升级有新进展。《报告》提到，高技术制造业、装备制造业增加值分别增长8.9%、7.7%，比规上工业整体增速分别快 3.1 个、1.9 个百分点。一段时间以来，从新能源汽车到生成式人工智能，再到人形机器人，一批技术含量高、附加值高的中国产品惊艳亮相，向世界展示了中国产业创新的巨大活力与潜力。创新能力有新提升。《报告》中提到了"嫦娥六号"、"梦想"号大洋钻探船等重大成果，不断刷新中国科技新高度。这样的例子还有很多：比如，第三代自主超导量子计算机"本源悟空"上线运行、时速 450 公里的中国标准高速动车组完成设计制造，等等。生态环境质量有新改善。地级及以上城市细颗粒物（$PM_{2.5}$）平均浓度为 29.3 微克 / 立方米、下降 2.7%，连续 5 年稳定达标。以北京市为例，优良天数比例为 79.2%，是 2013 年以来最好水平。改革开放有新突破。比如，机构改革全面完成；全国统一大市场建设持续加力，产权保护、市场准入、公平竞争、社会信用等市场基础制度不断完善；制造业领域外资准入限制措施全部取消，中国用实实在在的行动"把开放的大门越开越大"。

《报告》还从七个方面总结过去一年的政府工作。总的看，去年我国发展取得的成绩可圈可点，高质量发展的成色越来越足。这说明，以习近平同志为核心的党中央的决策部署是完全正确的，我国经济具有足够的韧性、巨大潜力和抗风险能力，这些都为我们完成今年的发展目标任务增添了信心和底气。

三、准确把握今年经济社会发展的总体要求、预期目标和政策取向

科学设置经济社会发展目标，是做好经济工作、引导社会预期的重要前提。其中，经济增长是关联性强的基础性指标。今年提出5%左右的增长目标，兼顾了需要与可能，突出迎难而上、奋发有为的鲜明导向。从短期运行看，无论是稳定和扩大就业、促进居民增收，还是使价格总水平处在合理区间，或是防范化解地方政府债务、房地产等重点领域风险，都需要有一定的经济增长来支撑。从中长期发展看，"十四五"前四年，我国经济年均增速约为5.5%。在此基础上，据一些机构最新测算，到2035年如期基本实现社会主义现代化，需要今后十年经济年均增长4.5%左右。考虑到经济增长的长期趋势，今年要把目标定得更积极一些。更重要的是，设定这一目标具有很多积极因素和有利条件支撑。国内外不少研究机构认为，我国经济潜在增长率仍处在5%左右的较高水平。近些年新产业新动能快速成长，经济增长正换上强劲的新引擎。去年一揽子增量政策出台以后，经济持续回升向好的态势还在不断巩固拓展。今年以来，经济起步平稳，发展态势向新向好。因此，5%左右的增长目标经过努力是可以实现的。

党中央提出今年要实施更加积极有为的宏观政策，主要考虑就是进一步加大逆周期调节力度，为完成全年目标任务提供政策支撑。财政政策方面，提出实施更加积极的财政政策，主要体现在支出力度、重点、进度的组合效应上。从力度看，财政支出总规模创历史新高。一般公共预算方面，赤字率提升到4%左右、比去年提高1个百分点，赤字规模5.66万亿元、增加1.6万亿元，总量和增量都是历史最高水平。一般公共预算支出规模29.7万亿元、增长4.4%。政府性基金预算方面，今年安排的地方政府专项债券4.4万亿元、超长期特别国债1.3万亿元，都比去年大幅增加，还新增发行5000亿元特别国债支持国有大型商业银行补充资本。政府性基金支出规模合计约12.5万亿元，增长将近四分之一。从重点看，财政资金将更多用于惠民生、促消费、增后劲等关键领域。今年《报告》提出强化宏观政策民生导向，就是要推动更多资金资源"投资于人"、服务于民生。从进度看，《报告》要求，加快各项资金下达拨付，尽快形成实际支出。

货币政策方面，自2010年以来，时隔14年之后，再次使用"适度宽松"的表述，政策信号十分明确。在总量上，保持必要增速。一方面是通过适时降准降息，加大低成本资金供给，保持流动性充裕，促进信贷需求回升。另一方面是着力解决好利率传导、续贷成本、融资增信等方面的机制问题，打通货币传导梗阻，让释放的资金更好进入实体经济循环。在结构上，向重点领域倾斜。科技创新、绿色发展、消费，以及民营和小微企业等几个领域，是产业结构升级和扩内需的重要方面，将通过结构性货币政策工具引导金融资源更多流向这些领域。还要更大力度促进楼市股市健康发展。同时，更加注重维护资本市场稳定。去年为稳定资本市场，中国人民银行推出了两项货币政策工具，总体效果是积极的，今年将进一步优化完善、用足用好。另外，财政、货币政策也为可能遇到的超预期外部冲击预留了空间，必要时将研究推出新的政策工具，确保经济平稳运行。

四、全面把握 2025 年政府工作任务

《报告》提出了十个方面重点工作，大体可以归纳为五个大的板块。

（一）全方位扩大国内需求。《报告》把"全方位扩大国内需求"作为重点任务第一条，主要考虑是，需求不足是当前经济运行的突出矛盾和关键症结，外部环境变化可能对外需带来新的冲击，需要把发展着力点更多地放在内需上，使内需成为拉动经济增长的主动力和稳定锚。

在扩大内需中，《报告》把提振消费放在更加突出位置，就实施提振消费专项行动作出部署，明确了主要发力点。促进居民增收、提升消费能力，就是要解决"有

没有钱消费"的问题。《报告》提出要多渠道促进居民增收，推动中低收入群体增收减负，完善劳动者工资正常增长机制等。增加优质供给、创造有效需求，也就是要解决"有钱没处花"的问题，这方面生活服务业领域尤为突出。《报告》提出，持续深化供给侧结构性改革，从放宽准入、减少限制、优化监管等方面入手，扩大健康、养老、助残、托幼、家政等多元化服务供给。改善消费环境、提升消费意愿，也就是要解决群众反映的消费不便利、不放心、没时间消费等问题。《报告》强调落实和优化休假制度，深化国际消费中心城市建设，强化消费者权益保护等，努力改善群众消费体验。

当然，强调提振消费，不是说投资不重要。发展新质生产力、改善民生等都会产生新的巨大投资需求。《报告》强调要促进消费和投资更好结合，积极扩大有效投资、提高投资效益。在资金力度上，超长期特别国债、中央预算内投资、地方政府专项债券等政府投资规模明显加大。在投资导向上，支持加大服务业投资，注重以政府性投资带动民间投资。

需要指出的是，扩大国内需求与其他工作任务也紧密相关。比如，推进以人为本的新型城镇化，就是扩大内需和促进产业升级的重要抓手。2024年末我国常住人口城镇化率为67%、比发达国家平均水平低十几个百分点，而户籍人口城镇化率又比常住人口城镇化率低十几个百分点，这"两个差距"意味着城镇化仍有很大潜力。去年国务院印发了《深入实施以人为本的新型城镇化战略五年行动计划》，今年《报告》又作了针对性部署，强调要科学有序推进农业转移人口市民化，全面推进常住地提供基本公共服务，目的就是促进农业转移人口真正融入城市。

（二）因地制宜发展新质生产力。过去一年，我国在科技和产业创新上取得了令人惊喜的成绩，极大地鼓舞了中国科技界、产业界的士气。今年《报告》从培育壮大新兴产业未来产业、推动传统产业改造提升、激发数字经济创新活力三个方面作出了具体部署，这其中有两个特别重要的抓手。

一个是做强做优制造业。过去中国经济能在各种风险挑战面前岿然不动，很大程度上取决于制造业的强大韧性和完整配套能力。我国制造业规模已连续15年位居世界第一，总量占全球三分之一，但也存在"大而不强"、"全而不精"的问题，必须加快转型升级、持续做强做优。《报告》提出，培育壮大新兴产业、未来产业，既要推动商业航天、低空经济、深海科技等新兴产业安全健康发展，又要前瞻布局生物制造、量子科技、具身智能、6G等未来产业。这些产业发展壮大起来，将会给经济增长开拓新的空间、带来强劲动力。同时，《报告》提出加快制造业重点产业链高质量发展，深入实施制造业重大技术改造升级和大规模设备更新工程，促进产业基础再造升级。

另一个是持续推进"人工智能+"行动。去年《报告》首次提出开展"人工智能+"行动，今年《报告》强调持续推进，就是要进一步抓住人工智能发展机遇，将数字技术与制造优势、市场优势更好结合起来，推动人工智能加快赋能千行百业、走进千家万户，赢得经济发展和国际竞争的主动。在拓展行业应用方面，《报告》提出支持大模型广泛应用。我国具有世界上最完整的产业门类和分工体系，推动大模型在制造、能源、矿山等各行各业广泛渗透，能够有力驱动产业转型升级、提升劳动生产率。在促进终端消费方面，《报告》提出大力发展智能网联新能源汽车、人工智能手机和电脑、智能机器人等新一代智能终端以及智能制造装备。这是主动顺应发展趋势的前瞻性安排部署，不仅将成为拉动投资、带动消费的新引擎，而且将有力反哺人工智能技术创新、促进人工智能产业发展。

（三）全面深化改革扩大开放。《报告》每年都部署安排改革开放有关工作，今年在背景上有两点大的不同，一个是突出贯彻落实党的二十届三中全会精神，再一个是面临更为严峻复杂的外部环境，《报告》有针对性作出了部署。

关于进一步全面深化改革，《报告》部署的十个方面工作任务都涉及改革，其中第四部分专门对重点领域改革进行了部署，强调要更好发挥经济体制改革牵引作用。在激发各类经营主体活力方面，更加突出激发民营经济活力。2025 年 2 月 17 日，习近平总书记出席民营企业座谈会并发表重要讲话，传递了党中央重视民营企业发展的鲜明态度。《报告》贯彻落实习近平总书记重要讲话要求，提出了一系列务实举措。比如，针对反映比较强烈的涉企执法问题和乱收费、乱罚款、乱检查、乱查封问题等，将采取专项行动集中整治。还要下力气解决拖欠企业账款问题，这是民企、国企都面临的问题，今年力争取得更大成效。在建设全国统一大市场方面，《报告》连续两年作出部署，体现了对这项工作的高度重视。我国拥有超大规模市场，一年的社会消费品零售总额接近 50 万亿元、全社会固定资产投资超过 50 万亿元，但如果各个地方自我保护、搞小循环，规模经济优势就难以发挥出来。《报告》强调要纵深推进全国统一大市场建设，加快建立健全基础制度规则，综合整治"内卷式"竞争，并作出具体部署。在深化财税金融体制改革方面，《报告》提出的都是可望今年取得重要进展的内容。比如，零基预算改革，前几年一些地方已经探索推进，今年要在一些中央部门开展试点，并且在一些关键机制上有所创新；再比如，金融领域改革，重点是深化资本市场投融资综合改革，进一步完善我国资本市场基础制度。

关于扩大高水平对外开放，在外部不确定性加大的背景下，必须坚定信心、保持定力，坚持对外开放基本国策，积极稳外贸稳外资。在稳外贸方面，面对外部加征关税冲击，今年《报告》提出了具体务实管用的举措。比如，将进一步扩大出口信用保险承保规模和覆盖面，不断优化融资、结算、外汇等金融服务，帮助企业拓展市场。又如，将着力打通渠道、标准等卡点堵点，支持内外贸一体化发展，让那些有意愿、有能力的出口企业在国内国际两个市场间顺利切换。在稳外资方面，今年将进一步放宽外资市场准入，扩大电信、医疗、教育等领域开放试点；加强外资企业服务保障，优化项目全流程服务，促进人员往来便利化，等等。随着这些措施落地，对外资的吸引力会进一步增强。

（四）**统筹好发展与安全**。经过近年来的风险化解处置，我国经济金融风险显著收敛、总体可控。但当前外部环境变化带来的冲击和风险挑战增多，对经济金融安全的考验加大。需要增强底线思维，处置防范好重点领域风险，努力实现高质量发展和高水平安全的良性互动，《报告》对此进行了部署。

房地产风险方面，强调持续用力推动房地产市场止跌回稳。尤其是要从供需两侧发力稳住价格。在需求侧，充分释放刚性和改善性住房需求潜力。要因城施策调减限制性措施，加力实施城中村和危旧房改造。今年将在既定新增100万套改造任务的基础上，继续扩大城中村改造规模。在供给侧，进一步优化房地产市场库存。一方面严控增量，合理控制新增房地产用地供应。另一方面消化存量，加快盘活收购存量土地和商品房，在收购主体、价格和用途方面给予城市政府更大自主权。同时，加快构建房地产发展新模式。通过提升建筑标准，引导市场提升住房品质，更好满足人民群众对"好房子"的需求。

地方政府债务风险方面，强调在发展中化债、在化债中发展。总结过去两年化债经验，完善和落实一揽子化债方案，在严格督促地方按计划推进债务风险处置的同时，优化考核和管控措施，动态调整债务高风险地区名单，把化债成效显著的地区及时调出，支持地方打开新的投资空间。同时，完善政府债务管理制度，从根本上防止地方政府无序举债、违规举债。

金融风险方面，强调有效维护金融安全稳定。对于地方中小金融机构风险，将按照市场化、法治化原则，综合采取补充资本金、兼并重组、市场退出等方式分类化解。具体采用哪种方式，要根据实际情况，"一行一策"科学制定。防范中小金融机构风险，从根本上还是要依靠改革，要引导中小金融机构建立健全公司治理机制，提升风险内控能力。

（五）加大保障和改善民生力度。《报告》聚焦解决人民群众的急难愁盼问题，提出了很多有力度、有温度的措施。有网民讲，《报告》从经济增长到民生福祉，桩桩件件都关乎老百姓生活，真正做到了"把发展落在实处、把温暖送在心间"。

在促进就业方面，具体措施可以概括为"实施一个计划、加强五类群体保障、开展一个行动"，也就是实施就业支持计划，加强对高校毕业生、退役军人、脱贫人口、农民工和困难群体就业帮扶，开展大规模职业技能提升培训行动。比如，今年应届高校毕业生有1222万人，他们身后就是千万个家庭，要千方百计帮助他们尽快找到工作。再比如，现在全国有2亿多技能人才，但还远远不够，特别是养老托育、人工智能、新能源汽车等领域的服务和技术人员短缺严重。从今年开始，要用3年的时间，每年补贴培训1000万人次以上。这项工作一举多得，不仅能缓解结构性就业矛盾，对产业升级和提高服务品质也有帮助。

在教育方面，从学前教育、到义务教育、再到高等教育，以及特殊教育、专门教育等，《报告》对每个阶段、每种类型的教育都作了部署。比如，逐步推行免费学前教育，去年学前教育在园的幼儿3500多万人，有关部门正在研究，推行下来受益面会很大。再比如，扎实推进优质本科扩容，重点是增加"双一流"高校本科招生，在去年扩招1.6万人基础上，今年再增加2万人。

在社会保障方面，今年《报告》的一个关键词就是"提标"。比如，居民医保人均财政补助标准从每年670元提高到700元，基本公共卫生服务经费人均财政补助标准从每年94元提高到99元。城乡居民基础养老金最低标准从每人每月123元提高到143元，还要适当提高退休人员基本养老金。这些政策措施涉及的人数很多，群众的受益面会很大。

在"一老一小"服务方面，《报告》提出了一系列支持措施。现在全国有3亿多60岁以上老人、近3000万3岁以下婴幼儿，家家户户都很关心养老托育问题。针对老年人不同的服务需求，《报告》提出推进社区支持的居家养老、强化失能老年人照护、加大对老年助餐服务支持力度等。对于生育问题，《报告》提出发放育儿补贴、大力发展托幼一体服务等措施。育儿补贴是第一次在全国层面提出来，之前已经有20多个省份在发放，今年将在全国实施。

《报告》还对加强精神文明建设、维护国家安全和社会稳定、政府自身建设以及民族宗教侨务、国防军队、港澳台、外交工作等作了部署安排。《报告》指出，今年将开展"十五五"规划编制工作，并提出了相关要求。

做好今年政府工作，意义重大、任务艰巨。我们坚信，在以习近平同志为核心的党中央坚强领导下，在习近平新时代中国特色社会主义思想的科学指引下，全国人民迎难而上、锐意进取，一定能够战胜各种艰难险阻，完成全年经济社会发展目标任务，确保"十四五"规划圆满收官，书写以中国式现代化全面推进强国建设、民族复兴伟业新篇章！

第一部分

2024 年工作回顾

1. 过去一年发展成绩中的"稳" 主要体现在哪些方面？

回顾 2024 年，一季度我国经济开局良好，但受多方面因素影响，进入二季度后面临较大下行压力。党中央聚焦突出问题精准施策，加力实施存量政策，果断部署一揽子增量政策，推动市场预期明显改善，经济运行明显回升，全年呈现前高、中低、后扬走势，"稳"的态势巩固延续。

（一）**经济规模稳步扩大**。2024 年国内生产总值（GDP）比 2023 年增长 5%，经济总量达 134.9 万亿元，首次突破 130 万亿元；人均 GDP 达 95749 元，增长 5.1%。四个季度 GDP 分别增长 5.3%、4.7%、4.6%、5.4%，其中，四季度增速比三季度加快 0.8 个百分点，既促进了全年经济增长目标实现，也为今年发展奠定了良好基础。放眼全球，我国 5% 的经济增速在世界主要经济体中名列前茅，所创造的经济增量相当于一个中等经济体一年的经济总量。我国对世界经济增长贡献率保持在 30% 左右，继续成为世界经济增长的重要引擎。

（二）**就业、物价总体平稳**。就业方面，2024 年全国城镇调查失业率均值为 5.1%，比 2023 年下降 0.1 个百分点，低于 5.5% 左右的预期目标。城镇新增就业 1256 万人，比 2023 年多增 12 万人，连续 4 年超过 1200 万人。物价方面，居民消费价格指数（CPI）上涨 0.2%，涨幅与上年相同。扣除食品和能源价格的核心 CPI 上涨 0.5%，保持温和上涨。

（三）国际收支基本平衡。对外贸易规模创历史新高。2024 年货物进出口总额达 43.8 万亿元人民币、增长 5%，其中，出口和进口分别增长 7.1%、2.3%。全年服务进出口总额达 7.5 万亿元人民币、增长 14.4%，首次突破 1 万亿美元。国际市场份额稳中有升，2024 年前三季度，我国货物出口和进口占国际市场份额分别达到 14.5% 和 10.5%，比 2023 年同期分别提升 0.3 和 0.1 个百分点。外汇储备规模保持稳定。年末国家外汇储备 32024 亿美元，稳定在 3.2 万亿美元以上，继续位居世界第一。

（四）民生保障扎实稳固。居民收入平稳增长。居民人均可支配收入 41314 元，扣除价格因素，实际增长 5.1%，实现与经济增长同步的预期目标。城乡居民收入相对差距进一步缩小，城镇居民人均可支配收入 54188 元、实际增长 4.4%，农村居民人均可支配收入 23119 元、实际增长 6.3%，城乡居民收入比由 2023 年的 2.39 下降至 2.34。

脱贫攻坚成果持续巩固拓展。脱贫县农村居民人均可支配收入 17522 元、实际增长 6.5%。开展支持易地搬迁安置区可持续发展专项行动，易地搬迁脱贫劳动力就业率超过 95%。大力实施以工代赈，全年吸纳 330 多万名低收入群众务工就业。深入实施防止返贫就业攻坚行动，脱贫人口务工规模超过 3300 万人。

基本民生保障力度加大。义务教育方面，提高义务教育阶段家庭经济困难学生生活补助标准，全国将近 2000 万学生受益。九年义务教育巩固率、高中阶段毛入学率分别达 95.9%、

92%。基本养老方面，按照 3% 的总体水平调整退休人员基本养老金，将城乡居民全国基础养老金最低标准每人每月提高 20 元，年末基本养老保险覆盖 10.7 亿人。基本医疗方面，将城乡居民医保人均财政补助标准提高到每人每年 670 元，有序开展儿童参加基本医疗保险专项行动，全年跨省异地就医直接结算惠及 2.38 亿人次。社会救助方面，继续提高优抚对象等人员抚恤和生活补助标准，惠及 823 万人。向困难群众发放一次性生活补助，惠及 1100 多万人。年末共有 625 万人、3362 万人、439 万人享受城市最低生活保障、农村最低生活保障、农村特困人员救助供养。住房保障方面，建设筹集配售型保障性住房、保障性租赁住房、公租房共计 180 万套（间），城镇老旧小区改造新开工 5.8 万个。

（五）社会大局保持稳定。重点领域风险化解有序有效。发挥城市房地产融资协调机制作用，打好商品住房项目保交房攻坚战。积极化解地方政府债务风险，一次性增加 6 万亿元地方政府专项债务限额置换存量隐性债务。健全金融稳定保障体系，地方中小金融机构改革化险稳妥推进。开展安全生产治本攻坚三年行动，全国生产安全事故起数和死亡人数分别下降 11.2% 和 7.6%。强化社会治安综合治理，积极化解基层社会矛盾，依法严厉打击各类违法犯罪，全力守护社会安定人民安宁。

（张凯竣）

2. 过去一年发展成绩中的"进" 主要体现在哪些方面？

过去一年，面对前进中的困难和挑战，各地区各部门锚定高质量发展这个首要任务不动摇，在转方式、调结构、促改革、增效益上积极进取，因地制宜发展新质生产力，加快构建现代化产业体系，经济发展的结构更优、动能更强、可持续性更好，"进"的步伐坚实有力。

（一）**产业升级有新进展**。粮食产量迈上新台阶。全年粮食总产量达 14130 亿斤，在连续 9 年产量超 1.3 万亿斤的基础上，首次突破 1.4 万亿斤。制造业转型升级步伐加快。规模以上高技术制造业、装备制造业增加值比 2023 年分别增长 8.9%、7.7%，增速分别快于规模以上工业整体增速 3.1 和 1.9 个百分点。新能源汽车产量达 1317 万辆、增长 38.7%，太阳能电池、服务机器人、3D 打印设备产量分别增长 15.7%、15.6%、11.3%。现代服务业引领作用增强。信息传输、软件和信息技术服务业，租赁和商务服务业增加值分别增长 10.9%、10.4%。战略性新兴服务业企业营业收入增长 7.9%。数字经济发展取得新成效。网络基础设施全面升级，截至 2024 年末，全国 5G 基站数量达 425 万个，覆盖全国所有乡镇和 90% 以上行政村，光纤接入端口达到 11.6 亿个。数字产业化加快推进，数字经济核心产业增加值占GDP 比重达到 10% 左右。

（二）创新能力有新提升。科技投入稳步增长。2024年我国全社会研究与试验发展（R&D）经费投入3.6万亿元、增长8.3%，投入强度（R&D经费与GDP之比）达2.68%、比2023年提高0.1个百分点，超过欧盟国家2.11%的平均水平。我国在全球创新指数中的排名升至第11位，是10年来创新力提升最快的经济体之一。重大创新成果持续涌现。集成电路、人工智能、量子科技等领域取得新成果，"嫦娥六号"在人类历史上首次实现月球背面采样返回，首艘超深水大洋钻探船"梦想"号建成入列，300兆瓦级F级重型燃气轮机完成首次满负荷试验，等等。科技创新体系持续健全。知识产权量质齐升，全年授予发明专利权104.5万件、增长13.5%，专利合作条约（PCT）专利申请受理量7.5万件。创新成果加速转化，企业有效发明专利产业化率达53.3%，全年技术合同成交金额6.8万亿元、增长11.2%。

（三）生态环境质量有新改善。污染防治取得积极进展。深入打好蓝天、碧水、净土保卫战，2024年全国地级及以上城市细颗粒物（$PM_{2.5}$）平均浓度为29.3微克/立方米、下降2.7%，优良天数比率为87.2%、上升1.7个百分点。全国地表水优良水质断面比例为90.4%、首次超过90%。土壤环境质量保持稳定。生态系统保护修复不断强化。实施重要生态系统保护和修复重大工程，全面启动"三北"工程三大标志性战役。积极开展大规模国土绿化行动，实施生物多样性保护重大工程，长江十年禁渔取得明显成效。碳达峰碳中和扎实推进。稳步扩大全国碳排放权交易市场行业覆盖范围，启动全国温室气体自愿减排交易市场。全年新增风电、太阳能发电装机 3.6 亿千瓦，占新增总装机比重超过 82%。扣除原料用能和非化石能源消费量后的单位国内生产总值能耗降低 3.8%，单位国内生产总值二氧化碳排放量、用水量分别降低 3.4%、4.4%。

（四）改革开放有新突破。 扎实有力落实党的二十届二中、三中全会改革部署，以经济体制改革为牵引的各领域改革全面展开。深入实施国有企业改革深化提升行动，加快推动民营经济促进法立法。出台全国统一大市场建设指引，不断完善产权保护、市场准入、公平竞争、社会信用等市场基础制度。重点领域改革持续深化，机构改革全面完成，推动出台增值税法，完善价格治理机制，稳妥有序实施渐进式延迟法定退休年龄改革，等等。

高质量共建"一带一路"成效显著，对沿线国家进出口总额增长 6.4%，占我国进出口总额的比重首次超过 50%。吸引外资工作进一步加强，发布《外商投资准入特别管理措施（负面清单）（2024 年版）》，制造业领域外资准入限制措施全面取消。开放平台作用更好发挥，22 个自贸试验区进出口额达到 8.45 万亿元，海关特殊监管区域全年实现进出口额 8.37 万亿元。多双边经贸合作持续深化，实施与尼加拉瓜、厄瓜多尔、塞尔维亚的自贸协定，中国—东盟自由贸易区 3.0 版谈判实质性完成。

（张凯竣）

3. 在实施财政货币政策方面
采取了哪些措施？

2024 年一季度经济开局良好，但受国内外多方面因素影响，进入二季度以后主要指标走低，下行压力加大。面对这样的经济形势，9 月 26 日中央政治局会议果断部署推出一揽子增量政策。随着存量政策显效和增量政策落地，四季度经济显著回升。这其中，财政、货币政策发挥了重要作用，有力推动了经济回升向好。

（一）积极的财政政策适度加力、提质增效。从全年看，全国一般公共预算收入 21.97 万亿元、增长 1.3%，一般公共预算支出 28.46 万亿元、增长 3.6%，中央和地方预算执行情况较好。扩大内需、保障民生、发展新质生产力、防范化解风险等重点领域支出都得到了较好保障。

补短板增后劲方面，不断完善投资政策工具，着力扩大有效益的投资，发挥好政府投资的带动放大效应。发行 1 万亿元超长期特别国债，7000 亿元用于支持国家重大战略实施和重点领域安全能力建设，3000 亿元用于支持大规模设备更新和消费品以旧换新工作。发行 4 万亿元地方政府专项债券，包括 2024年新增的 3.9 万亿元专项债务限额以及 2023 年结转的 1000 亿元，同时扩大专项债券投向领域和用作项目资本金范围，用作项目资本金超过 3500 亿元，支持地方加大重点领域补短板力度。

发展新质生产力方面，积极支持科技强国建设，中央财政本级科技支出、基础研究支出大幅增长。支持启动"科技创新2030—重大项目"，推动集成电路、人工智能等领域取得重要进展。实施支持科技创新专项担保计划，加大国家融资担保基金对科技创新类中小企业风险分担和补偿力度。建立健全政府采购合作创新采购制度，完善首台（套）重大技术装备、首批次新材料保险补偿政策。发布支持制造业发展、科技创新、企业兼并重组主要税费优惠政策指引，促进减轻企业负担、增强创新能力。启动新一轮专精特新中小企业财政奖补政策，首批支持1000多家重点领域"小巨人"企业高质量发展。

促进城乡区域协调发展方面，加大中央财政衔接推进乡村振兴补助资金投入力度，着力带动脱贫农户通过产业和就业增收。推进新型城镇化建设，引导地方加快农业转移人口市民化，中央财政下达奖励资金400亿元。新增支持12个城市推进国家综合货运枢纽补链强链，在8个省份示范区域启动公路水路交通基础设施数字化转型升级。落实国家区域战略，出台推动新时代东北全面振兴若干财税政策，制定支持横琴、前海、南沙、河套等粤港澳大湾区开发开放平台发展的税收政策，扩大海南自由贸易港零关税商品范围。

保障和改善民生方面，延续实施降低失业保险、工伤保险费率等阶段性政策，整合优化扩岗补助和吸纳就业补贴，中央财政下达就业补助资金667亿元，支持做好高校毕业生等重点群体就业等工作。提高国家奖助学金资助标准并扩大政策覆盖面，上调国家助学贷款额度、调减贷款利率，惠及学生3400多万人次。按照 3% 的总体水平调整退休人员基本养老金，将城乡居民全国基础养老金最低标准每人每月提高 20 元至 123 元，中央财政下达相关转移支付约 1.1 万亿元。继续提高优抚对象等人员抚恤和生活补助标准，惠及 823 万人。国庆节前向 1100 多万名困难群众发放一次性生活补助。完善"三保"制度机制，中央对地方转移支付规模超过 10 万亿元。

（二）稳健的货币政策灵活适度、精准有效。从全年看，金融总量合理增长，流动性保持合理充裕。2024 年 12 月末，社会融资规模同比增长 8.0%，广义货币 M_2 同比增长 7.3%，人民币贷款同比增长 7.6%，都高于名义经济增速。

总量上，保持货币信贷平稳增长。综合运用多种货币政策工具，促进社会融资规模和货币信贷合理增长，引导贷款利率持续下行。2024 年两次降低法定存款准备金率共 1 个百分点，两次下调央行政策利率共 0.3 个百分点，力度都是近年来最大。贷款利率稳步下行，12 月份新发放企业贷款利率约为 3.43%，同比下降 0.36 个百分点，个人住房贷款利率约为 3.11%，同比下降 0.88 个百分点。

结构上，加大对重点领域支持力度。设立 5000 亿元科技创新和技术改造再贷款，有效引导金融机构加大对科技型中小企业首贷户，以及对重点领域技术改造和设备更新项目的金融支持力度。截至 2024 年末，银行营销对接项目达 2.2 万个，已签订贷款合同等待企业随时提款金额达到约 8400 亿元。信贷结构不断优化，制造业中长期贷款同比增长 11.9%，专精特新企业贷款同比增长 13.0%，普惠小微贷款同比增长 14.6%，继续高于同期全部贷款增速。

传导上，疏通政策利率传导渠道。发挥主要政策利率带动引导作用，逐步理顺由短及长的利率传导关系。同时，强化利率政策执行，治理资金空转，大力整改手工补息，优化对公存款、同业活期存款利率自律管理，节省了银行的利息支出，为降低社会融资成本、平衡银行可持续发展创造了条件。

（姜秀谦）

4. 扩大有效需求推出了哪些举措？

2024 年，坚定实施扩大内需战略，积极激发消费活力、提高投资效益，全年社会消费品零售总额增长 3.5%，固定资产投资（不含农户）增长 3.2%，内需继续成为经济增长的主动力。

（一）**实物消费方面**。消费品以旧换新政策落地见效。向地方直接安排 1500 亿元超长期特别国债资金，支持消费品以旧换新，带动汽车、家电、家装、电动自行车等销售额超过 1.3 万亿元。汽车方面，以旧换新超过 680 万辆，带动汽车销售额达到 9200 亿元。家电方面，超过 3700 万名消费者购买八大类家电产品 6200 多万台，销售额达到 2700 亿元。家装消费品方面，智能坐便器、扫地机器人、智能门锁等产品销售近 6000 万件，销售额达到 1200 亿元。电动自行车方面，全年以旧换新超过 138 万辆，带动新车销售约 40 亿元。积极促进大宗消费。将全国层面商业性个人住房贷款最低首付比例统一降至 15%，取消全国层面商业性个人住房贷款利率政策下限，降低存量房贷利率和个人住房公积金贷款利率，降低住房交易、开发环节的税收负担，四季度全国新房、二手房交易网签面积环比分别增长 21.6%、7.7%。开展新能源汽车促消费活动，全年汽车销量达 3143.6 万辆、增长 4.5%，其中，新能源汽车销量达 1287 万辆、增长 35.5%。深入推动新能源汽车、绿色建材、绿色智能家电等下乡，乡村消费品零售额增长 4.3%。直播带货、即时零售等

13

新业态带动作用持续发挥，实物商品网上零售额达 12.8 万亿元、增长 6.5%。

（二）服务消费方面。出台促进服务消费高质量发展的意见，完善服务消费支持政策。全年服务零售额增长 6.2%、高于商品零售额增速 3 个百分点。完善全国年节及纪念日放假办法，新增 2 天法定节假日。出台促进文化和旅游消费的支持政策，大力发展县域旅游、冰雪旅游、研学旅游、红色旅游、旅游列车等，国内出游人次、居民出游花费分别增长 14.8%、17.1%。文娱消费持续增长，体育消费日益升温，马拉松、骑行、户外运动等加速大众化，赛事经济日益成为新增长点。深入实施数字消费提升行动，通信信息服务类零售额保持两位数增长。印发关于发展银发经济增进老年人福祉的意见，促进老年人康养、文旅等消费潜力释放。提升外籍人员入境旅游支付便利化水平，单方面免签国家增至 38 个，互免签证国家增至 26 个，将过境免签外国人在境内停留时间延长至 240 小时，入境游客 1.32 亿人次、增长 60.8%。

（三）政府投资方面。统筹用好超长期特别国债、中央预算内投资、地方政府专项债券、2023 年增发国债等支持重点项目建设。发行超长期特别国债支持"两重"建设取得积极进展。着眼于系统解决强国建设、民族复兴进程中一些重大项目建设的资金问题，从 2024 年起发行超长期特别国债支持国家重大战略和重点领域安全能力建设。坚持自上而下、软硬结合，建立实施项目储备、集中联审、专款专用、强化监督等全链条推进保障机制。"硬投资"方面，严格做好项目筛选，2024 年安排 7000 亿元超长期特别国债支持 1400 多个重大项目建设，项目基本全部开工、全年完成投资超过 1.2 万亿元。"软建设"方面,坚持项目建设和配套改革相结合,扎实推进规划编制、政策制定和体制机制改革创新,不断完善投入机制、提高投入效率。规范项目全过程管理方面,出台"两重"建设有关管理办法,督促项目加快开工建设,严格资金监管,加强监测调度和现场监督检查,确保建成优质工程、精品工程、放心工程。优化中央预算内投资投向领域,强化项目监督管理。优化地方政府专项债券管理机制,实施专项债券投向领域"负面清单"管理。加强项目谋划储备,强化用地、用海、用能、环评等要素保障,加强项目全生命周期管理。推动"十四五"规划 102 项重大工程取得积极进展。2023 年 1 万亿元增发国债支持的 1.5 万个项目加快实施,一大批灾后恢复重建和防灾减灾救灾能力提升项目按期建成。

(四)民间投资方面。5 个新核准核电项目引入民间资本参股比例达 10%。规范实施政府和社会资本合作(PPP)新机制。全年依托项目推介平台吸引民间资本参与项目超过 500 个、总投资超过 4000 亿元。建立全国重点民间投资项目库,持续加强资金和要素支持。构建基础设施领域不动产投资信托基金(REITs)常态化发行制度体系,累计 62 个项目发行上市、发售基金 1660 亿元,城镇供热、水利设施、农贸市场均实现"首单"推荐。全年扣除房地产开发的民间投资增长 6%,制造业民间投资增长 10.8%。

(姜秀谦)

5. 在稳住楼市股市方面做了哪些工作？

2024 年，按照党中央、国务院决策部署，围绕推动稳楼市稳股市，各部门各地方统筹财税、金融、市场调控等多方面政策，打组合拳、攻坚突破，做了大量工作，取得了积极进展。

（一）**推动房地产市场止跌回稳**。发挥城市房地产融资协调机制作用，打好商品住房项目保交房攻坚战。适应房地产市场供求关系变化，从供需两侧发力，多措并举，推动构建房地产发展新模式。

在需求侧，多次下调住房贷款首付比例和利率，全国层面商业性个人住房贷款最低首付比例统一降至 15%，取消商业性个人住房贷款利率政策下限，降低存量房贷利率和个人住房公积金贷款利率，每年减少借款人房贷利息支出约 1500 亿元。降低住房交易税费成本，优化住房交易契税优惠政策，140 平方米以下的一套房、二套房都可以按照 1% 征收契税，140 平方米以上的一套房按照 1.5%、二套房按照 2% 征税。四个一线城市和其他地区一样，二套房也可以享受同样的优惠政策。明确与取消普通住宅和非普通住宅标准相衔接的增值税、土地增值税政策，北上广深四个城市居民如果出售持有 2 年及 2 年以上非普通住宅的，也可以享受免征增值税政策。因城施策调减限制性措施，通过货币化安置释放住房需求。

在供给侧，坚决落实保交房政策，推出 3000 亿元保障性住房再贷款，发挥城市房地产融资协调机制作用，扩大"白名单"覆盖范围，加大"白名单"项目贷款投放力度，将所有符合条件的在建已售商品房项目纳入支持范围，有效保障项目建设资金需求，力促房地产企业按期保质交房。推进收购存量商品房，优先用于保障性住房、人才房等。推行"以房定地、以房定钱"机制，合理控制新增房地产用地供应，引导市场供需平衡。降低开发环节税收负担。优化征管政策，将土地增值税的预征率下限降低了 0.5 个百分点，有利于减轻房地产企业的财务压力。

在多项政策和市场力量共同作用下，房地产市场呈现出积极变化，2024 年四季度全国新房、二手房交易网签面积环比分别增长 21.6%、7.7%。

（二）积极稳定资本市场。将稳定资本市场这个风向标，作为宏观调控的重要内容，标本兼治、综合施策，努力提振资本市场，增强资本市场内在稳定性。

更大力度引导资金入市。考虑到原监管规定不允许企业贷款购买股票、相关证券机构也面临资金不足的问题，创设了支持资本市场稳定发展的两项工具。第一项是创设证券、基金、保险公司互换便利，支持符合条件的证券、基金、保险公司通过资产质押，从中央银行获取流动性，首期操作规模 5000 亿元。第二项是创设股票回购、增持专项再贷款，引导银行向上市公司和主要股东提供贷款，支持回购和增持股票，首期额度 3000 亿元。年末证券、基金、保险公司互换便利累计操作超过 1000 亿元，全年市场披露回购、增持计划上限接近 3000 亿元。

加快完善基础性制度。加强证券基金机构监管，推动行业回归本源、做优做强。支持头部机构通过并购重组、组织创新等方式提升核心竞争力，鼓励中小机构差异化发展、特色化经营。加强交易监管，增强资本市场内在稳定性，加强战略性力量储备和稳定机制建设。健全预期管理机制，将重大经济或非经济政策对资本市场的影响评估内容纳入宏观政策取向一致性评估框架。建立培育长期投资的市场生态，完善适配长期投资的基础制度，构建支持"长钱长投"的政策体系。推动股票发行注册制走深走实，完善多层次资本市场体系。

着力提升上市公司质量。严把发行上市准入关，完善科创板科创属性评价标准。强化发行上市全链条责任，进一步压实交易所审核主体责任，完善股票上市委员会组建方式和运行机制，加强对委员履职的全过程监督。严格上市公司持续监管，加强信息披露和公司治理监管，全面完善减持规则体系，强化上市公司现金分红监管，推动上市公司提升投资价值。加大退市监管力度，深化退市制度改革，加快形成应退尽退、及时出清的常态化退市格局。

2024 年 9 月以来，资本市场信心显著增强，交易量和市场指数均大幅攀升。四季度沪深两市股票成交量、成交金额环比分别增长 1.1 倍、1.6 倍。

（姜秀谦）

6. 重点领域改革有哪些新突破？

2024 年，各地区各部门认真贯彻习近平总书记关于全面深化改革的重要讲话精神，按照党中央统一部署，坚持向改革要动力、以改革激活力聚合力，推动重点领域改革举措加快落地见效，经济社会发展的内生动力显著增强。

（一）构建全国统一大市场。制定实施《公平竞争审查条例实施办法》，对部门和地方政策措施中限制市场准入和退出、限制商品和要素自由流动、影响生产经营成本、影响生产经营行为等有关内容，明确予以禁止。出台规范地方招商引资的措施，严禁违法违规给予政策优惠，推动各地招商引资从比拼优惠政策搞"政策洼地"向比拼营商环境创"改革高地"转变。推进统一要素市场、商品市场和服务市场建设，完善城乡统一的建设用地市场，培育全国一体化的数据市场，初步形成多层次多品类多功能的全国统一电力市场体系，推动建设统一的医疗服务市场。清理废除妨碍全国统一市场的规定做法，部署开展地方保护、市场分割突出问题专项整治行动，查处滥用行政权力限定交易、排除或限制竞争等不当市场干预行为。制定实施《全国统一大市场建设指引（试行）》，强化对各地区各部门加快融入和主动服务全国统一大市场建设的正向引导和负面约束。

（二）深化国有企业改革。落实落细国有企业改革深化提升行动，加大重点改革任务推进力度，不断增强国有企业核心功能、提升核心竞争力。深入推进国有企业市场化改革，98%的中央企业和地方国有企业子企业建立了经理层成员任期制和契约化管理制度，中央企业总部及所属二三级企业管理人员末等调整和不胜任退出比例超6%，与业绩挂钩的浮动工资比例进一步提高。完善管理监督体制机制，推进"一业一策、一企一策"考核。优化国有经济布局，组建中国资源循环集团有限公司，成立中国数联物流信息有限公司，推动重要矿产资源领域整合。加快构建支持国有企业全面创新的体制机制，完善三级联动科技攻关模式，在业绩考核、薪酬分配、国有资本经营预算中充分体现对科技创新的支持，企业科技创新主体地位得到强化。

（三）改善民营经济发展环境。提请全国人大常委会审议民营经济促进法草案，推动把改革开放以来特别是党的十八大以来党中央发展民营经济的方针政策和实践中的有效做法上升为法律规范。进一步完善市场准入，将各类依法设定的市场准入管理措施全部列入全国统一的市场准入负面清单。放开充分竞争领域准入，有序放宽服务业准入限制，大幅减少对各类经营主体的准入限制，优化新业态新领域市场准入。严格规范涉企行政执法行为，出台《关于牢固树立监管为民理念 推行服务型执法的指导意见》《市场监管执法行为规范》，加大对滥用行政裁量权、执法不公正甚至选择性执法、趋利性执法等问题的整治力度。印发《关于严格规范涉企行政检查的意见》，对涉企行政检查作出系统全面规范，确保行政检查于法有据、严格规范、公正文明、精准高效。健全国家、省、市、县多层级政企常态化沟通交流和问题解决机制，帮助民营企业解决了一批反映突出的实际问题。

（四）渐进式延迟法定退休年龄等重大改革举措陆续推出。在综合考虑我国人均预期寿命、健康水平、人口结构、国民受教育程度、劳动力供给等因素的基础上，按照小步调整、弹性实施、分类推进、统筹兼顾的原则，制定了《国务院关于渐进式延迟法定退休年龄的办法》，明确用十五年时间，逐步将男职工的法定退休年龄从原六十周岁延迟至六十三周岁，将女职工的法定退休年龄从原五十周岁、五十五周岁分别延迟至五十五周岁、五十八周岁，并在养老金最低缴费年限、自愿选择弹性提前退休、健全养老金保险激励机制、完善困难人员就业援助制度、加强对就业年龄歧视的防范和治理等方面作出相应安排。机构改革全面完成，国家组织结构和管理体制实现重构。此外，财税、金融、农业农村、生态环保、社会等领域改革也取得积极进展。

（史德信）

7. 积极拓展外贸新增长点取得哪些成效？

2024 年，在世界经济面临诸多困难挑战的严峻形势下，我国果断推出了稳外贸增量政策，落实好存量政策，积极拓展外贸新增长点，取得较明显的成效。全年外贸进出口规模达到 43.85 万亿元，同比增长 5%，创历史新高。货物和服务净出口合计拉动经济增长 1.5 个百分点，对经济增长的贡献率达到 30.3%。

（一）外贸促稳提质政策力度加大。商务部单独或会同其他部门出台《关于促进外贸稳定增长的若干政策措施》、《关于加强商务和金融协同 更大力度支持跨境贸易和投资高质量发展的意见》等稳外贸综合政策，加大信贷、信保、结算、用工、便利化等支持。发布了全国版和自贸试验区版《跨境服务贸易特别管理措施（负面清单）（2024 年版）》，印发《关于以高水平开放推动服务贸易高质量发展的意见》，推动服务贸易领域进一步扩大开放。出台了《数字商务三年行动计划（2024—2026 年）》，对提升贸易数字化水平专门提出要求。此外，还结合拓展跨境电商、二手车出口等外贸新增长点出台了一系列专项措施，研究制定绿色贸易实施意见。这些政策措施的出台，不仅有利于稳定外贸"总盘子"，也为培育壮大外贸新动能提供了支持。

（二）货物出口"含新量"不断上升。从产品看，具备高科技属性的新产品加速出海，2024 年电动汽车、3D 打印机、工业机器人出口分别增长 13.1%、32.8%、45.2%，其中电动汽车出口首次突破 200 万辆。光伏产品连续第 4 年出口额超过 2000 亿元人民币，锂电池出口量超过 39 亿个、创历史新高。从业态看，跨境电商进出口达到 2.63 万亿元、增长 10.8%，占我国进出口的比重提高到 6%，潜力和优势得到进一步释放。从品牌看，自主品牌占出口总额的 21.8%，国货潮牌在世界各地刮起了"中国风"。全年出口总额达到 25.45 万亿元人民币，比 2023 年增长了 7.1%。

（三）货物进口规模持续扩大。我国持续扩大进口，在满足国内需要同时，积极与世界共享发展机遇。2024 年 1 月 1 日起，我国对食品、药品、消费品等 1010 项商品实行低于最惠国税率的进口暂定税率，对部分抗癌药、罕见病药的药品和原料等实施零关税，降低特殊医学用途配方食品等进口关税，更好地满足保障人民生命健康的需要。12 月 1 日起，我国给予所有已建交的最不发达国家 100% 税目产品零关税待遇，带动来自相关国家的进口当月增长了 18.1%，比前 11 个月加快 5.8 个百分点。积极扩大优质消费品、先进技术等进口，第七届中国国际进口博览会参会国别和企业数量均超过上一届。2024 年进口总额达到 18.39 万亿元人民币，较 2023 年增长 2.3%。

（四）服务贸易增长潜力进一步释放。我国的消费形态从以商品消费为主向商品和服务消费并重转变，加上市场容量大、梯次多，发展服务贸易潜力很大。2024 年我国服务进出口规模首次突破 1 万亿美元，按人民币计达到 7.52 万亿元，同比增长 14.4%，比 2023 年增速高出 4.4 个百分点。知识密集型服务进出口近 2.9 万亿元，同比增长 6.5%，顺差为 4181 亿元，比 2023 年扩大了 504.5 亿元；旅行服务进出口 2.05 万亿元，增长了 38.1%，其中旅行服务出口增长了 156.8%，进口增长了 29.3%。

（五）自贸区建设带来新的增量市场。我国的自贸伙伴持续增加，开放水平也进一步提高，有利于企业开拓新的市场空间。2024 年，我国实质性完成中国—东盟自贸区 3.0 版谈判，与尼加拉瓜、厄瓜多尔、塞尔维亚、马尔代夫等的自贸协定以及与新加坡的自贸协定升级议定书正式生效，与白俄罗斯签署服务贸易和投资协定，与秘鲁签署自贸协定升级议定书，还有一系列自贸谈判在推进中。我国对联合国统计分组中几乎全部国家和地区都有进出口记录。其中，出口、进口伙伴分别比 2023 年增加了 1 个和 4 个，对 160 多个经贸伙伴实现进出口增长，成为 150 多个国家和地区的主要贸易伙伴，共建"一带一路"国家占我国外贸的比重首次超过了 50%，达到 50.3%。

（冯晓岚）

8. 吸引外资做了哪些工作?

2024 年, 面对全球经济增长低迷、保护主义加剧、跨国投资动力减弱等多重压力, 有关部门和各地区积极落实党中央、国务院的工作部署, 千方百计做好吸引外资工作。全年引资总量虽有所下降, 但也有不少亮点, 包括新设外资企业数量增多, 来自美国、德国等发达经济体的投资增长, 高技术制造业引资占比上升等。主要工作如下。

(一) 在外资准入限制上做"减法"。 正式施行《外商投资准入特别管理措施 (负面清单)(2024 年版)》, 全国外资准入负面清单条目由 31 条压减至 29 条, 其中, 制造业领域外资准入限制措施实现"清零"。修订出台新版《西部地区鼓励类产业目录 (2025 年本)》, 引导扩大特色农牧、电子信息、资源精深加工、装备制造等领域投资。服务业开放力度加大, 开展增值电信、生物技术、独资医院开放试点, 允许外资企业在部分地区独资经营互联网数据中心等电信业务, 从事人体干细胞、基因诊断与治疗技术开发和应用, 设立外商独资医院。修订发布《外国投资者对上市公司战略投资管理办法》, 为外商投资我国证券市场拓宽范围、降低门槛。印发《关于进一步支持境外机构投资境内科技型企业的若干政策措施》, 从"募投管退"各业务环节为境外机构投资境内科技型企业提供支持, 优化政府管理服务。发布《促进和规范数据跨境流动规定》和《网络数据安全管理条例》，优化数据跨境流动管理，建立数据出境安全评估绿色通道。

（二）在优化营商环境上做"加法"。进一步加强对外资企业、外籍人士的便利保障服务，帮助解决反映较多的困难和问题。2024年商务部共召开15场外资企业圆桌会议，认真听取企业诉求，协调解决企业面临的难题。针对部分外籍人士反映在华工作生活不便利的问题，商务部会同有关部门印发了首份《外国商务人士在华工作生活指引（2024年版）》，涵盖在华停居留、住宿、通信、工作许可、金融支付、社会保险等多个方面，还将根据情况变化进行更新。我国已对38个国家试行单方面免签，对54个国家实行过境免签，将过境免签外国人在境内停留时间由原72小时和144小时均延长至240小时，可以在24个省区市允许停留活动区域内跨省域旅行。2024年，全国各口岸免签入境外国人2011.5万人次，同比增长了112.3%。

（三）持续打造"投资中国"品牌。商务部全年共举办了28场"投资中国"专题推介活动，针对重点国别、重点行业、重点主题开展精准招商。在境外，赴欧美、日本等地走访跨国公司总部，举办政策说明会、经贸合作交流会、企业圆桌会等，拓展多元化引资渠道。在境内，成功举办第二十四届中国国际投资贸易洽谈会，用好中国国际进口博览会、中国国际消费品博览会、全球数字贸易博览会等展会平台开展招商宣介，介绍在华投资政策，围绕政府采购、数据流动等外资企业关心的问题释疑解惑。

（四）发挥好各类引资平台作用。我国主动对接国际高标准经贸规则，高水平建设各类开放平台，努力打造吸引外资的"高地"。实施自贸试验区提升战略，因地制宜推动全产业链集成创新，复制推广首批制度性开放试点成果，针对不同自贸试验区的特点实施差异化政策。召开国家级经济技术开发区设立40周年座谈会，指导229家国家级经济技术开发区提升开放效能，强化对招商引资、重大项目落地等服务保障。深化服务业扩大开放综合试点示范，全面评估试点示范成效，推动试点示范省市标准化建设。

（冯晓岚）

9. 加大单边开放力度有哪些新亮点？

习近平总书记在中央经济工作会议上强调，有序扩大自主开放和单边开放。党的二十届三中全会通过的《中共中央关于进一步全面深化改革、推进中国式现代化的决定》提出，扩大对最不发达国家单边开放。2024 年，在世界经济形势面临诸多困难挑战、单边主义和保护主义上升的外部环境下，我国坚持以开放促改革，加大单边开放力度，推动高水平对外开放取得新的积极进展，有不少值得关注的亮点。

（一）**制造业领域外资准入限制措施全部取消**。正式施行《外商投资准入特别管理措施（负面清单）（2024 年版）》，全国外资准入负面清单由 31 条压减至 29 条，其中，制造业领域外资准入限制措施实现清零，删除了最后的"出版物印刷须由中方控股"、"禁止投资中药饮片的蒸、炒、炙、煅等炮制技术的应用及中成药保密处方产品的生产"两条限制措施。开展增值电信、生物技术、独资医院开放试点，允许外资企业在北京、上海、海南、深圳四地相关地区独资经营互联网数据中心、在线数据处理与交易处理等电信业务，在北京、上海、广东自贸试验区和海南自贸港从事人体干细胞、基因诊断与治疗技术开发和应用，在北京、天津、上海、南京、苏州、福州、广州、深圳和海南全岛设立外商独资医院。印发《关于进一步支持境外机构投资境内科技型企业的若干政策措施》，从优化管理服务、加大融资支持、加强交流合作、完善退出机制四方面，便利和鼓励境外机构投资境内科技型企业。

（二）对所有同我国建交的最不发达国家产品全面给予零关税待遇。 2024 年 12 月 1 日起，给予所有同我国建交的最不发达国家 100% 税目产品零关税待遇，带动当月自相关国家进口增长 18.1%，助力更多经济体更好融入国际市场。在对外贸易开放方面还采取了很多其他措施。发布《2025 年关税调整方案》，自 2025 年起对 935 项商品实施低于最惠国税率的进口暂定税率。出台《关于以高水平开放推动服务贸易高质量发展的意见》，营造扩大开放、鼓励创新、公平竞争、规范有序的服务贸易发展环境。全面实施跨境服务贸易负面清单，在海南自贸港跨境服务贸易负面清单的实践基础上，发布实施全国版和自贸试验区版跨境服务贸易负面清单，在全国形成了跨境服务贸易领域梯度开放体系。深化服务业扩大开放综合试点示范，推动试点示范省市标准化建设。持续办好进博会、广交会、服贸会、数贸会、链博会、消博会等重大展会，在有关展会为最不发达国家企业参展提供免费展位、搭建服务等支持。

（三）扩大单方面免签国家范围。 全面放宽优化免签政策，截至目前，已对 38 个国家单方面免签，对 54 个国家实行过境免签，并将过境免签外国人在境内停留时间由原 72 小时和 144 小时均延长为 240 小时，新增 21 个口岸为过境免签人员入出境口岸，过境免签口岸总数已经达到 60 个，过境免签的外国人可以在 24 个省区市允许停留活动区域内跨省域旅行。创新和推广"外包内用"、"外卡内绑"等金融业务，提升外国人在华电子支付便捷性。随着我国免签"朋友圈"扩容，入境旅游持续升温。2024 年，全国各口岸免签入境外国人 2011.5 万人次，同比增长112.3%，"中国游"向全球展现了真实、多元和活力满满的中国形象。

（四）对接国际高标准经贸规则迈出新步伐。在上海、广东、天津、福建、北京自贸试验区和海南自贸港试点基础上，将有关首创性、引领性制度创新成果复制推广到其他自贸试验区乃至全国，首批试点对接措施 36 条全面落地，上海全面对接的 80 条也基本落地。发布《促进和规范数据跨境流动规定》、《网络数据安全管理条例》，进一步优化数据跨境流动管理，建立数据出境安全评估绿色通道，对不同情形下的数据出境管理予以明确，推动建立高效、便利、安全的数据跨境流动机制。

（史德信）

10. 推进科技强国建设有哪些新进展？

2024 年是我国科技事业发展具有里程碑意义的一年，全国科技大会召开，习近平总书记发表重要讲话，擘画了科技强国建设的宏伟蓝图，向全党全国全社会发出加快实现高水平科技自立自强的总动员。在以习近平同志为核心的党中央坚强领导下，各地区各部门担当作为、密切配合，广大科技工作者攻坚克难、勇攀高峰，推动科技工作开创新局面。全社会研发经费支出稳居世界第二位，研发人员总量、PCT 国际专利申请量连年居世界第一，集成电路、人工智能、量子信息等领域取得了一批新成果，科技创新对经济社会发展的支撑引领作用显著增强，全球创新指数排名位列第十一位，科技强国建设迈出坚实步伐。

（一）**全面启动实施国家科技重大专项**。党中央确定的科技创新 2030—重大项目和部分重大专项接续项目已全面启动，先期启动的重大专项加快组织科研攻关。印发实施《国家重点研发计划管理暂行办法》，建立全新的项目形成机制和责任机制。实施中央企业未来产业启航行动，推动传统产业高端化升级和前沿技术产业化。加强基础研究，2024 年中央本级财政安排基础研究支出 979.82 亿元，同比增长 13.1%。

（二）**加快完善重大科技基础设施体系**。布局建设 77 个国家重大科技基础设施，加快完善重大科技基础设施体系，500 米口径球面射电望远镜、散裂中子源等一批重大设施发挥重要作用。在建和运行大科学装置项目超过 60 个，部分设施综合水平迈入全球第一方阵。

（三）国家战略科技力量不断强化。国家实验室体系建设稳步推进，定位方向和目标任务进一步聚焦明确。科技领军企业加快培育壮大，制定一揽子支持政策并推动落实到位，支持企业建设国家技术创新中心和制造业创新中心，促进各类创新资源向企业集聚。科研院所使命导向管理改革试点、绩效评价试点、扩大科研自主权、优化岗位结构比例和薪酬制度改革等取得积极进展。组织实施高校基础学科和交叉学科突破计划，启动建设全国高校区域技术转移转化中心。

（四）科技体制改革持续深化。加强科技政策统筹，建立相关政策科技创新一致性审查机制，赋予职务科技成果所有权或长期使用权、成果单列管理等改革试点取得积极成效。出台促进创业投资高质量发展的若干政策措施，设立 5000 亿元科技创新和技术改造再贷款，支持国家重大科技任务和科技型中小企业融资，健全科技型企业上市融资、债券发行、并购重组"绿色通道"机制，完善首台（套）首批次保险补偿机制。按照基础研究、技术创新、成果转化与产业化等全链条环节，统筹国家科技创新平台基地，规范平台基地建立、运行、评估、调整。

（五）区域科技创新布局进一步优化。对区域科技创新作出体系化部署，一体推进国际科技创新中心和高水平人才高地建设，支持承担国家重大科技项目，开展外籍人才引进、基础研究税收激励、外资研发机构支持等政策先行先试，明确区域科技创新中心功能定位和重点任务，引导各地方因地制宜探索创新驱动发展路径。加强区域协同创新，推进长三角科技创新共同体建设，京津冀三地深化科技园区合作和技术转移，推动国家高新区优化布局、功能提升，在科技项目、平台建设等方面推动科技援疆、援藏等东中西科技合作。

（六）**科技人才队伍发展壮大**。加大科技人才培养引进使用力度，创新人才培养模式，优化高等学校学科设置，研究提出关键领域人才培养支持举措，建设32家国家卓越工程师学院，工程硕博士培养改革专项试点招录近1.7万名。学风作风建设从严推进，深化科教界"帽子"治理，进一步规范院士兼职、薪酬待遇及称号使用，在国家自然科学基金、国家科技奖评审中开展"打招呼"、"跑找要"顽疾整治工作，严厉惩治科研不端行为。

（七）**国际科技合作不断拓展**。在二十国集团领导人里约峰会上，中国与巴西、南非、非盟共同发起"开放科学国际合作倡议"，完成《中美科技合作协定》5年续签，中外政府间科技合作协定达到118个。"一带一路"科技创新合作走深走实，启动建设第四批18家联合实验室。我国牵头发起的两个国际大科学计划取得积极进展。

（王敏瑶）

11. 产业结构优化升级有哪些新进展?

产业结构优化升级是发展新质生产力的重要途径,也是应对外部打压、巩固竞争优势的迫切需要。2024年以来,各地区各部门认真贯彻落实党中央、国务院部署要求,以科技创新引领产业创新,推动传统产业焕新升级、新兴产业积厚成势、数字经济高质量发展,产业结构加快向中高端迈进,现代化产业体系建设取得积极进展。

(一)工业经济运行保持平稳向好态势。加力落实存量政策和一揽子增量政策,深入实施十大重点行业稳增长工作方案,发挥工业大省"挑大梁"作用。2024年全部工业增加值达到40.5万亿元,制造业规模连续15年保持全球第一;规模以上工业增加值比2023年增长5.8%,增速加快1.2个百分点。在"两重"项目建设和大规模设备更新政策带动下,制造业投资比2023年增长9.2%,高于全部投资增速6个百分点。工业企业利润稳步恢复,四季度降幅明显收窄并于12月份实现由降转增。坚持供需两端协同发力,化解重点产业结构性矛盾,工业产能利用率逐季回升。

(二)传统产业转型升级步伐加快。组织实施制造业技术改造升级工程,加大超长期特别国债、科技创新和技术改造再贷款支持工业设备更新力度,推动高端化、智能化、绿色化发展。2024年工业技术改造投资比2023年增长9.2%,增速加快

4.5个百分点。出台制造业数字化转型行动方案,"点线面"协同推进"智改数转",规模以上工业企业数字化改造覆盖率达到62.9%,累计建成3万余家智能工厂,我国在全球"灯塔工厂"中占比超过四成。推动钢铁、石化化工、数据中心等节能降碳改造,国家级绿色工厂累计达到6430家,绿色低碳转型纵深推进。发挥标准引领作用,围绕能耗、环保和质量安全等制定修订一批强制性国家标准,倒逼落后低效产能退出。

(三)新兴产业厚植优势蓬勃发展。持续实施增值税加计抵减等政策支持先进制造业发展,2024年高技术制造业占工业增加值比重较2023年提高0.6个百分点。新培育35家国家先进制造业集群,战略性新兴产业集群生态不断完善。一批新产业新赛道发展势头强劲,首个商业航天发射场建成并首发成功,北斗规模化应用扩面提速,新型储能装机规模首次超过抽水蓄能,国产人工智能大模型引发全球关注,人形机器人登上央视春晚舞台,自动驾驶、低空经济、可穿戴智能装备等新产品新场景加速走进百姓生活。优势产业领先地位进一步巩固,新能源汽车年产量突破1300万辆、连续10年保持全球第一,造船业三大指标继续位居全球首位。

(四)产业链供应链韧性和安全水平持续提升。深入实施制造业重点产业链高质量发展行动,统筹推进重大技术装备攻关和产业基础再造工程,"一链一策"补短板、锻长板、强基础,重大创新成果持续涌现,自主可控能力不断增强。中国商飞C919累计交付16架,300兆瓦级F级重型燃气轮机点火成功,第二艘国产大型邮轮"爱达·花城号"实现全船贯通,集成电路、新材料、医疗装备等领域关键核心技术攻关实现新突破。中国制造在全球产业链供应链重构中积极"出海"破局，汽车、新能源等领域海外投资不断扩大，在国际市场中的竞争力进一步提升。

（五）数字经济高质量发展稳步推进。 全面实施数字中国建设整体布局规划，出台推动数字经济高质量发展政策文件，2024 年数字经济核心产业增加值占国内生产总值比重达到 10%左右，数字技术赋能经济社会发展不断深化。数据基础制度框架初步搭建，公共数据资源开发利用等政策文件陆续出台，深入实施《"数据要素 ×"三年行动计划（2024—2026 年）》，数据市场规模不断壮大。数字基础设施建设步伐加快，截至 2024 年末，累计建成 5G 基站 425 万个、千兆用户突破 2 亿，实现"县县通千兆、乡乡通 5G"，5G 行业应用覆盖 80 个国民经济大类。在用算力中心标准机架数超过 880 万，算力规模较上年增长 16.5%。推动城市全域数字化转型，深入推进数字乡村建设，数字公共服务普惠化水平不断提升。

（吴兰谷）

12. 围绕推进新型城镇化
做了哪些工作？

城镇化是现代化的必由之路，是解决农业、农村、农民问题的重要途径，是推动区域协调发展的有力支撑，是扩大内需和促进产业升级的重要抓手。2024 年 7 月，国务院印发《深入实施以人为本的新型城镇化战略五年行动计划》（国发〔2024〕17 号），对未来五年推进新型城镇化建设的总体要求、主要目标、任务举措和组织实施作出部署。各地区各部门深入贯彻落实党中央、国务院决策部署，积极推进新型城镇化，2024 年末常住人口城镇化率达 67%，比上年末提高 0.84 个百分点，城镇化水平和质量稳步提升。

（一）农业转移人口市民化质量持续提高。以进城农民工及其随迁家属为重点，兼顾城市间流动人口，有针对性地完善政策举措，促进农业转移人口加快融入城市。按规定因城施策完善落户政策，目前绝大多数城区常住人口 300 万以下城市已取消落户限制，城区常住人口 300 万—500 万城市因地制宜放开放宽落户条件。各地对照《国家基本公共服务标准（2023 年版）》，制定实施本地区基本公共服务实施标准，农业转移人口享有的城镇基本公共服务项目进一步增加。义务教育阶段进城务工人员随迁子女在公办学校就读或享受政府购买学位比例达 97%。全年筹集配售型保障性住房、保障性租赁住房、公租房共计 172 万套（间），累计 200 多万灵活就业人员纳入住房公积金制度覆盖范围。

（二）潜力地区新型城镇化有序推进。以城镇化潜力较大的集中片区为重点，兼顾其他城镇化率低且人口规模大的县（市、区），推动构建产业梯度布局、人口就近就业、大中小城市协调发展的良性互动格局。新培育认定 100 个国家级中小企业特色产业集群，举办系列部省产业转移发展对接活动，帮助城镇化潜力地区提升承接和发展特色优势产业能力。加强县城市政交通、污水垃圾处理设施等建设，县级城市黑臭水体消除比例超过 80%，实施县域普通高中发展提升行动计划、县医院综合能力提升工程，县城综合承载能力持续增强。

（三）城市更新和安全韧性提升步伐加快。以人口规模大密度高的中心城区和影响面广的关键领域为重点，扎实推进城市更新，加强城市基础设施建设，打造宜居、韧性、智慧城市。组织地级及以上城市全面开展城市体检，全方位查找城市短板问题，实施城市更新项目 6 万余个，完成投资约 2.9 万亿元。新开工改造城镇老旧小区 5.8 万个，更新改造小区内各类老化管线超过 5 万公里。城中村改造扩围至 300 多个城市，实施 1863 个改造项目，建设筹集安置住房 189.4 万套，改造城市危旧房 7.9 万套。加快城市燃气等老化管道、排水防涝等设施建设改造，全年完成燃气管道老化更新改造 6.6 万公里，建设改造各类管网 17.5 万公里。强化科技赋能实施城市生命线安全工程建设，加强城市燃气、供水、排水、供热和综合管廊等设施安全监测，城市安全运行保障能力稳步增强。大力提升城市绿地服务功能,开工建设口袋公园 6000 多个、绿道 6000 多公里。推进城市基础设施数字化建设和改造,207 个城市建成千兆城市,为当地经济社会发展数字化转型提供了重要支撑。

(郭琨焜)

13. 提高农业综合生产能力
采取了哪些措施?

农业综合生产能力是保障国家粮食安全的重要支撑,也是决定农业综合效益和竞争力的关键因素。2024 年,各地区各部门认真贯彻落实党中央、国务院部署,克服多发频发的自然灾害,粮食总产量首次迈上 1.4 万亿斤的新台阶、亩产增加 10.1 斤,大豆生产面积稳定、单产提升、结构优化,棉糖胶、肉蛋奶、果菜鱼等品类丰富、供应充足,我国农业综合生产能力实现稳步提高。采取的措施主要包括以下五个方面。

(一)**多措并举推动大面积提高单产**。强化责任落实和政策支持措施,严格省级党委和政府耕地保护和粮食安全责任制考核,综合运用价格、保险、补贴等政策,充分调动重农抓粮积极性,集成配套推动增产技术落地。分品种制定落实集成配套推广工作方案,有针对性地制定和落实好集成配套举措,大力推广适度增密等综合性增产技术模式。以集成应用"主导品种、主推技术、主力机型"等关键技术为重点,扩大粮食生产增产技术应用覆盖范围。发挥规模经营主体作用,鼓励引导规模种植主体加快推广应用增产技术,示范带动中小规模农户加快提高单产。

(二)**坚持量质并重加强耕地保护建设**。提高农业综合生产能力,既要保耕地数量,也要提耕地质量。保数量方面,重点是严守耕地红线,严格落实耕地保护任务。按照新一轮国土空间规划,扎实推进耕地和永久基本农田保护。把各类对耕地的占用纳入统一管理,严控占用、严格补充。对"大棚房"等"非农化"问题"零容忍"、露头就打。细化整改耕地"非粮化"范围、合理安排恢复时序,不搞"一刀切"。提质量方面,重点是推进高标准农田建设,加强退化耕地治理。中央财政亩均补助标准提高到 2000 元以上,支持 1.05 亿亩高标准农田建设改造任务。启动 20 个酸化耕地治理重点县建设,扎实开展盐碱地综合改造试点。

(三)突出应用强化农业科技装备支撑。统筹优势力量协同攻关,加快实施农业重大科技创新项目,取得了基因编辑新工具、"双抗"高产小麦新品种等一批突破性成果,减损增产提质效果明显。深入推动种业振兴行动出成效,大力培育壮大种业领军企业,选育出一批高油高产大豆等急需品种,自主培育的白羽肉鸡品种市场占有率 25% 左右。扎实推进农机装备补短板,大喂入量谷物联合收割机、加工型番茄收获机等实现产业化应用。2024 年,我国农业科技进步贡献率超过 63%,农作物耕种收综合机械化率超过 75%。

(四)大力推进现代农业经营体系建设。着眼提高农业生产经营效率和效益,推进现代农业经营体系建设,加快把小规模农户引入现代农业发展的轨道。一方面,发展多种形式适度规模经营,以小规模农户为基础、新型农业经营主体为重点、社会化服务为支撑,加强教育培训,打造适应现代农业发展的生产经营队伍。另一方面,大力发展面向小规模农户的农业社会化服务，提升家庭农场和农民合作社生产经营水平、增强服务带动小规模农户能力，支持农业产业化龙头企业充分发挥服务带动作用。2024 年，全国 109.4 万个经营性主体服务面积超过21.4 亿亩次，带动小农户 9400 多万户。

（五）着力健全农业防灾减灾救灾体系。各地区各有关部门坚持抗灾夺丰收，一仗接着一仗打，在汛情严峻、部分地区夏季旱涝急转的情况下，有力支撑全年粮食目标实现。加快完善水利基础设施体系，抓好灾后恢复重建、加快修复灾损水利设施，加强小型农田水利设施建设和运行管护，推进农田沟渠修复整治和平原涝区治理，农田防灾减灾能力进一步提升。全面提升农业灾害预报预警能力，优化完善气象服务，健全动植物疫病虫害监测预警网络。按照"平战结合"原则推动建立防灾救灾农机储备和调用制度，提升农机应急作业能力。

（张伟宾）

14. 乡村全面振兴取得什么新成效？

2024 年，各地区各部门按照党中央、国务院部署，锚定建设农业强国目标，深入学习运用"千万工程"经验，因地制宜、分类施策，稳步推进农村改革发展各项工作任务，乡村全面振兴取得新的成效。

（一）**脱贫攻坚成果持续巩固拓展**。扎实推进责任、政策和工作落实，健全防止返贫致贫监测帮扶机制，发挥大数据信息系统作用，及时纳入、及时帮扶，不断提高监测帮扶实效。2024 年，监测对象中超过六成已消除风险，其余也都落实了帮扶措施，牢牢守住了不发生规模性返贫致贫的底线。分类推进帮扶产业巩固、升级、盘活、调整，832 个脱贫县均培育形成优势特色突出、带动能力较强的主导产业。深入开展防止返贫就业攻坚行动，脱贫人口务工就业规模超过 3300 万人。东西部协作、定点帮扶持续深化，驻村帮扶力量调整优化，"万企兴万村"行动深入开展。乡村振兴重点帮扶县和易地搬迁集中安置区基础设施和公共服务持续改善，脱贫地区加快发展。

（二）**农村改革重点任务稳步推进**。深化农村土地制度改革，安徽、湖南、广西二轮延包整省试点扎实推进，其他省份整县、整乡镇试点稳步推开。农村产权流转交易规范化试点有序开展，土地经营权流转监督管理水平稳步提升。进一步明确宅基地规范管理、严禁给退休回乡干部分地建房、土

43

地流转、社会力量参与乡村振兴等政策规定。规范提升农村集体"三资"监管，开展集中专项整治行动。持续发展壮大新型农村集体经济。培育壮大新型农业经营主体，推动农业社会化服务扩面提质。严厉打击坑农害农违法行为。深化集体林权、农垦、供销社等改革，农村发展活力进一步激发。

（三）乡村富民产业持续发展壮大。坚持以产业振兴促乡村振兴，强龙头、补链条、兴业态、树品牌，推动乡村产业全链条升级。做好"土特产"文章，培育发展主导产业突出的"苹果村"、"木耳乡"、"黄花镇"等乡村特色产业专业村镇，新建40个优势特色产业集群、200个农业产业强镇，促进乡村产业标准化、规模化发展。加快推进产业融合发展，积极发展新产业新业态，中央厨房、直播带货、休闲康养等新产业新业态不断涌现，累计建设180个全国休闲农业重点县和1953个中国美丽休闲乡村，乡村产业聚集融合发展势头进一步增强。推动农产品加工转型升级，启动促进农产品加工业发展三年行动，规模以上农产品加工企业营业收入超过18万亿元。在各方面共同带动下，2024年全国农村居民人均可支配收入达23119元，同比实际增长6.3%，城乡居民收入比缩小到2.34∶1。

（四）宜居宜业和美乡村建设扎实推进。立足县域城乡融合发展，统筹提升乡村规划建设水平，农村生产生活条件持续改善。推动乡村建设行动走深走实，细化优化工作推进机制，分类推进厕所改造、梯次治理生活污水。农村卫生厕所普及率达到75%，农村生活污水治理（管控）率超过45%，生活垃圾进行收运处理的行政村比例稳定在 90% 以上。以推广积分制、清单制等务实管用治理方式为抓手，提升乡村治理效能，丰富乡村治理"工具箱"，整治高额彩礼、大操大办等突出问题，减轻群众人情负担。传承弘扬优秀农耕文化，开展农业文化遗产展示展演，促进城乡互动、交流互鉴。增加优质乡村文化产品和服务有效供给，举办第七届中国农民丰收节，开展"大地流彩"系列乡村文化体育活动，村跑、村舞、"村BA"等群众性活动广泛开展，农民精神风貌持续提振。

（张伟宾）

15. 促进区域发展取得什么新进展?

2024 年,习近平总书记在地方考察期间,主持召开新时代推动中部地区崛起座谈会、新时代推动西部大开发座谈会、全面推动黄河流域生态保护和高质量发展座谈会等多场重要会议,发表一系列重要讲话,为新时期做好区域协调发展工作指明了方向,提供了根本遵循。各地方各部门按照党中央、国务院决策部署,因时因地完善政策体系,有力有序推进区域协调发展重点任务,取得积极进展和阶段性成效。

(一)东中西和东北"四大板块"协调发展扎实推进。积极加强政策支持和引导,持续增强区域发展的协调性平衡性。

西部大开发实现新突破。实施青藏高原生态屏障区等重要生态系统保护和修复重大工程重点项目,毛乌素等防沙治沙重点治理区实现"绿进沙退"。修订西部地区鼓励类产业目录,加大对特色农牧、电子信息、资源精深加工、装备制造等产业的支持。

新时代东北全面振兴取得新成果。持续提升粮食综合生产能力,粮食生产实现"二十一连丰"。沈阳、大连、哈尔滨入选首批制造业新型技术改造试点城市,优势特色产业加快转型升级。

中部地区加快崛起呈现新气象。重大科技平台建设持续推进,量子信息、新一代光通信器件、先进纤维材料等产业链质量强链工作深入开展。一批正式开放口岸、综合保税区、保税物流中心建成运营,内陆开放水平不断提升。

东部地区加快推进现代化增添新动力。支持福建全方位推动高质量发展，推动山东深化新旧动能转换进一步深化。国家级专精特新"小巨人"企业数量占全国比重超80%，一批石化炼化等重大项目投产运营或开工建设。

（二）京津冀、长三角、粤港澳大湾区高质量发展动力源作用持续增强。加快推动重大功能平台和重大项目建设，着力塑造高质量发展新动能新优势。

京津冀协同发展走深走实。高标准高质量推进雄安新区建设，在京相关高校、医院、中央企业总部及二三级子公司分批向新区疏解。持续强化科技协同创新和产业链上下游协作，北京流向津冀技术合同成交额843.7亿元、增长12.7%。

长三角一体化高质量发展深入推进。协同推进高水平科技创新，着力共建现代化产业体系，聚焦优势领域培育18个国家级先进制造业集群。扎实推进上海"五个中心"建设，生态绿色一体化发展示范区改革授权压茬推进。

粤港澳大湾区建设迈上新台阶。横琴合作区正式实施"一线放开、二线管住"封关运作，支持河套合作区先行先试。稳步推进大湾区国际科技创新中心建设，新建一批粤港澳联合实验室。

（三）长江经济带和黄河流域大保护工作深入开展。坚持生态优先、绿色发展，推动构建上下游贯通一体的生态环境治理体系，促进发展方式全面绿色转型。

长江经济带共抓大保护、个搞大开发成效显著。持续加强生态环境高水平保护，狠抓突出问题整改，长江干流连续第5年保持Ⅱ类水质。综合立体交通走廊加快构建，沿江高铁全线开工建设，长江干线航道通航能力不断提升。

黄河流域生态保护和高质量发展迈出坚实步伐。深入推进"三北"工程黄河"几字弯"攻坚战，实施"一泓清水入黄河"等生态保护修复重大工程。加强流域水资源统筹调配和供水保障能力建设，推动黄河连续第25年实现不断流。

（四）主体功能区制度政策进一步健全。实施主体功能区优化完善技术指南，加强主体功能区实时监测和定期评估。全国省、市、县各级国土空间总体规划编制审批工作基本完成，初步建立全国国土空间规划"一张图"。出台加强耕地保护提升耕地质量完善占补平衡的意见，健全耕地数量、质量、生态"三位一体"保护制度体系。积极加强生态环境分区管控，在全国划定4万多个管控单元，"一单元一策"实施精准管控。

（五）区域融合发展取得新进展。充分发挥东西部协作、省际合作、央地合作等机制作用，推动东中西部和东北地区产业协作和布局持续优化，京津冀、长三角、粤港澳大湾区积极加强产业链分工合作，长江经济带、黄河流域深化绿色联动。跨区域综合运输网络不断完善，一批重大公路、铁路项目建成运行。能源供给布局持续优化，西气东输三线中段、四线和川气东送二线顺利推进，西电东送北、中、南段建设加快。数据基础设施加快建设，全国一体化算力网逐步完善，"东数西算"国家枢纽节点和数据中心集群建设扎实推进。

（高振宇）

16. 生态环境质量有哪些新改善？

2024 年，各地区各有关部门深入学习贯彻习近平生态文明思想，以美丽中国建设为统领，加快推进人与自然和谐共生的现代化，生态环境治理取得积极成效。

（一）**空气质量持续改善行动计划深入实施**。以京津冀及周边、长三角、汾渭平原等重点区域为主战场，优化调整产业结构、能源结构、交通运输结构，因地制宜推进北方地区清洁取暖，全年完成散煤治理约 200 万户，京津冀及周边地区全年中重度及以上污染天数同比减少 34.2%。

推动重点行业节能降碳改造，继续抓好燃煤锅炉、工业炉窑污染治理，8400 万吨焦化产能完成全流程超低排放改造，3.4亿吨水泥熟料产能完成排放改造。高质量推进钢铁、焦化等行业超低排放改造，累计完成 8.93 亿吨粗钢产能全流程超低排放改造或重点工程改造。加强挥发性有机物（VOCs）全流程治理，推动发现并整改各类问题 3.2 万个，化学需氧量排放量、氨氮排放量、氮氧化物排放量持续下降。全国地级及以上城市细颗粒物（$PM_{2.5}$）平均浓度降到 29.3 微克 / 立方米、同比下降2.7%，连续 5 年稳定达标；优良天数比例为 87.2%、同比上升1.7 个百分点，重污染天数比例为 0.9%、同比下降 0.7 个百分点。

（二）**水资源、水环境、水生态治理扎实推进**。加强水源地规范化建设和备用水源地建设，切实保障城乡饮用水安全，基本完成长江经济带乡镇级集中式饮用水水源保护区定界立标。加快补齐城镇污水收集和处理设施短板，因地制宜开展内源污染治理和生态修复，3033条地级及以上城市黑臭水体基本消除，城市生活污水集中收集率达到76.6%。全国地表水优良水质断面比例为90.4%、同比上升1.0个百分点，首次超过90%，近岸海域水质优良比例、地下水Ⅰ—Ⅳ类水质点位比例均提前达到"十四五"规划目标。

加快推进母亲河复苏行动，全面推进幸福河湖建设，丹江口库区及其上游流域等江河湖库生态保护治理取得积极进展。全面开展排污口"查测溯治"，七大流域和重点海湾整治完成率分别达到90%和84%。建立水生态考核机制，加强水源涵养区和生态缓冲带保护修复，保障河湖生态流量，维护水生态系统健康。坚定推进长江十年禁渔，长江珍稀濒危物种拯救和重要栖息地生态修复成效显著。长江干流连续5年、黄河干流连续3年全线水质稳定保持Ⅱ类。

（三）**土壤污染源头防控稳步开展**。启动实施土壤污染源头防控行动计划，严格建设用地土壤污染风险管控和修复名录内地块的准入管理，累计完成100个土壤污染源头管控重大工程项目，实现土壤超标地块和存在污染风险地块全覆盖。开展998个"一区两场"（化工园区、垃圾填埋场、危险废物填埋场）等地下水重点污染源风险排查，强化地下水型饮用水水源地环境保护，基本完成全国地下水污染防治重点区划定。

统筹推动乡村生态振兴、农村人居环境整治，制定农用地土壤重金属污染溯源和整治计划，有力防治农业面源污染。加强农村生活污水治理和资源化利用，国家监管的农村黑臭水体治理率达到82.3%。全国受污染耕地和重点建设用地安全利用得到有效保障，新增完成2.5万个行政村环境整治，农村生活污水治理管理率达到45%以上。

（四）**固体废物和新污染物治理力度不断加强**。加快"无废城市"建设，制定进展评价办法，推动新增生活垃圾焚烧处理能力3897万吨/年，新增建筑垃圾消纳能力8120万方、资源化利用能力9180万吨/年。加强固体废物综合治理，推动实施大宗固废消纳利用项目1129个、消纳量约3.3亿吨。加快制定退役动力电池、废光伏组件及风机叶片等"新三样"固废污染控制技术规范。推动长江经济带1440座、黄河流域360座尾矿库完成"一库一策"治理，累计完成980余个重金属污染治理项目。

持续推进新污染物协同治理和环境风险管控，完成新污染物治理行动中期评估，启动两批23个新污染物治理试点。全力推进危废重大工程建设，着力补齐危废处置技术和特殊危废处理能力短板。深化全面禁止"洋垃圾"入境成果，各种形式的固体废物走私和变相进口防治效果显著。

（叶世超）

17．绿色低碳发展水平有哪些提升？

2024年，各地区各有关部门以习近平生态文明思想为指导，站在维护国家生态安全、中华民族永续发展和对人类文明负责的高度，推动经济社会全面绿色转型，加快构建绿色低碳循环经济体系。

（一）重要生态系统保护和修复重大工程取得积极进展。深入推进"三北"等重点生态工程建设，以打好三大标志性战役为重点，强化要素保障、推动联防联治、创新机制模式、加强科技支撑，环绕塔克拉玛干沙漠边缘全长3046公里的绿色阻沙防护带实现全面锁边"合龙"，北疆绿色长城更加牢固，生态安全屏障功能日渐完备，推进实施重点项目287个，完成各项建设任务超5700万亩。

科学开展大规模国土绿化行动，加快推进国土绿化重点项目实施，2024年我国完成国土绿化任务超1亿亩，包括造林6669万亩、种草改良4836万亩，治理沙化石漠化土地3683万亩，荒漠化、沙化土地面积持续"双缩减"；森林可持续经营实施面积扩大到1000万亩以上，森林质量稳步提升；全国草原综合植被盖度稳定在50%以上，实现稳中有升。

（二）重点行业节能降碳改造进程加快推进。在钢铁、炼油、合成氨、水泥、电解铝、数据中心、煤电等重点行业实施节能降碳专项行动，粗钢、电解铝、水泥熟料、平板玻璃等单位产品综合能耗均处于世界领先水平。进一步完善碳足迹管理体系，编制发布产品碳足迹核算通则、核算标准编制工作指引，完成电力、电解铝等 100 余个产品碳足迹核算标准发布。建设并发布国家温室气体排放因子数据库，发布 2021 年、2022 年电力二氧化碳排放因子。制定修订国家强制性节能标准 51 项，发布工业重点领域能效标杆水平和基准水平，更新重点用能产品设备能效先进水平、节能水平和准入水平。2024 年，扣除原料用能和非化石能源消费量后的单位国内生产总值能耗降低 3.8%，单位国内生产总值二氧化碳排放量降低 3.4%。

（三）能源结构持续优化。贯彻落实"四个革命、一个合作"能源安全新战略，加快构建新型能源体系。推进传统能源清洁高效利用，抓好煤炭清洁高效利用，智能化产能占煤炭总产能的比例提升至 50% 以上，全年煤炭产量约 47.6 亿吨，改造升级煤电机组 1.8 亿千瓦，淘汰落后产能超过 800 万千瓦。加大油气资源勘探开发和增储上产力度，全国原油产量连续六年回升，天然气产量连续八年增产超百亿立方米，有力支撑能源安全。

推进新能源开发利用，大型风电光伏基地建设进展顺利，可再生能源新增装机 3.7 亿千瓦，非化石能源发电量占总发电量的比重接近 40%，特别是以风电、太阳能发电为主的新能源发电装机规模达到 14.5 亿千瓦，历史性超过煤电，提前 6 年完成我国在气候雄心峰会上的承诺目标。积极安全有序发展核电，我国在运和核准在建核电机组装机约 1.13 亿千瓦，规模升至世界第一。

科学布局抽水蓄能、新型储能、光热发电，累计建成新型储能超过 6000 万千瓦，新型储能技术创新不断涌现，调度运用持续增强。加强电动汽车充电基础设施建设，充电基础设施累计建成超过 1200 万台，95% 以上高速公路服务区具备充电能力，更好保障出行充电需要。

（四）碳市场建设取得积极成效。进一步完善全国碳排放权交易市场，全年成交配额 1.89 亿吨，成交金额 181 亿元，年底收盘价为 97.49 元 / 吨，交易规模持续扩大、价格稳中有升，配额清缴完成率达到 99.98%。同时，积极推动全国碳排放权交易市场扩围，已形成碳市场覆盖水泥、钢铁、铝冶炼行业工作方案。

启动全国温室气体自愿减排交易市场，生态环境部发布了造林碳汇、并网光热发电、并网海上风力发电、红树林营造等 4 项温室气体自愿减排项目方法学，企业参与市场交易的积极性明显提升。

（叶世超）

18. 稳就业方面主要做了哪些工作？

稳就业是保民生、促发展、稳预期的重要基础。过去一年，各地区各部门深入学习贯彻习近平总书记关于促进高质量充分就业的重要讲话精神，把就业作为民生头等大事来抓，2024年累计实现城镇新增就业 1256 万人，城镇调查失业率平均为5.1%，就业形势保持总体稳定。主要做了以下工作：

（一）出台促进高质量充分就业的政策措施。2024 年 9 月，党中央、国务院印发《关于实施就业优先战略促进高质量充分就业的意见》，提出 24 项具体政策措施。这是新时代以来首次从中央层面出台的促就业指导性文件。各地认真落实党中央、国务院文件精神，坚持就业优先导向，结合实际出台一系列促进高质量充分就业的政策措施，包括开展就业影响评估、实施先进制造业促就业行动、推出银发经济促就业支持措施等，营造了良好的促就业政策环境。

（二）强化对企业吸纳就业的支持。延续降低失业、工伤保险费率政策，优化完善吸纳就业补贴和扩岗补助，继续实施稳岗返还政策，全年就业补助资金支出超 1000 亿元，为企业稳定岗位、扩大就业提供了强大助力。加大对各类就业支持政策的宣传力度，实行直补快办，改变原来企业上门申请、部门层层审批的工作模式，相关部门提前进行信息比对，筛选确定符合补贴条件的单位，主动向其推送政策，并将补贴直接发放到企业账户，2024年向665万户次参保企业发放失业保险稳岗扩岗资金386亿元，确保政策红利真正落到企业身上。

（三）**重点群体就业保持稳定**。高校毕业生、脱贫人口、农民工等是做好就业工作的重点群体。2024年高校毕业生超过1170万人，再创历史新高。有关部门制定出台新一轮高校毕业生等青年就业创业支持政策，延续实施国有企业增人增资、见习留用提前发放补贴等政策，优化19项公共部门和国有企业招聘安排，实施"三支一扶"、农村教师特岗计划、西部计划、中央企业面向西藏青海新疆高校毕业生专场招聘、大学生乡村医生、城乡社区、文化人才服务基层一线等专项工作。这一系列政策"组合拳"有力支持了高校毕业生就业。经过努力，2024届高校毕业生总体去向落实率超过90%。

对脱贫人口和农民工，开展支持易地搬迁安置区可持续发展专项行动，易地搬迁脱贫劳动力就业率超过95%。大力实施以工代赈，吸纳330多万名低收入群众务工就业。深入实施防止返贫就业攻坚行动，脱贫人口务工规模超过3300万人。举办全国劳务协作暨劳务品牌发展大会，支持组建劳务协作区域联盟，促进农民工就业。

同时，积极开展退役军人就业服务专项行动，畅通供需信息，不断拓宽退役军人就业渠道。健全就业援助机制，打包推出"两优惠、三补贴"政策，加强就业困难人员兜底帮扶，全年共帮扶城镇失业人员再就业515万人、困难人员就业163万人。

（四）**有效开展职业技能培训**。各地聚焦重点领域开展补贴性职业技能培训，向310万人次劳动者发放技能提升补贴51.3亿元。

健全终身职业技能培训制度，推行"新八级工"职业技能等级制度，加强职业技能评价规范管理，全年超过 1200 万人次取得职业技能等级证书或职业资格证书。

（五）**持续优化就业公共服务**。继续推进就业公共服务下沉基层，建设了一批"家门口"就业服务站、零工市场，构建"15 分钟"就业服务圈。各地建成省级集中的就业信息资源库、就业公共服务平台，初步建成全国"一库一平台"，已有 253 家人力资源服务机构入驻"就业在线"平台，2024 年发布就业岗位 1.08 亿个。

（六）**切实加强劳动权益保障**。出台加强农民工服务保障的意见，持续落实新就业形态劳动者权益保障相关政策，引导和督促各类企业依法规范用工，大力营造公平就业环境。打好行政执法、信用惩戒、刑事司法等"组合拳"，扎实推进治理欠薪冬季行动，采取超常规举措强化欠薪问题治理。这些措施既有效维护了劳动者合法权益，也促进了劳动关系和谐、支撑了就业稳定。

（孙慧峰）

19. 教育强国建设取得哪些新进展？

2024 年是我国教育事业发展具有里程碑意义的一年，习近平总书记出席全国教育大会并发表重要讲话，擘画了加快建设教育强国的宏伟蓝图，为建设教育强国指明了前进方向、提供了根本遵循。在以习近平同志为核心的党中央坚强领导下，各地区各有关部门牢牢把握教育的政治属性、人民属性、战略属性，全面贯彻党的教育方针，落实立德树人根本任务，教育强国建设迈出坚实步伐。

（一）**提高义务教育阶段家庭经济困难学生生活补助标准。**我国学生资助政策体系不断完善，已经实现所有学段、所有学校、所有家庭经济困难学生"三个全覆盖"，2024 年又进一步提高补助标准，这对于帮助家庭经济困难学生接受义务教育、防止因贫失学辍学具有重要作用。

（二）**国家奖助学金提标扩面、助学贷款提额降息。**2024年，本专科生国家奖学金奖励名额由每年 6 万名增加到 12 万名，奖励标准由每年 8000 元提高到 10000 元，同时提高了高中阶段国家助学金标准，扩大中等职业学校国家助学金覆盖面、提高资助标准。本专科学生、研究生助学贷款额度分别提高到不超过 20000 元和 25000 元，助学贷款利率由同期同档次贷款市场报价利率（LPR）减 60 个基点调整为减 70 个基点，惠及学生3400 多万人次。

（三）巩固"双减"成果，持续优化基础教育生态。"双减"政策自 2021 年 7 月出台以来，取得积极成效并持续巩固，可以概括为"双降双升"，即义务教育阶段学科类培训机构数量大幅度下降，学生作业负担和校外培训负担下降；自愿参加学校课后服务的学生比例提升到 90% 以上，义务教育阶段学生教学质量明显提升。

（四）德智体美劳全面培养体系不断健全。坚持不懈用习近平新时代中国特色社会主义思想铸魂育人，高质量开好讲好习近平新时代中国特色社会主义思想概论课。深化"大思政课"建设，设立 1400 余个思政育人基地和 32 个省级大中小学思政课一体化共同体。落细落实"五育并举"，开展学生体质强健计划，推进学生每天综合体育锻炼 2 小时试点，心理健康监测覆盖 148 万名大中小学生，实施青少年读书行动、科学教育促进计划、美育浸润行动等，学校重育分、轻育人的倾向进一步扭转。

（五）人民群众急难愁盼的教育问题进一步解决。完善学前教育普惠保障机制，支持有条件的幼儿园招收 2 至 3 岁幼儿。加快推进义务教育优质均衡发展，九年义务教育巩固率达到 95.9%，适龄残疾儿童义务教育入学率达到 97% 以上。巩固提高高中教育普及水平和质量，推动部分人口流入重点城市新增约 30 万个普通高中学位，县中托管帮扶工程覆盖全国县中的 25%，高中阶段毛入学率达 92%。

（六）服务经济社会发展能力持续增强。全国共有高等学校 3119 所，高等教育在学人数超过 4800 万人，毛入学率达

60.8%，进入普及化发展阶段。加快布局战略急需新专业，支持高校增设电子信息材料等 24 种战略新兴专业，在北京、上海超常规建设国家人工智能学院，建设 4 家国家卓越工程师创新研究院。面向中西部和东北等地区布局建设高等研究院，促进高校与区域重点产业企业强强联合。构建现代职业教育体系，新增 6 个国家市域产教联合体，组织 415 所职业学校对接 285 家企业联合实施现场工程师专项培养计划。

（七）教育综合改革更加深入。教育评价改革深入推进，在工程硕博士学业成果评价、优秀青年教师长周期评价、人才"帽子"治理等方面推出一系列举措。第四批 7 个省份新高考平稳落地，31 个省份全部建立艺考省级统考制度。建成世界最大的智慧教育平台，注册人数超过 1.43 亿。深化教育开放合作，在亚欧非三大洲合作建成 33 个鲁班工坊，成功举办 2024 世界中文大会、国际大学生创新大赛。大力弘扬教育家精神，健全师德师风建设长效机制，出台系列强师尊师惠师政策，切实提升教师获得感、幸福感。

（庚　波）

20. 医疗卫生事业实现哪些新发展？

2024 年，在以习近平同志为核心的党中央坚强领导下，各地各部门认真贯彻落实党中央、国务院关于医疗卫生事业的决策部署，扎实推进深化医药卫生体制改革各项任务，有力维护和促进人民健康。

（一）**推进医疗机构检查检验结果互认。**有关部门出台指导意见，明确在不影响医疗质量安全的前提下，实现不同医疗机构间的检查检验结果互认。各地积极推进卫生健康信息平台建设，初步统计已有 24 个省份互认项目超过 100 项。

（二）**扩大基层慢性病、常见病用药种类。**着眼于更好满足人民用药需求，对扩大基层慢性病常见病用药种类作出一系列机制性安排，推动二、三级医院用药目录中的慢性病、常见病药品向基层下沉，切实增强患者用药可及性。

（三）**扎实做好重点传染病防治。**新冠、流感、支原体肺炎等疫情形势总体平稳，有效防范百日咳、登革热、猴痘疫情扩散传播。疾病防控能力进一步提高，传染病智能监测预警前置软件部署到位率达 78.39%，国家突发急性传染病防控队增加到 25 支，380 支基层传染病应急小分队实现市、县全覆盖，所有省级和 90% 的市级疾控中心具备核酸检测和病毒分离能力。

（四）**扩大职工医保个人账户共济范围。**从父母、配偶、子女等家庭成员拓宽至近亲属，全国均已实现个人账户资金省域内共济使用，进一步提高了资金使用效率。启动个人账户跨省共济，截至 2025 年 3 月，已有 17 个省（区、市）146 个统筹地区开通医保钱包，个人可将本人医保个人账户或医保钱包中的资金转账至近亲属医保钱包中。

（五）**基本医疗服务能力进一步提升**。持续推广三明医改经验，培育 13 个地市典型，在 50 个城市实施公立医院改革与高质量发展示范项目。紧密型县域医共体全面推开，影像中心已覆盖 70% 以上的乡镇卫生院。多措并举提高资源薄弱地区医疗服务能力，组建 61 支国家医疗队，为中西部省份 157 个医疗资源薄弱县开展巡回医疗。加强基层医疗卫生队伍建设，培养农村订单定向医学生近 8000 人，历史性将 2020 年以来大学毕业并到村卫生室工作的 7300 余名乡村医生纳入编制管理。

（六）**基本医保制度进一步完善**。2024 年，全国基本医保参保人数 13.26 亿人，参保率稳定在 95% 左右，居民医保人均财政补助标准提高到 670 元；国家医保药品目录新增 91 种药品，目录内药品总数已达 3159 种。健全参保长效机制，明确连续参保和基金零报销激励政策。深化医保支付方式改革，DRG/DIP 付费基本实现全覆盖。开展第十批国家组织药品集采和第五批高值医用耗材集采，实施胰岛素和人工关节全国统一接续采购。新增慢性阻塞性肺疾病等 5 种门诊慢特病跨省直接结算，跨省异地就医直接结算惠及 2.38 亿人次，减少群众资金垫付 1947 亿元。

（七）**公共卫生体系进一步健全**。基本公共卫生服务经费人均财政补助标准提高到 94 元，将慢阻肺纳入服务项目，惠及 1.5

亿人。加快落实疾控体系改革任务，省级疾控局全部实现实体运行，市级、县级疾控中心和卫生监督所整合完成率分别达到90%和88%，医疗机构疾控监督员制度试点扩大到全国254个地市。深入开展健康中国行动和爱国卫生运动，居民健康素养水平达到31.9%。

（八）中医药传承创新发展取得新进展。发挥中医药特色优势，遴选建设1158个国家中医优势专科，支持450个县级中医医院建设"两专科一中心"，乡镇卫生院、社区卫生服务中心中医馆基本实现全覆盖。推动中西医药相互补充、协调发展，开展160个重大疑难疾病中西医临床协作项目，推广52个中西医结合诊疗方案。深化中医药综合改革，布局54个国家中医药传承创新发展试验区。加强中药资源保护利用，完成第四次全国中药资源普查，新增上市中药新药12个。推动中医药走向世界，联合世界卫生组织成功举办2024世界传统医药大会，发起成立全球传统医学团体联盟。

（庚　波）

21. 抓好民生兜底保障有哪些新措施?

困难群众是党中央最牵挂的群体,对困难群众的兜底保障与救助帮扶体现着党和政府的民生厚度、政策温度。过去一年,各地区各有关部门聚焦困难群体,不断加大民生兜底保障力度,坚决兜牢民生底线。主要做了以下工作:

(一)**持续推进社会救助扩面提效。**我国已经初步建立了分层分类的社会救助制度,各地区进一步落实党中央、国务院部署要求,切实加强低收入人口动态监测,做好分层分类社会救助工作。重点是开展低保边缘家庭、刚性支出困难家庭认定,推动医疗、教育、住房等专项救助延伸至低保边缘人口、刚性支出困难家庭等困难群众,梯度救助格局加快形成。加强低收入人口动态监测,完善"大数据比对 + 铁脚板摸排"工作机制,将所有存在返贫致贫风险人员纳入动态监测,目前监测对象已超过 8000 万人,约占全国总人口的 5.7%。

在扩面的同时,根据经济社会发展水平,逐步提高社会救助标准。截至 2024 年末,全国共有 3987 万人享受城乡最低生活保障,其中,城乡最低生活保障平均标准分别为每人每月798.1 元和 593.9 元,城乡特困人员救助供养共 479.7 万人,全年临时救助 770 余万人次。

2024 年正逢新中国成立 75 周年,国庆前夕有关部门还向 1100 多万特困人员、孤儿等困难群众发放一次性生活补助

115.39 亿元，及时传递了党和政府对困难群众的关心关爱。

（二）加强流动儿童和困境儿童等关爱服务。近年来，伴随经济社会快速发展和人口流动性增大，我国流动儿童数量明显增多。民政部会同多部门联合印发《加强流动儿童关爱保护行动方案》，部署开展流动儿童精准监测摸排工作，并首次建立了《流动儿童在居住地享有关爱服务基础清单》。这是我国国家层面首个面向流动儿童群体专门制定的关爱保护政策文件，填补了民生保障领域政策空白。

同时，启动实施农村留守儿童和困境儿童关爱服务质量提升三年行动，通过全面摸底排查，为农村留守儿童和困境儿童建立档案，量身制定了常态化帮扶措施。对于孤儿和事实无人抚养儿童，不断提高儿童福利保障水平，13.1 万名孤儿和 43.5 万名事实无人抚养儿童被纳入保障范围，社会散养孤儿和事实无人抚养儿童保障标准均达到月人均 1500 元以上。

（三）进一步加强残疾人保障和服务。着力巩固拓展脱贫攻坚成果，将 95.3 万脱贫不稳定、边缘易致贫、突发严重困难的残疾人纳入监测和帮扶范围，加大康复、教育、就业、社会保障等帮扶力度，守住了不发生规模性返贫致贫的底线。

认真落实分层分类社会救助政策，开展残疾人口与低收入人口信息比对，1100 多万残疾人得到最低生活保障或特困救助，低保边缘、刚性支出困难家庭认定范围的残疾人分别有 107.7 万人和 69.4 万人。资助符合条件的残疾人参加城乡居民基本养老保险、基本医疗保险，参保率分别稳定在 90% 和 95% 以上。残疾人两项补贴制度分别惠及 1190 万名困难残疾人和 1615.7

万名重度残疾人，所有省份均建立了两项补贴标准动态调整机制。

全面落实《促进残疾人就业三年行动方案（2022—2024年）》，三年来累计新增城乡残疾人就业156.7万人，超额完成新增100万人的任务目标。

扎实推进残疾预防和残疾人康复服务，残疾人基本康复服务、辅助器具适配服务覆盖率稳定在85%以上，继续实施《国家残疾预防行动计划（2021—2025年）》，有效控制了残疾发生发展。启动中央集中彩票公益金支持精神障碍社区康复服务试点，深入开展"精康融合行动"，推进精神卫生福利设施建设，全国精神卫生福利机构达到145家，床位7.5万张。

积极推进孤独症儿童关爱服务，制定《孤独症儿童关爱促进行动实施方案（2024—2028年）》。进一步健全残疾人教育体系，适龄残疾儿童少年义务教育入学率达97%，2024年又有超过3万名残疾学生被高校录取。切实维护残疾人合法权益，加强无障碍环境建设，残疾人经济社会参与更加广泛。

（孙慧峰）

22. 文化旅游事业有哪些新进展？

一年来，以习近平同志为核心的党中央高度重视、亲切关怀文化和旅游工作，批准召开首次全国旅游发展大会，多次就文化和旅游工作作出重要指示。在以习近平同志为核心的党中央坚强领导下，各地区各有关部门狠抓落实，推动文化和旅游事业取得新的重要进展。

（一）公共文化服务体系不断完善。着眼于满足群众文化需求，不断健全完善公共文化设施网络，打造4万余座城市书房、文化驿站等新型公共文化空间，适应信息化发展，推进智慧图书馆体系、公共文化云项目建设，群众品书香、学才艺、悦身心有了更多好去处、好资源。实施新时代系列艺术创作工程，启动国家美术典藏计划，推进现实题材、重大题材创作，全国文艺院团推出一批新作佳作，受到业界和社会广泛好评。

各类展览展演精彩纷呈，组织举办新时代优秀舞台艺术作品展演、全国民族乐器展映、国家艺术团演出演播季等20余项活动，为优秀作品搭建展示平台。成功举办首届中国新疆民间艺术季、"传承文化 温润心灵"中华优秀传统文化推广项目，"大地欢歌"、"四季村晚"、全国广场舞展演等喜闻乐见的活动吸引了更多人参与，大大丰富了群众精神文化生活。

（二）文化遗产保护传承成效显著。开展第四次全国文物普查，推进文物建筑、石窟寺、革命文物等保护，实施重点保护修缮项目。目前已完成 71 万余处三普文物复查复核，复查率超过 93%，新发现文物 5.2 万余处，文物保护得到全面加强。持续开展中华文明探源工程和"考古中国"重大项目，启动夏商文明研究工程，秦东陵遗址、武王墩墓等一系列重点考古项目取得重要进展。

系统推进非遗保护、传承、研究、传播，"北京中轴线"、"春节"成功申遗，羌年等 3 个遗产项目成功从急需保护的非物质文化遗产名录转入人类非遗代表作名录。截至目前，我国已有 44 个项目列入联合国教科文组织非物质文化遗产名录、名册，总数位居世界第一，我国世界遗产总数达到 59 项、位居世界前列。加强非遗宣传推广，举办中国非遗博览会、"茶和天下 共享非遗"、"非遗融入现代生活"主题活动，开展"文化和自然遗产日"非遗宣传展示活动 1.2 万余场，《非遗里的中国》收看和互动人次超过 162.5 亿，观赏文物、体验非遗成为社会新风尚。

（三）**文化产业和旅游业活力迸发**。我国文化产业规模持续扩大，演唱会、音乐节火遍大江南北，"国潮"、"新中式"、"文创"等产品圈粉无数。2024 年规模以上文化企业营业收入超过 14 万亿元、实现利润总额同比增长 10.8%，全国营业性演出场次达到 48.8 万场、票房收入同比增长 15.4%。不断增加优质文旅产品供给，新命名 219 家国家级文化产业示范园区（基地），新评定国家 5A 级旅游景区 21 家、国家级旅游度假区 22 家、国家级滑雪旅游度假地 7 家，推出 42 个智慧旅游沉浸式体验新空间培育试点项目。持续深化文旅融合，推动国家文化和旅游消费示范城市及试点城市建设，公布 102 个国家级夜间文化和旅游消费集聚区，越来越多人选择"跟着演出去旅行"、"跟着赛事去旅行"、"跟着影视去旅行"、"跟着短剧去旅行"。

尤为重要的是，国务院积极回应群众期待，修改完善了全国年节及纪念日放假办法，增加 2 天法定假期，优化调休办法，这对扩大消费、推动服务业特别是旅游休闲业发展带来了巨大利好。2024 年，国内出游达 56.2 亿人次，比上年增长 14.8%，总花费 5.7 万亿元，增长 17.1%。

在大力推进国内旅游的同时，深入实施入境旅游促进计划，推出优化签证、支付、住宿、预约、游览等便利化举措，举办中国国际旅游交易会，开展"你好！中国"国家旅游形象海外推广。随着一系列便利外国人来华的政策举措落实落地，"中国游"持续升温。2024 年全国各口岸入境外国人游客 2694 万人次，是 2023 年的近 2 倍，入境旅游成为文化旅游业新的增长点。

（孙慧峰）

23. 体育事业取得哪些新成绩？

2024 年是中国体育事业在改革中前行，开创高质量发展新局面的重要一年。全国体育战线同心协力、拼搏进取，推动体育事业迈上了新台阶。

（一）竞技体育取得优异成绩。 在 2024 年巴黎奥运会上，中国体育代表团牢记祖国和人民重托，顽强拼搏，勇夺 40 枚金牌、91 枚奖牌，取得我国境外参加奥运会历史最好成绩，实现运动成绩和精神文明双丰收。

在 2024 年巴黎残奥会上，中国代表团同样再创辉煌，实现金牌榜、奖牌榜"六连冠"，标注了我国残疾人体育运动的新高度。2024 年还扎实筹办第九届亚洲冬季运动会，成功举办第十四届全国冬季运动会，充分展现了北京冬奥会之后我国冬季运动发展的新格局、新面貌。

（二）群众体育蓬勃发展。 深入实施《全民健身场地设施提升行动工作方案（2023—2025 年）》，大力兴建群众身边的健身场地，着力解决"健身去哪儿"难题，"十四五"期间累计建设体育公园 1102 个，提前完成规划目标。截至目前，我国共有体育场地 484.2 万个，人均体育场地面积达到 3 平方米。加大公共体育场馆免费或低收费开放力度，覆盖全国 3000 多家公共体育场馆，受益人次超过 5 亿。

全民健身活动丰富多元，赛事体系不断扩容升级。第一届全国全民健身大赛反响热烈，"全民健身日"共举办群众赛事 2 万余场，参与群众超 1000 万人次。成功举办第十二届全国少数民族传统体育运动会，成为一次各民族大联欢、中华民族一家亲的盛会。"全国大众冰雪季"巩固扩大了"带动三亿人参与冰雪运动"成果。2024 年"奔跑吧·少年"阳光体育大会参与青少年超 2800 万人次，有力带动了孩子们跑起来、动起来。

（三）体育领域改革迈出新步伐。制定《关于推进足球振兴发展的实施意见》，扎实推进全国足球发展重点城市和西部地区体教融合足球青训体系建设试点工作。实施职业联赛管办分离改革，重拳整治职业联赛赛风赛纪问题，开展足球"假赌黑"治理，职业联赛展现新气象。改革完善全运会政策，将第十四届全国冬季运动会公开组成绩计入第十五届全国运动会，引导各地积极发展冬季项目。围绕加强六大优势项目、三个基础大项、"三大球"后备人才培养进行顶层设计、系统部署。

制定《关于加强全国性体育协会规范管理的若干举措》等一系列政策文件，完善协会用人、薪酬、财务、"三重一大"事项决策等规章制度，全国性体育协会管理得到进一步规范。

（四）体育产业和体育消费动能强劲。深入贯彻落实中央经济工作会议精神和国务院《关于促进服务消费高质量发展的意见》（国发〔2024〕18 号），组织"体育赛事进景区、进街区、进商圈"活动，发布"跟着赛事去旅行"目录，以赛事经济为龙头，推动融合文化、旅游、装备制造等全产业链发展。

国务院办公厅印发《关于以冰雪运动高质量发展激发冰雪经济活力的若干意见》（国办发〔2024〕49 号），不断释放政策红利，拉动冰雪经济持续提升。根据中国旅游研究院发布的报告，2023—2024 冰雪季我国冰雪休闲旅游人次 4.3 亿，冰雪休闲旅游收入 5247 亿元，2024—2025 冰雪季有望达 5.2 亿人次，旅游收入超过 6300 亿元。

（五）体育文化、对外交往、安全工作方面统筹推进，协同发展。大力宣传弘扬体育正能量，"中华体育精神颂"、"决胜巴黎·绽放奥运"系列活动在国内外引发热烈反响。制定《关于坚决抵制畸形"饭圈文化"确保体育事业健康发展的若干意见》，严厉整治畸形"饭圈文化"。

充分发挥体育独特作用，围绕巴黎奥运会开展体育外交，积极参与国际体育治理。推动"一带一路"、"金砖国家"、"上合组织"等框架内体育合作，促进民心相通。

统筹发展和安全，印发《安全生产治本攻坚三年行动实施方案（2024—2026 年）》，开展马拉松、山地越野跑等群众体育赛事专项整顿规范工作，持续推动体育领域重大事故隐患防范和排查整改，体育安全工作水平不断提升。

（孙慧峰）

24. 政府自身建设取得哪些新成效？

过去一年，在以习近平同志为核心的党中央坚强领导下，各级政府深化职能转变，优化政务服务，提升行政效能，法治政府、创新政府、廉洁政府和服务型政府建设不断取得新进展。

（一）**把党的领导贯穿政府工作各方面全过程。**各级政府坚持用习近平新时代中国特色社会主义思想武装头脑、指导实践、推动工作，深刻领悟"两个确立"的决定性意义，增强"四个意识"、坚定"四个自信"、做到"两个维护"，始终在思想上政治上行动上同以习近平同志为核心的党中央保持高度一致。扎实开展党纪学习教育，高标准学纪知纪明纪守纪，政府工作人员的纪律规矩意识切实增强，公正用权、依法用权、廉洁用权的自觉性进一步提高。国务院牢牢把握当好贯彻党中央决策部署的执行者、行动派、实干家这一定位，全面正确履行政府职能，确保党中央方针政策和工作部署不折不扣落实。

（二）**政府职能转变持续深化。**地方政府机构改革任务压茬有序扎实推进、如期高质量完成，基层管理体制更加简约高效便民。着力优化行政审批和监管，政府对微观经济活动不必要干预进一步减少。对重点工作任务实施清单化管理，打造从政策设计到执行落实、到结果反馈的工作闭环。树立整体政府理念，推动各部门兼顾上下左右、协同高效落实政策，凝聚工作合力。

（三）**依法行政深入推进。**各级政府严格按照法定权限和程序履行职责、行使权力、承担责任。国务院提请全国人大常委会审议法律议案 19 件，制定修订行政法规 28 部。自觉依法接受监督，认真办理人大代表建议和政协委员提案。持续开展提升行政执法质量三年行动，加强行政执法监督，规范涉企行政检查，不作为、乱作为、粗暴执法等执法领域突出问题得到纠正。

（四）**政务服务进一步优化。**全年分两批推出 21 个"高效办成一件事"重点事项，进一步优化流程、精简材料、提高效率，压茬推进高频、面广、问题多的事项规范高效办理。注重数字赋能，更多高频事项实现从"网上可办"向"好办易办"转变，推动线上线下服务能力整体提升。全国一体化政务服务平台注册用户超过 10 亿人，"不见面审批"、"一网通办"等创新模式不断涌现，更大程度利企便民。

（五）**政府作风建设和反腐败斗争持续深入。**各级政府坚决贯彻落实党中央全面从严治党战略部署，坚持惩防结合、标本兼治，党风廉政建设和反腐败斗争向纵深推进。严格落实中央八项规定精神，大力整治形式主义、官僚主义，持续狠刹享乐主义、奢靡之风。发扬艰苦奋斗、勤俭节约的优良作风，落实过紧日子要求，大力压缩一般性支出，用有限财力和资源多办顺民意、解民忧、增民利的好事。纠治一批文山会海、督检考过多过频、"指尖上的形式主义"等问题，整治形式主义为基层减负工作取得明显实质性进展。惩防结合、标本兼治，一体推进"三不腐"。发挥审计反腐治乱"尖兵"作用，紧盯权力集中、资金密集、资源富集的重点领域，看好"钱袋子"、"账本子"，2024 年前 11 个月促进增收节支和挽回损失 3100 多亿元。深化拓展金融、国企、能源、烟草、医药、体育、基建工程和招投标等重点领域反腐。开展群众身边不正之风和腐败问题集中整治，以惩治"蝇贪蚁腐"新成效赢得基层群众的信赖和支持。

（贺达水）

25. 社会治理创新方面做了哪些工作?

过去一年,各级政府深入学习贯彻习近平总书记关于社会工作的重要论述,坚定不移走中国特色社会主义社会治理之路,健全体系、创新方式、凝聚合力,推动社会治理能力和水平持续提升。

(一)创新和完善城乡基层治理。加大行政编制"减上补下"力度充实基层力量,持续推进破解基层治理"小马拉大车"问题。全国选取 3100 多个乡镇和街道,先行开展履职事项清单工作,聚焦应急管理、自然资源、住房城乡建设等领域,促进解决一批长期困扰基层、交叉扯皮的"老大难"问题。结合在 297 个地级及以上城市全面开展城市体检,有针对性地补齐社区设施和服务的短板。推广运用积分制、清单制等治理方式,网格化管理、精细化服务、信息化支撑、开放共享的基层管理服务平台加快构建。

(二)矛盾纠纷排查化解有力推进。坚持和发展新时代"枫桥经验",着力完善社会矛盾纠纷多元预防调处化解机制,及时把矛盾纠纷化解在基层、化解在萌芽状态。信访工作法治化深入推进,各类信访事项基本做到分清性质、明确管辖、转办督促到位。信访源头攻坚和突出矛盾化解走深走实,大力推动各级领导干部接访下访、下基层督促解决信访问题,各级领导干部参与 57.4 万人次,接待群众 108.8 万批次,全国信访形势持续平稳向好。

（三）社会治理合力不断增强。践行共建共治共享理念，广泛发动社会力量参与社会治理，社会组织管理制度不断健全。慈善组织更加规范高效运行，引导慈善力量积极参与防汛抗洪救灾、困难群众救助帮扶等。志愿服务制度和工作体系不断完善，助残帮困、科普支教、文化惠民、医疗义诊等方面作用更加显著。2024 年，全国共登记社会组织近 90 万家，慈善组织超过 1.5 万家，注册志愿者达 2.36 亿人，共同参与、优势互补、良性互动的社会治理局面进一步强化。

（四）应急管理和安全生产全面加强。上下贯通、协调联动的应急指挥部体系基本建成。国家区域应急救援中心项目建设基本完成，"断路、断网、断电"情况下应急处置保障能力有力提升。部署开展安全生产治本攻坚三年行动，燃气、电动自行车等安全隐患"一件事"全链条专项整治有力开展。2024 年全国生产安全事故起数和死亡人数同比分别下降 11.2% 和 7.7%，死亡人数为历史新低，重特大事故起数历史性下降到个位数。

（五）防灾减灾救灾能力有效提升。突出抓好防控重大涉灾风险，"一省一单"强化汛前准备，提升城市极端暴雨防范应对能力，推进森林草原火灾重大隐患动态清零，推动地震重点危险区强化抗大震准备，开展重大基础设施涉灾风险隐患排查，自然灾害监测预警防治能力不断增强。有效应对处置南方大范围低温雨雪冰冻、汛期多流域暴雨洪涝地质灾害以及超强台风"格美"、"摩羯"等一系列极端灾害。2024 年自然灾害因灾死亡失踪人数继续控制在千人以下，森林草原火灾起数再创历史新低。

（六）食品药品、工业产品、特种设备等安全监管进一步强化。及时对"罐车运输食用植物油乱象"等食品安全领域重大突发事件开展调查处置。食品安全评价性抽检合格率为99.2%，肉制品、蔬菜等品类合格率进一步提升。深化药品安全巩固提升行动，开展药品网络销售违法违规行为专项治理，药品抽检合格率保持在99%以上。加强工业产品质量安全源头治理，制造业产品治理合格率提升至93.93%。深化电梯、客运索道、大型游乐设施等特种设备安全隐患排查治理，全国特种设备安全水平不断提高。

（七）国家安全和社会稳定得到有力维护。全面贯彻总体国家安全观，统筹发展和安全，推动建设更高水平的平安中国。常态化开展扫黑除恶斗争，打击电信网络诈骗犯罪、枪爆违法犯罪、农村赌博等取得显著成效。完善公共安全治理体系，建立完善"专业＋机制＋大数据"新型警务运行模式。2024年全国侦办涉黑案件121起，恶势力犯罪案件1883起，依法从严惩治故意杀人、抢劫、绑架等严重暴力犯罪，起诉5.5万人。全国刑事案件同比下降25.7%，治安案件同比基本持平，社会治安形势持续保持平稳。

（贺达水）

26. 中国特色大国外交开创了怎样的新局面？

2024年，面对变乱交织的国际形势和严峻复杂的外部挑战，在以习近平同志为核心的党中央坚强领导下，中国特色大国外交深入推进，为我国高质量发展营造良好外部环境，为动荡不安的世界注入宝贵的稳定性。回顾过去一年，中国特色大国外交取得新成绩，开创了新局面。

（一）**彰显元首外交战略引领作用**。习近平主席出席中非合作论坛北京峰会、和平共处五项原则发表70周年纪念大会、中阿合作论坛部长级会议等重大主场外交活动，提出中非加强全方位合作新蓝图，阐述从和平共处到命运与共的历史内涵，推动新时代中阿合作迈上新台阶。习近平主席出访欧洲、中亚、拉美多国，出席上海合作组织峰会、金砖国家领导人会晤、亚太经合组织领导人非正式会议、二十国集团领导人峰会等重大多双边活动，深入阐释和平发展之理、合作共赢之道、"同球共济"之策，增强了"大金砖"和"全球南方"的影响力。

（二）**促进开放合作和共同发展**。中国稳步扩大制度型开放，有序扩大自主开放和单边开放，进一步缩减外资准入负面清单，全面放开制造业准入，给予所有最不发达国家100%税目产品零关税待遇。扩大免签政策范围，同25个国家实现全面互免，对38个国家实施单方面免签政策，对54个国家实施

240 小时过境免签政策。155 个国家加入共建"一带一路"合作大家庭，中欧班列累计开行超过 10 万列，钱凯港成为亚拉陆海新通道。2024 年中国同"一带一路"共建国家贸易额增长 6.4%，惠及沿线和世界多国。

（三）巩固拓展全球伙伴关系。维护大国关系总体稳定。中俄在国际多边机构和国际地区事务中紧密沟通协调，有力维护全球战略稳定。习近平主席访问法国、塞尔维亚、匈牙利欧洲三国，同德国、英国、西班牙、意大利等主要国家领导人保持沟通，推动中欧对话合作稳步向前。中美举行两轮战略沟通和五次金融、经济工作组会议，推进禁毒、执法、气候变化等领域务实合作，续签两国政府科学技术合作协定，实现 1.5 万名美国青少年访华。中方愿与美方本着相互尊重、和平共处、合作共赢原则，保持对话、管控分歧、增信释疑、拓展合作，推动中美关系健康稳定发展。

深化同周边国家利益融合。中越命运共同体建设加快推进，中国和印尼各领域合作呈现新格局，中国和马来西亚"两国双园"建设取得新成果。中国—东盟自贸区 3.0 版协定谈判实质性完成。中蒙跨境铁路项目取得新进展，中吉乌铁路项目政府间协定签署，"天府号"跨境公路班车中亚线发车，中欧跨里海直达快运开通，地区互联互通呈现上升发展势头。

巩固同发展中国家的团结合作。习近平主席提出全球南方开放包容合作倡议，宣布支持全球南方八项举措，各成员国协力将金砖机制打造成全球南方团结合作的主渠道。中非合作论坛峰会通过《北京宣言》和"行动计划"，中国同阿拉伯国家

"八大共同行动"取得重要早期收获。中国同拉美和加勒比国家推进发展战略对接，与太平洋岛国合作不断取得扎实成果。

（四）积极参与和引领全球治理。 中国积极推动落实"三大全球倡议"，目前120多个国家和国际组织支持全球发展倡议，119个国家和国际组织支持全球安全倡议，全球文明倡议促进了不同文明间对话交流和合共生。中国宣布支持全球发展八项行动，推动第78届联合国大会一致通过中方提出的设立"文明对话国际日"决议，推动联合国气候变化大会达成新的气候资金集体量化目标。

（五）为解决热点问题发挥积极建设性作用。 在乌克兰危机问题上，中方年内派特使开展三轮穿梭外交，同巴西联合发布关于政治解决乌克兰危机的"六点共识"，会同全球南方国家发起"和平之友"小组，为寻求和平解决之道创造条件。在中东问题上，中方推动安理会通过首份加沙停火决议，促成巴勒斯坦各派别举行和解对话并签署《北京宣言》，推动加沙冲突尽快停火止战。中方还斡旋缅北冲突各方开展多轮和谈，支持叙利亚在"叙人主导、叙人所有"原则下维护主权、恢复稳定。

（刘武通）

第二部分

2025 年经济社会发展总体要求和政策取向

27. 如何理解今年经济社会发展的 总体要求和政策取向？

今年是"十四五"规划收官之年。李强总理在十四届全国人大三次会议上所作的《政府工作报告》（以下简称《报告》）中，明确了做好政府工作的总体要求和政策取向。我们要在以习近平同志为核心的党中央坚强领导下，以习近平新时代中国特色社会主义思想为指导，全面贯彻落实党的二十大和二十届二中、三中全会精神，贯彻落实中央经济工作会议部署，落实《报告》要求，做好今年经济社会发展工作。

（一）完整准确全面贯彻新发展理念，扎实推动高质量发展。坚持创新发展、协调发展、绿色发展、开放发展、共享发展，是关系我国发展全局的一场深刻变革。高质量发展是必须长期坚持的要求，越是遇到困难，越要把握好这个新时代的硬道理，保持战略定力、坚定战略自信。完成好今年目标任务，必须紧抓高质量发展这个首要任务，坚持以质取胜和发挥规模效应相统一，实现质的有效提升和量的合理增长。面对风险挑战并存、不确定难预料因素增多，必须加快构建新发展格局，塑造国际合作和竞争新优势，把发展的主动权牢牢掌握在自己手中。

（二）坚持稳中求进工作总基调，推动经济持续回升向好。抓好"稳"的基础，关键是全力以赴稳增长促发展，锚定目标奋力拼搏，经济大省要继续发挥挑大梁作用，各地区都要多作贡献。以进促稳，关键是用好创新第一动力，发挥人力资源、超大规模市场、应用场景丰富等优势，在新领域新赛道上不断培育新的增长点，拓展发展新空间。要坚定信心、稳定预期，唱响中国经济光明论，推动中国经济这艘航船乘风破浪、行稳致远。

（三）实施更加积极有为的宏观政策，提高宏观调控的前瞻性、针对性、有效性。实施更加积极的财政政策，统筹安排收入、债券等各类财政资金，明显提高赤字率、政府债券规模、财政支出强度、转移支付规模。实施适度宽松的货币政策，适时降准降息、保持流动性充裕，优化和创新结构性货币政策工具。强化宏观政策民生导向，坚持以人民为中心，经济政策的着力点更多转向惠民生、促消费，形成经济发展和民生改善的良性循环。打好政策"组合拳"，加强财政、货币、就业、产业、区域、贸易、环保、监管等政策协同以及与改革开放举措的协调配合，健全和用好宏观政策取向一致性评估工作机制。

（四）进一步全面深化改革，扩大高水平对外开放。坚持和落实"两个毫不动摇"，高质量完成国有企业改革深化提升行动，切实依法保护民营企业和民营企业家合法权益，建设高效规范、公平竞争、充分开放的全国统一大市场，坚决破除地方保护和市场分割，综合整治"内卷式"竞争，扎实推进财税金融等重点领域改革。稳步扩大制度型开放，有序扩大自主开放和单边开放，以开放促改革促发展。加大稳外贸政策力度，促进对外贸易稳定发展。推动高质量共建"一带一路"走深走实，引导对外投资健康安全有序发展。

（五）更好统筹发展和安全，有效防范化解重点领域风险。持续用力推动房地产市场止跌回稳，因城施策调减限制性措施，拓宽保障性住房再贷款使用范围，继续做好保交房工作。完善和落实一揽子化债方案，支持地方政府打开新的投资空间，做好地方政府隐性债务置换工作。一体推进地方中小金融机构风险处置和转型发展，完善中小金融机构功能定位和治理机制，推动实现差异化、内涵式发展。

（六）高质量完成"十四五"规划目标任务，为实现"十五五"良好开局打牢基础。"十四五"规划实施以来，规划纲要提出的主要指标完成进度符合预期，确定的 102 项重大工程进展顺利，实现规划圆满收官具备坚实基础。《报告》提出今年经济社会发展主要预期目标，部署十个方面重大任务和政策举措，都充分考虑了与"十四五"规划目标任务相衔接。我们要切实抓好重点工作、重点项目、重点任务，根据新形势新变化加大政策措施力度，努力完成全年经济社会发展目标任务，确保"十四五"规划圆满收官，为实现"十五五"良好开局打牢基础。同时，做好"十五五"规划编制工作，更好发挥规划对经济社会发展的引领指导作用。

（肖炎舜）

28. 经济增长预期目标为什么是 5% 左右?

贯彻落实党中央决策部署和中央经济工作会议精神,《报告》中明确 2025 年经济增长预期目标设定为 5% 左右,与上年预期目标保持一致,这是经过反复研究论证、综合权衡慎重确定的。虽然这一目标高于一些机构当前的预测,如国际货币基金组织预测 2025 年我国经济增长 4.6%,世界银行预测为 4.5%,但任何经济预测都是既定条件下的推演,会随着环境条件、政策力度和改革举措的改变而调整。这一目标的设定考虑了需要和可能,重视了短期与中长期的衔接,体现了迎难而上、奋发有为的鲜明导向和稳经济强信心促发展的坚定决心。

(一)这是稳就业、防风险、惠民生的需要。经济增长速度是反映经济运行状况的基础性指标,也是综合性、关联性很强的指标。无论是稳定和扩大就业、促进居民增收,还是使价格总水平处在合理区间,抑或是防范化解地方政府债务、房地产等重点领域风险,都需要有一定的经济增长来支撑。如果经济增长速度过低,形成阶梯式下台阶的态势,既不利于提振市场预期和信心,也不利于为改善民生、化解风险创造必要的物质条件。特别是从这些年经济增长与就业的联动效应看,解决 1200 万人以上城镇新增就业,仍然需要经济增长 5% 左右。

(二)经济运行具备有利条件支撑。从近期态势看,2024年 9 月 26 日中央政治局会议部署推出一揽子增量政策以来,我国经济明显回升。2024 年全年经济增长 5%，其中四季度增长 5.4%。2025 年开年以来制造业采购经理指数（PMI）、房地产销售量、集装箱吞吐量等指标数据总体向好，我国经济持续回升向好的态势在不断巩固拓展。过去一些经济运行的下拉因素，比如房地产市场、地方政府债务等都出现积极变化，对经济增长的拖累效应正逐步减弱。

从潜在增速看，国内外多数研究机构认为我国潜在经济增长率仍保持在 5% 左右的较高水平，这一经济增长目标与潜在增长率相匹配。虽然我国劳动力总量在下降，但劳动者素质和生产率在持续提高，人均资本存量还有很大提升空间。而且，随着新一轮技术进步扩散和全面深化改革落地，全要素生产率可能抬升，对我国中期潜在增长率形成有力支撑。

从发展基本面看，我国具有显著的制度优势，有超大规模市场、完备产业体系、丰富人力人才资源等诸多优势条件。近些年新产业新动能快速成长，部分产业达到全球领先水平，人工智能呈现爆发式增长，我国经济增长正换上强劲的新引擎。未来一个时期，我国需求升级、结构优化、动能转换的增量空间十分广阔，经济长期向好的基本趋势不会改变。

（三）努力为"十五五"发展打下更加坚实的基础。党的二十大报告明确提出，到 2035 年基本实现社会主义现代化，达到中等发达国家水平。"十四五"前四年，我国经济增长率分别为 8.6%、3.1%、5.4%、5%，年均增速约为 5.5%。在此基础上，据一些机构最新测算，到 2035 年如期基本实现社会主义现代化，需要今后十年经济年均增长 4.5% 左右。2025 年是

"十四五"规划收官之年、"十五五"规划谋划之年，我国正处于从中等收入国家向高收入国家跨越、进而向中等发达国家迈进的关键阶段。一段时期内保持 5% 左右这样较高的经济增速，能为到 2035 年基本实现社会主义现代化创造更加主动的条件。

（四）体现了迎难而上、奋发有为的鲜明导向。考虑当前外部冲击和内部矛盾交织叠加的复杂形势，实现经济增长 5% 左右的目标很不容易。设定这样的目标能够更好地提振信心，也要求我们必须付出更加艰苦的努力。在政策实施上，一揽子增量政策和存量政策将持续发挥作用，特别是提出实施"更加积极的财政政策"和"适度宽松的货币政策"，这是多年未有的宏观政策组合，政策"组合拳"效能将持续释放。在体制改革上，随着党的二十届三中全会确定的各项改革任务逐步落地，将充分调动各类经营主体、各类人才和地方政府等各方面的积极性，进一步激发经济发展的内生动力和活力。从政策储备上，我国宏观政策仍有较大空间，如果形势发生超预期变化，还将动态调整、积极应对，为我国经济发展提供有力支撑。

（陈昌盛）

29. 怎样把握 2025 年国内外形势？

正确判断形势，是科学决策的重要前提。《报告》从战略和全局高度对 2025 年国内外形势进行了全面深入分析，我们要辩证把握机遇和挑战、当前和长远、现象和本质，既要正视困难问题，更要坚定发展信心。

从国际形势看，世界百年变局加速演进，外部环境更趋复杂严峻。世界经济有望延续复苏态势，但增长动能不足。国际货币基金组织、世界银行预测 2025 年全球经济增速分别为 3.3%、2.7%，仍低于新冠疫情前经济增速。不同经济体发展分化，预计美国经济增速可能放缓，欧元区经济有所回升，新兴经济体保持较高增速。单边主义、保护主义加剧，多边贸易体制受阻，特别是美国新一届政府上台后对我国和北美、欧洲等不少国家加征或威胁加征关税，冲击全球产业链供应链稳定，对国际经济循环造成阻碍。全球通胀压力总体缓解，主要经济体货币政策进入宽松周期，但通胀黏性仍然存在，通胀形势面临新的变数。地缘政治紧张因素依然较多，乌克兰危机、中东冲突等仍然存在不确定性，影响全球市场预期和投资信心，加剧国际市场波动风险。国际形势变化可能对我国贸易、科技等领域造成更大冲击，我们要积极应对。

从国内形势看，我国经济长期向好的基本趋势没有改变也不会改变，但当前经济回升向好基础还不稳固。分析形势，既要看短期的"形"，更要看中长期的"势"。"形"的方面，2024年9月26日中央政治局会议部署一揽子增量政策以来，我国经济运行明显回升。随着存量政策和一揽子增量政策持续发挥作用，经济发展积极因素增多。今年开年以来，习近平总书记出席民营企业座谈会并发表重要讲话引发热烈反响，市场预期和信心进一步提振，并持续向经济基本面传导。经济发展态势向新向好，以 DeepSeek 为代表的中国科技火爆出圈。之前的一些经济下拉因素也出现积极变化，对经济增长的拖累效应逐步减弱。"势"的方面，我国经济基础稳、优势多、韧性强、潜力大，存在诸多长期向好的支撑条件。我国具有显著的制度优势，有超大规模市场、完备产业体系、丰富人力人才资源等诸多优势条件，有长远规划、科学调控、上下协同的有效治理机制，有需求升级、结构优化、动能转换的广阔增量空间。特别是在创新投入持续加大、规模经济驱动的背景下，新兴产业、未来产业加快成长壮大，新质生产力稳步发展，不少方面达到全球领先水平，为高质量发展提供了强劲动能支撑。

同时我们也清醒看到，我国经济发展仍然面临不少问题和挑战。比如，有效需求不足，特别是消费不振，仍然是经济运行的突出矛盾；部分企业生产经营困难，账款拖欠问题仍较突出，一些行业出现"内卷式"竞争；群众就业增收面临压力；民生领域存在短板；一些地方基层财政困难；社会矛盾化解和风险防范工作还需要加强；政府效能和依法行政能力有待提升；等等。凡事预则立、不预则废，我们要对今年经济社会发展工作的复杂性、不确定性有充分认识，把风险挑战考虑得更严峻一些，把政策举措准备得更充分一些。我国发展从来都是在克服困难挑战中前进的。这些年，我国经济发展经受了多重冲击，但发展从来没有停顿过，始终在高质量发展轨道上稳步前进。

总之，我们要切实把思想和行动统一到党中央对国内外形势的科学判断上来，把握大势、坚定信心，正视困难、保持清醒，以更加强烈的担当、更加积极的作为推动高质量发展，把各方面积极因素转化为发展实绩。我国经济航船必将乘风破浪、行稳致远。

（黄良浩）

30. 2025 年更加积极的财政政策
在力度上有什么体现?

中央经济工作会议明确,2025 年要实施更加积极的财政政策,强调财政政策要持续用力、更加给力。这是以习近平同志为核心的党中央从战略和全局高度,审时度势、综合考量作出的重大决策部署。2008 年以来我国一直采用"积极的财政政策"的表述,这一次作出调整,也是我国首次提出实施更加积极的财政政策。2025 年我国发展依然面临不少困难和挑战,需要财政政策进一步加大逆周期调节力度,更好统筹收入、赤字、专项债、特别国债等各类资金,保持较高的支出强度,使政策力度更大、效果更好,各方面更有获得感。这有利于更好应对经济运行中的不稳定、不确定因素,为实现全年目标任务和"十四五"规划圆满收官提供强有力的政策支撑。

(一)提高财政赤字率。这是中央经济工作会议提出的明确要求。《报告》提出,今年赤字率拟按 4% 左右安排、比上年提高 1 个百分点,这是近年来的最高水平;赤字规模 5.66 万亿元、比上年增加 1.6 万亿元,其中中央财政赤字 4.86 万亿元、地方财政赤字 0.8 万亿元。赤字率提高以后,可以更多利用财政空间,扩大财政支出规模,加大逆周期调节力度;再加上财政政策的乘数效应,也会带动更多居民消费和社会资本投资,进而促进有效需求的扩大。更多资金可以用于就业、消费以及科技创新等领域，扎实推动高质量发展，促进经济社会持续健康发展。

（二）安排更大规模地方政府专项债券。近年来，地方政府专项债券是实施积极财政政策的重要工具，是扩大有效投资、稳定宏观经济的重要手段。2020—2024 年我国累计安排新增专项债券 18.7 万亿元，支持了约 13 万个政府投资项目；其中 2024 年安排 3.9 万亿元，投向项目超过 4 万个。

《报告》提出了 2025 年地方政府专项债券的有关政策。从规模上看，今年拟安排地方政府专项债券 4.4 万亿元、比上年增加 5000 亿元，再创历史新高，为稳增长、调结构提供更多支撑。从投向上看，一方面继续强化对有效投资的支持，更好支持地方加大重点领域补短板力度，进一步向实施区域重大战略、培育新质生产力、推动高质量发展方面倾斜。另一方面，2025 年还将土地收储和收购存量商品房、消化地方政府拖欠企业账款等作为地方政府专项债券的支持重点，旨在发挥专项债在防范化解重点领域风险、打通经济循环方面的重要作用。从管理上看，2025 年还将进一步优化专项债券管理机制，完善专项债券额度分配，提高专项债券规模与地方财力、项目收益平衡能力的匹配度，对专项债券投向领域实行负面清单管理，扩大用作项目资本金范围，开展专项债券项目"自审自发"试点，建立常态化申报、按季度审核的项目申报审核机制，规范和加强对专项债券形成资产的管理，切实提高资金的使用效益。

（三）增加发行超长期特别国债。按照党中央决策部署，为系统解决强国建设、民族复兴进程中一些重大项目建设的资金问题，从 2024 年开始拟连续几年发行超长期特别国债，专项用于国家重大战略实施和重点领域安全能力建设（简称"两重"）。2024 年年中，党中央明确统筹安排 3000 亿元左右超长期特别国债资金，加力支持大规模设备更新和消费品以旧换新（简称"两新"），拓展了超长期特别国债的使用范围。2024 年共发行 1 万亿元超长期特别国债，有力支持了"两重"建设、"两新"工作。

《报告》提出，今年拟发行超长期特别国债 1.3 万亿元、比上年增加 3000 亿元。按照财政预算安排，其中 8000 亿元用于更大力度支持"两重"项目、比 2024 年增加 1000 亿元，5000 亿元用于加力扩围实施"两新"政策、比 2024 年增加 2000 亿元，能够有力拉动投资增长、释放消费潜力、促进产业发展，也将为长期高质量发展打下坚实基础。

（四）新增发行特别国债。《报告》提出，拟发行特别国债 5000 亿元，支持国有大型商业银行补充资本。国有大型商业银行是服务实体经济的主力军，也是维护金融稳定的压舱石。当前，中国工商银行、中国农业银行、中国银行、中国建设银行、交通银行、中国邮政储蓄银行 6 家国有大型商业银行经营整体稳健，资产质量也很稳定，拨备计提充足，按照国际最佳实践标准，主要指标均处于"健康区间"。其中，截至 2024 年三季度末核心一级资本充足率平均为 11.9%。

资本是商业银行持续经营的"本钱"，也是银行推动实体经济增长、促进经济结构调整、防范各类风险的基础。为更好发挥国有大型商业银行稳经济、促发展的重要作用，2024 年 9 月

26 日中央政治局会议部署的一揽子增量政策中，明确要发行特别国债支持国有大型商业银行补充核心一级资本。《报告》提出 2025 年将发行特别国债 5000 亿元，不仅能够提升银行的稳健经营能力，而且可以发挥好资本的杠杆撬动作用、增强信贷投放能力，进一步加大服务实体经济发展的力度，为推动宏观经济持续回升向好、增强市场信心提供更加有力的支撑。

总体而言，2025 年财政资金的总盘子是很大的，《报告》专门强调，今年合计新增政府债务总规模 11.86 万亿元、比上年增加 2.9 万亿元，财政支出强度明显加大。从一般公共预算看，安排的一般公共预算支出规模约为 29.7 万亿元，比 2024 年增长 4.4%、增加 1.2 万亿元。从政府性基金预算看，安排的支出规模约为 12.5 万亿元，比 2024 年增长 23.1%、增加 2.8 万亿元。把这些资金分配好使用好，能够对稳定经济增长、扩大有效需求、保障和改善民生等发挥重要作用。也需要看到，同样的财政支出规模，在不同时间支出会产生不同的效果。实施更加积极的财政政策不仅体现在规模上，而且体现在支出进度上。2025 年从中央到地方、从基本支出到项目支出，各项财政资金都要加快下达拨付的进度，主动靠前发力，打好政策实施的提前量，尽快形成实际支出。就像《报告》里说的，能早则早、宁早勿晚，与各种不确定性抢时间，让政策发挥最大效能。

（杜浩然）

31. 如何理解提高财政赤字率？

财政赤字率是指年度财政赤字与同期国内生产总值之间的比例关系，是衡量财政政策力度和财政风险水平的重要指标。我国财政赤字口径以收付实现制为基础编制，主要聚焦于一般公共预算收支差额，同时兼顾跨年度动态因素和四本预算的联系，反映了年度可用财力。赤字率的安排，需要统筹考虑经济社会发展需要、宏观调控政策实施、财政可持续性等因素。根据宏观经济周期性变化，通过调整赤字率，加强逆周期调节，也是世界各国通行的做法。

2025 年我国将赤字率提高至 4% 左右、比去年提高 1 个百分点，确实是历史上比较高的水平。从必要性看，这可以直接扩大财政支出规模，加大逆周期调节力度，为经济发展注入更多动力；从可行性看，我国还有比较大的举债空间和赤字提升空间，政府负债率在 70% 左右、显著低于世界主要经济体和新兴市场国家，政府债务也对应着大量优质资产，财政总体是健康的、可持续的，提高赤字率是有条件的。随着逆周期调节拉动经济回升向好，能够带动财政收入增加，财政可持续性是更有保障的。

另外，所谓"3% 的赤字率"警戒线，其实是 1991 年欧盟签署《马斯特里赫特条约》时，为约束成员国财政过度扩张并影响欧元币值稳定而确定下来的一项纪律，虽有一定借鉴意义，但并非不可打破的金科玉律。事实上，很多国家的赤字率已经突破3%，有的甚至达到两位数。近年来，我国从控制财政风险、实现财政可持续等角度考虑，一直坚持合理、审慎确定赤字率水平，也有一些年份赤字率超过了3%。比如，2020年和2021年，为应对新冠疫情的严重冲击，赤字率分别按3.6%以上（实际执行数为3.7%）、3.2%左右（实际执行数为3.1%）安排；2023年年初预算将赤字率按3%安排，四季度增发国债1万亿元，预算调整后赤字率为3.8%左右。总之，2025年的财政赤字安排，有利于释放更加积极有为的政策信号，将为高质量发展注入更多动力。

（杜浩然）

32. 优化财政支出结构的措施有哪些?

《报告》强调,要持续优化支出结构,更加注重惠民生、促消费、增后劲,切实提高资金使用效益。这是2025年财政政策更加积极的重要体现,也就是要通过优化支出结构的方式,把宝贵的财政资金用在刀刃上、紧要处,让同样的钱花出更大的效益。

(一)加大保障和改善民生的力度。就业、医疗、养老、生育等老百姓身边事、操心事,都是财政保障的重点。2025年财政资金将继续强化民生领域支持,加强基础性、普惠性、兜底性民生建设,推动提高公共服务水平和可及性均衡性。超过29万亿元的一般公共预算安排中,社会保障和就业支出、卫生健康支出同比分别增长5.9%、5.3%,增幅均高于4.4%的一般公共预算支出增幅,"惠民生"的导向鲜明。

促进高质量充分就业。中央财政安排就业补助资金667.4亿元,落实就业创业扶持政策,支持实施公共就业服务能力提升示范项目。积极支持援企稳岗,延续实施阶段性降低失业、工伤保险费率政策,支持加强就业困难人员就业援助和灵活就业人员权益保障。扩大新就业形态人员职业伤害保障试点,推进工伤保险跨省异地就医直接结算。

强化卫生健康服务保障。健全公共卫生服务体系,优化重大公共卫生服务项目,基本公共卫生服务经费财政补助标准进一步提高 5 元、达到每人每年 99 元。中央财政安排基本公共卫生服务补助资金 805.5 亿元。将城乡居民医保人均财政补助标准提高 30 元、达到每人每年 700 元。健全基本医疗保险筹资和待遇调整机制,推动基本医疗保险省级统筹,深化医保支付方式改革,加强医保基金监管。

织密扎牢社会保障网。适当提高退休人员基本养老金,将城乡居民全国基础养老金最低标准提高 20 元、增长 16.3%,达到每人每月 143 元。中央财政安排基本养老金转移支付资金 1.24 万亿元,支持各地确保基本养老保险待遇按时足额发放。加强困难群众基本生活保障,推进分层分类社会救助,中央财政安排困难群众救助补助资金 1566.8 亿元。支持强化基层应急基础和力量,提升防灾减灾救灾能力。

完善人口发展支持政策体系。加强普惠育幼服务体系建设,发放育儿补贴。大力发展普惠养老服务,进一步支持县域养老服务体系创新试点项目,完善县、乡、村三级养老服务网络。推进社区支持的居家养老,积极发展老年助餐服务。做大做强全国社会保障基金,有效发挥战略储备基金作用。

支持文化事业发展。健全公共文化服务财政保障机制,推动优质文化资源直达基层和城乡文化资源优化配置。完善文物和文化遗产系统性保护投入机制,支持中华优秀传统文化传承发展。鼓励创作更多文艺精品力作。支持加强青少年体育工作,推动群众体育和竞技体育全面发展。

(二)人力支持提振消费。当前,国内需求不足、消费潜力释放不充分的问题还比较突出。扩大内需是稳增长的当务之急,重中之重就是提振消费。《报告》提出实施提振消费专项行动，这需要充分发挥财税政策的牵引作用和财政资金的杠杆撬动作用，扎实推进专项行动实施。

加大对消费者的直接补贴力度。2025 年安排超长期特别国债 3000 亿元支持消费品以旧换新，比 2024 年增加 1500 亿元，并将手机、平板等产品纳入补贴范围，还将优化补贴发放流程、健全回收利用体系，撬动更多老百姓需要的大宗消费，让消费者得到更多实惠。2025 年春节前中央财政已预拨 810 亿元资金，补贴资金提前到位，让广大消费者及时享受政策红利。

引导地方提升消费环境。深入推进现代商贸流通体系试点城市建设，开展县域商业建设行动，有效发挥政策效用。新增安排中央财政补助资金，带动地方加大投入，支持推广消费新业态新模式新场景，打造更多消费新热点。

强化财政与金融政策联动。新增实施两项贷款贴息政策，激发消费动力。一项是对重点领域的个人消费贷款，给予财政贴息，减轻当期支出压力。另一项是对餐饮住宿、健康、养老、托幼、家政这些与老百姓生活密切相关的领域，财政对经营主体贷款分类给予贴息，降低融资成本，增加更多优质服务供给。

（三）加大增后劲重点领域的财力支持。围绕支持产业体系、教育科技、城乡区域、绿色低碳等高质量发展增后劲重点领域，加强财政资金投入保障，加快发展新质生产力，促进我国经济社会发展行稳致远。

支持现代化产业体系建设。加强对制造业领域科技创新的支持，中央财政制造业领域专项资金安排 118.78 亿元、增长

14.5%，推动制造业重点领域高质量发展，提升产业链供应链韧性和安全水平。安排超长期特别国债 2000 亿元用于支持设备更新，比 2024 年增加 500 亿元，进一步扩范围、降门槛，鼓励先进、淘汰落后。支持制造业新型技术改造，提高高端化、智能化、绿色化水平。强化企业在创新链、产业链中的作用，支持企业牵头或参与国家重大科技项目，用好税收、专项资金、政府采购等政策工具，增强企业创新发展能力。深入实施专精特新中小企业财政奖补政策，组织开展第三批中小企业数字化转型城市试点。

推进教育强国建设。进一步增加教育投入，全国一般公共预算教育支出安排 4.46 万亿元、增长 6.1%，中央本级教育支出安排 1744.43 亿元、增长 5%。推动优化区域教育资源配置，建立同人口变化相协调的基本公共教育服务供给机制，逐步缩小区域、城乡、校际、群体差距。逐步推行免费学前教育，促进高中阶段学校多样化发展。全面建立基于专业大类的职业教育差异化生均拨款制度，增强职业教育适应性。提高中央高校研究生学业奖学金以及中等职业学校、普通高中国家助学金标准，中央对地方学生资助补助经费安排 809.45 亿元、增长 11.5%。

推进科技强国建设。全国一般公共预算科学技术支出安排 1.25 万亿元、增长 8.3%，中央本级科学技术支出安排 3981.19 亿元、增长 10%，进一步向基础研究、应用基础研究、国家战略科技任务聚焦。提高科技支出用于基础研究比重，完善竞争性支持和稳定支持相结合的基础研究投入机制。全力支持关键核心技术攻关，做好国家科技重大项目经费保障。加强国家战略科技力量、国家战略人才力量建设，突出支持青年科技人才培养。

支持推进乡村全面振兴。坚持稳面积、增单产两手发力，支持高标准农田、水利基础设施等建设，继续开展黑土地保护利用，深入推进粮油作物大面积单产提升行动，保障粮食等重要农产品稳定供给。完善农业补贴政策，继续对产粮大县给予奖励支持，启动中央统筹下的粮食产销区省际横向利益补偿。发展多层次农业保险，农业保险保费补贴安排 540.53 亿元，降低产粮大县农业保险县级保费补贴承担比例。继续巩固拓展脱贫攻坚成果，安排中央财政衔接推进乡村振兴补助资金 1770 亿元，优先支持发展联农带农富农产业。构建乡村振兴多元投入格局，有序推进乡村发展和建设。

支持新型城镇化建设和区域协调发展。中央财政安排农业转移人口市民化奖励资金 420 亿元，比 2024 年增加 20 亿元，增强地方落实农业转移人口市民化政策的财政保障能力。支持实施城市更新行动，推进城镇老旧小区和危旧房改造、地下管线更新改造、城市排水防涝等，打造宜居、韧性、智慧城市。综合运用转移支付、政府债券、税收等政策工具，落实好区域协调发展战略、区域重大战略、主体功能区战略，进一步优化经济发展空间。

支持生态文明建设。中央对地方重点生态功能区转移支付安排 1205 亿元、增长 7.5%，引导地方加强生态保护。推进美丽河湖保护与建设，继续支持打好蓝天、碧水、净土保卫战，中央财政大气、水、土壤污染防治专项资金分别安排 340 亿元、267 亿元、44 亿元。深入实施山水林田湖草沙一体化保护和修复、历史遗留废弃矿山生态修复、海洋生态保护修复、国土绿化示范等重大项目。推动"三北"工程标志性战役取得重要成果，实施"生态产业化、产业生态化"奖补政策。加强对绿色低碳先进技术研发和推广运用的支持，大力支持可再生能源发展，稳步推进碳达峰碳中和。

（四）坚持政府过紧日子。2024 年底召开的中央经济工作会议明确要求，党政机关要坚持过紧日子。贯彻落实党中央重要部署，《报告》对政府坚持过紧日子作出强调。财政资金规模虽然很大，但是各级政府的各项开支都要精打细算，特别是要从严控制"三公"经费以及会议费、培训费、差旅费、办公经费等支出，严格限制楼堂馆所新建、修缮和装修，加强对政府采购、新增资产配置的管理，推动精简规范节庆、展会、论坛等活动，严禁铺张浪费。加强行政事业单位国有资产全生命周期管理，发挥全国调剂共享平台作用，严格控制新增资产配置，盘活用好存量资产。还要进一步严肃财经纪律、强化财会监督，加大对过紧日子落实情况的监督检查力度，推进预算执行常态化监督，堵塞管理漏洞，不断完善过紧日子的制度机制，坚决防止财政资金"跑冒滴漏"。

《报告》还指出，要推进财政科学管理。2025 年将组织开展财政科学管理试点，围绕重大财税改革任务和财政管理重点工作，充分调动地方积极性，在管理的系统化、精细化、标准化、法治化上下功夫，积极探索财政科学管理的新路子，提升财政治理效能。

（杜浩然）

33. 如何切实保障基层财政平稳运行？

保障基层财政平稳运行是实现国泰民安的必然要求。近年来，一些地方财政收支矛盾增加，基层财政运行面临一定挑战。《报告》指出："中央财政加大对地方一般性转移支付力度，向困难地区和欠发达地区倾斜。严格落实分级保障责任，筑牢兜实基层'三保'底线。"这也是实施好更加积极财政政策的题中应有之义。

一方面，进一步增加中央对地方转移支付。财政转移支付是上级政府主要为解决地区财政不平衡问题，对下级政府进行的无偿资金拨付。近年来，中央对地方的转移支付呈现上升趋势，规模由 2018 年的 7 万亿元增加至 2024 年的 10 万亿元、年均增长 6.1%。从财政预算安排看，考虑地方财政实际情况，2025 年中央对地方转移支付安排 10.34 万亿元，已经连续三年超过 10 万亿元，剔除灾后恢复重建和提升防灾减灾救灾能力补助资金等一次性因素后，同口径增长 8.4%。其中，安排一般性转移支付 9.4 万亿元、增长 9.2%，适当向困难地区和欠发达地区倾斜。一般性转移支付之中，包括了安排均衡性转移支付 2.7 万亿元、同比增长 7.5%，县级基本财力保障机制奖补资金 4795 亿元、同比增长 7.5%。中央对地方转移支付保持在比较大的规模，有利于增加地方财力，保障基层财政平稳、健康、可持续运行，促进基本公共服务均等化。要强化转移支付监管和日常监控，提升转移支付资金管理使用的安全性、规范性，真正发挥好这笔资金的使用效益。

此外，2024 年建立了促进高质量发展转移支付激励约束机制，安排激励资金向税收贡献大、收入增速较快的地区倾斜。2025 年将安排促进高质量发展激励资金 500 亿元、比 2024 年增加 100 亿元、增长 25%，鼓励地方通过高质量发展涵养税源、做大财政收入"蛋糕"。

另一方面，筑牢兜实基层"三保"底线。基层"三保"即保基本民生、保工资、保运转，关系到基层政府有效履职和人民群众切身利益，是促进地区经济协调发展的基础，也是保持社会稳定的"压舱石"。这些年，中央财政建立了比较完善的"三保"制度机制，基层"三保"总体平稳，但个别地区保障压力仍然较大。各级财政要坚持把基层"三保"摆在工作的优先位置，严格落实分级保障责任，健全县级为主、市级帮扶（兜底）、省级兜底的责任体系，筑牢兜实基层"三保"底线。研究制定"三保"清单，合理确定"三保"范围标准，确保既符合当前实际、又长期可持续。坚持"三保"支出在预算编列中的优先顺序，足额安排"三保"支出预算，未足额安排前不得安排其他支出。强化"三保"支出预算执行管控和库款调度，优先保障"三保"支出，特别是发放到个人的保基本民生和保工资支出。严禁无预算、超预算拨付资金，严格控制新增暂付性款项。依托预算管理一体化系统，加强"三保"运行动态监测和分级预警，完善应急处置机制，及时防范化解"三保"风险。同时，对审计监督和日常监测中发现的个别县区未及时足额保障的问题，及时督促整改到位。

（杜浩然）

34. 财政科学管理的内涵和具体措施有哪些？

强化国家重大战略任务和基本民生财力保障，都离不开提高财政管理效益。实施好更加积极的财政政策，必须要向科学管理要效益，有效提升财政治理效能，更好发挥财政在国家治理中的基础和重要支柱作用。今年的《报告》提出，要推进财政科学管理，这是一个比较新的提法，目标是全面提升财政管理系统化、精细化、标准化和法治化水平。也就是要通过财政科学管理，让各方面更加注重规则意识，更加注重主动谋划，更加注重系统施策，更加注重效益导向，更加注重用好存量，更加注重凝聚合力，实现财政治理体系和治理能力新突破。主要内容包括：

第一，要在管理的系统化上下功夫。从财政支出源头着手，把财政管理从源头贯通到末端、从财政部门扩展到所有预算部门，构建横向到边、纵向到底的管理体系。第二，要在管理的精细化上下功夫。对业务全流程各环节进行优化，通过内部控制、信息化等手段，严格把控工作细节，切实改变部分领域粗放管理模式。第三，要在管理的标准化上下功夫。动态完善项目支出、政府采购、资产配置等各方面标准，做到有规可依、标准清晰、约束有力。第四，要在管理的法治化上下功夫。推动形成系统完备的财政法律规范体系，坚持依法理财、依法行政，更好运用法治思维和法治方式推进财政工作。

34. 财政科学管理的内涵和具体措施有哪些？

为了充分调动地方积极性，探索财政科学管理的新路子，2025 年起将在部分省级财政部门开展地方财政科学管理试点，力争用两年时间，在财政管理重点领域、重点工作上取得新进展、新突破。试点任务设置上，紧扣党的二十届三中全会部署要求，围绕重大财税改革任务和财政管理重点工作，共设置十一项任务，具体包括加强财政资源和预算统筹、完善国有资本经营预算制度、落实过紧日子要求、深化零基预算改革、健全预算管理链条、加强预算绩效管理、兜牢兜实基层"三保"底线、加强地方政府债务管理、完善省以下财政体制、加大财会监督力度、推进财政数字化建设等。试点省份选取上，按照突出重点、注重实效、兼顾东中西部和东北地区的原则，选择地方党委和政府大力支持推进，改革工作亮点突出、成效明显，有关财政工作基础较为扎实的若干省份先行先试。试点过程中，还要加强统筹协调和跟踪指导，及时总结工作经验并加大宣传推广力度，确保试点工作发挥实效。

（杜浩然）

35. 货币政策如何体现适度宽松的取向？

将连续实施了 14 年的"稳健的货币政策"调整为"适度宽松的货币政策"，是货币政策取向的重大转变。这既是国内外经济形势变化的客观需要，也体现了货币政策的担当作为，传递出积极信号。体现货币政策适度宽松取向，要进一步发挥好货币政策工具总量和结构双重功能，推动资金更快更多流向实体经济。

（一）**在总量功能方面，保持流动性充裕**。适时降准降息、保持流动性充裕。当前我国经济持续回升向好的基础还不牢固，货币政策要营造良好的货币金融环境。金融机构法定存款准备金率是中央银行调节流动性的重要工具。去年两次降低法定存款准备金率共 1 个百分点政策实施后，银行业平均存款准备金率大概是 6.6%，还有一定下调空间，可以适时调降。目前，央行政策利率——公开市场操作 7 天逆回购利率为 1.5%，仍有下调空间，要综合权衡各种因素适时适度降息，引导贷款利率持续下行。

使社会融资规模、货币供应量增长同经济增长、价格总水平预期目标相匹配。广义货币供应量 M_2 可以按照经济增长预期目标加物价涨幅控制目标、再加一些其他因素来界定其合理区间。《报告》明确提出了今年经济增长预期目标和居民消费价格涨幅控制目标，为确定货币供应量增长目标、使货币供应量同名义经济增速相适应提供了重要参照。社会融资规模是适应融资方式多元化趋势引入的金融调控新概念，要合理确定信贷、债券、股权等融资规模，保持社会融资规模增速、货币供应量同经济增长和价格水平预期目标相匹配，为经济持续向好提供更加充分的支持。

（二）在结构性工具方面，加大对重点领域的支持。促进楼市股市健康发展。楼市和股市是当前经济运行的两大风向标。2024年人民银行推出保障性住房再贷款等结构性货币政策工具、新增 5000 亿元抵押补充贷款额度，支持保障性住房等建设，要加快实施进度。同时，首次创设了两项支持资本市场的货币政策工具。其中，"证券、基金、保险公司互换便利"工具额度为 5000 亿元，支持符合条件的证券、基金、保险公司以债券、股票 ETF、沪深 300 成份股等资产为抵押，从人民银行换入国债、央行票据等高等级流动性资产；"股票回购增持再贷款"政策工具额度为 3000 亿元，激励引导金融机构向符合条件的上市公司和主要股东提供贷款，支持其回购和增持上市公司股票，要切实用好这些政策工具。

加大对科技创新、绿色发展、提振消费的金融支持力度。5000 亿元科技创新和技术改造再贷款是人民银行新设立的政策工具，要引导金融机构加大对科技型中小企业、重点领域技术改造和设备更新项目的金融支持力度。碳减排支持工具是支持绿色发展的结构性政策工具，要延长实施年限至 2027 年末，有序扩展碳减排支持工具支持范围，引导更多信贷资源投向绿色低碳发展。要发挥好消费信贷等相关货币信贷政策措施的合力作用，促进消费稳定增长。加大对民营、小微企业等的金融支持力度。要切实发挥好支农支小再贷款、再贴现等政策工具作用。当前，要继续研究优化支农支小再贷款利率，并适当扩大额度，推动普惠小微贷款认定标准由单户授信不超过1000万元放宽到不超过2000万元等政策落地，促使资金更多更快流向民营、小微企业。

（三）在资金价格方面，推动社会综合融资成本下降。在供给侧，金融机构等要多措并举降低银行贷款利率和资本市场直接融资成本。要在适时适度下调准备金率、降低支持利率的基础上，引导银行进一步优化存款利率期限结构，降低银行付息率，稳定银行净息差。同时，要继续规范、降低融资中间环节相关收费。继续规范相关收费行为，压减取消不必要的收费项目，适当降低合规项目的收费特别是明显偏高的收费，促进收费水平整体适度降低。要合理确定上市、发债等资本市场直接融资相关中介费用，降低不合理收费。在需求侧，要支持引导企业特别是中小微企业提高信用等级。中小微企业要高度重视自身信用建设，着力强化内部管理、建立规范的财务制度、注重财务数据积累，维护好自身信用记录，提高信用贷款和其他低成本贷款可获得性，压降贷款成本和中间收费，带动总体融资成本降低。

（宋 立）

36. 如何用好结构性货币政策工具?

结构性工具是货币政策工具的创新发展。近年来,我国货币政策在发挥好总量功能的同时,积极探索发展结构性工具,先后推出支农支小再贷款、普惠小微贷款支持工具等多项政策工具。2024 年四季度新创设两项支持资本市场的政策工具——"证券、基金、保险公司互换便利"和"股票回购增持再贷款"。截至 2024 年末,结构性货币政策工具共存续 10 项,余额合计6.3 万亿元。今年要进一步发挥好货币政策结构性工具作用,推动资金更快更多流向实体经济。

(一)促进楼市股市健康发展。按照党中央、国务院决策部署,2024 年中国人民银行推出保障性住房再贷款等结构性货币政策工具、新增 5000 亿元抵押补充贷款额度,支持保障性住房等建设。当前,要加快完善保障性住房再贷款的实施机制,适当扩大使用范围,推动政策工具尽快落实落地、充分发挥稳定房地产市场的作用。作为一揽子增量政策的重要举措,人民银行去年首次创设了两项支持资本市场的货币政策工具。其中,"证券、基金、保险公司互换便利"工具额度为 5000 亿元,支持符合条件的证券、基金、保险公司以债券、股票 ETF、沪深300 成份股等资产为抵押,从人民银行换入国债、央行票据等高等级流动性资产;"股票回购增持再贷款"政策工具额度为3000 亿元,激励引导金融机构向符合条件的上市公司和主要股东提供贷款，支持其回购和增持上市公司股票。两项新创设的货币政策工具，可为资本市场提供数千亿级的增量资金支持。今年，要总结前期经验，进一步完善相关机制，切实用足用好这些政策工具，为资本市场引入更多增量资金，促进资本市场平稳健康发展。

（二）加大对科技创新、绿色发展、提振消费的金融支持力度。要利用好再贷款、再贴现、窗口指导等政策手段和其他阶段性、长期性的结构性货币政策工具，合理引导资金流向科技创新、绿色发展、提振消费等领域。5000亿元科技创新和技术改造再贷款是人民银行新设立的政策工具，为支持企业科技创新发挥了积极作用，要进一步用好用足政策工具。今年将深入完善实施机制，扩大再贷款规模并降低再贷款利率，引导金融机构加大对科技型中小企业、重点领域技术改造和设备更新项目的金融支持力度。碳减排支持工具等是支持绿色发展的结构性政策、是绿色金融的重要工具。要优化碳减排支持工具，将支持范围扩展到低碳转型，引导更多信贷资源投向绿色低碳发展，大力支持经济社会发展全面绿色转型。扩大消费是当前扩大国内需求的重点所在，要发挥好消费信贷等相关货币信贷政策措施的合力作用，视情适时创设新的政策工具，加大对扩大内需战略的支持，促进消费稳定增长，推动经济实现良性循环。

（三）加大对民营、小微企业等的金融支持力度。面对当前复杂严峻的国内外形势，要精准解决民营小微企业、个体工商户等融资面临的具体难题，帮助民营、小微企业解决美国加征关税、订单减少等困难，积极开拓多元化市场。支农支小再贷款、再贴现是长期性结构性货币政策工具，要切实发挥好这些支持小微企业的结构性工具的作用，打通小微企业融资堵点和卡点。当前，要继续研究优化支农、支小再贷款利率，并适当扩大额度，推动普惠小微贷款认定标准由单户授信不超过1000万元放宽到不超过2000万元等政策落地。同时根据市场需要和民营、小微企业实际，总结此前各类支持小微企业融资结构性货币政策工具的使用经验，还可以视情探索研究新的结构性货币政策工具，促使资金更多更快流向民营、小微企业。

（宋 立）

37. 疏通货币政策传导渠道将采取哪些举措?

当前,货币政策传导仍然面临一些阻滞,制约了货币政策效果发挥。疏通货币政策传导渠道,促进政策从"最初一公里"到"最后一公里"衔接畅通,消除"中梗阻",是提升货币政策有效性、支持实体经济发展的重要举措。下一步将采取的主要举措有:

(一)完善利率形成和传导机制。利率渠道是货币政策作用发挥的重要传导渠道,特别是在淡化货币供应数量目标、更加注重发挥利率调控作用的趋势下,利率传导机制越来越重要。如果政策利率的调整不能及时充分地反映到市场利率上,货币政策的调节效果就要大打折扣。因此,要进一步疏通货币政策传导渠道,必须完善市场化利率形成和传导机制。目前,金融机构贷款利率定价以贷款市场报价利率(LPR)为重要基础。这个利率主要是相关银行参考央行政策利率、通过市场化报价来形成,因此,这个机制是疏通利率传导的一个关键环节。要进一步完善贷款市场报价利率形成机制,强化央行政策利率引导作用,发挥市场利率定价自律机制和存款利率市场化调整机制效能,提升金融机构自主理性定价能力。同时,要逐步理顺由短及长的利率传导关系,畅通"政策操作利率—市场报价利率—银行贷款利率"的传导链条。

(二)落实无还本续贷政策。信贷渠道也是货币政策作用传导的重要渠道。畅通货币政策的信贷传导渠道，从供给端看要着力打通资金进入实体经济的"最后一公里"。商业银行要进一步完善落实尽职免责制度，赋予一线分支机构必要的信贷审批权限，适当提高分支机构的放款能力，对中小微企业合理授信。监管部门要完善金融机构考核和评价制度，提高基层机构和信贷业务人员放贷积极性。当前，许多小微企业融资遇到的一个突出问题就是续贷问题，按照一般情况，企业需要先还上原有贷款、再申请新的信贷款，但在这个过程中，不少企业由于货款还来不及回流，往往需要寻求过桥资金，加大了融资成本，有的企业因为难以及时找到资金而被迫违约。这些问题，都对货币资金的有效循环产生了阻碍。要优化小微企业无还本续贷政策，将续贷对象由原来的部分小微企业扩展至所有小微企业流动资金贷款，阶段性对中型企业流动资金贷款给予续贷支持，让信贷资金更为顺畅地接续，这将有助于打通资金传导中的梗阻。

（三）强化融资增信和风险分担等配套支持措施。要让源头释放的货币资金充分流入企业，还要很好地解决金融机构敢贷、愿贷问题。由于房地产等资产价格调整，中小企业可抵押资产普遍减值，金融机构从风险管理的角度出发，只能减少对相关企业的授信额度，有的企业甚至难以获得贷款，一定程度上造成了银行有钱贷不出、资金淤积在金融体系的问题。受这些因素影响，企业对于融资增信和风险分担的需求更加迫切。融资担保机构是现阶段企业融资增信和风险分担的主要制度安排。我国已经建立多层级的融资担保机构体系，但是长期以来，作用发挥距离市场期待，以及监管上限，都还有差距，主要原因在于管理机制、考核体系、资本补充等方面制度建设还不能完全适应发展需要。要深化推动融资担保机构改革重组，加快改变普遍存在的放大倍数比较低、收费偏高、反担保要求严苛等老大难问题。要进一步发挥政府性融资担保机构的带头引领作用，明确准公共产品定位，统一管理体制，持续提高放大倍数，降低担保费率，取消反担保等要求，有效发挥风险分担作用，让中小企业更为便利地获得增信支持，提高金融机构放贷意愿，从而推动资金更加充分进入实体经济循环。

（袁　鹰）

38. 如何拓展中央银行宏观审慎
与金融稳定功能？

国际金融危机以来，各国中央银行越来越重视金融稳定功能，宏观审慎管理作为逆周期、跨市场的金融管理新工具应运而生并迅速得以发展。近年来我国更加关注系统性金融风险防范，逐步探索形成了"货币政策＋宏观审慎管理"的双支柱金融宏观调控基本框架，在货币信贷、房地产金融、跨境资本流动以及系统重要性金融机构等重点领域持续加强宏观审慎管理，促进了我国金融体系的稳健运行。伴随着我国经济高质量发展，金融体系也在发生深刻变化，除了银行业，金融市场、非银领域的系统性影响也在不断增强。面对新形势，2024年我国在稳定金融市场方面作出了一些新的探索，包括创设两项支持资本市场的政策工具，加强对债券市场的风险管理等。下一步，将在前期相关工作的基础上，进一步完善充实政策工具，逐步健全中央银行宏观审慎与金融稳定功能。

（一）持续完善并用足用好支持资本市场的两项货币政策工具。资本市场既是信心的风向标，也是金融资源配置的重要渠道，与经济发展、家庭和企业资产负债表密切相关，维护资本市场平稳健康运行至关重要。2024年上半年受市场预期偏弱等因素影响，我国股票市场估值处于历史低位，作为一揽子增量政策的重要举措，人民银行首次创设了两项支持资本市场的货币政策工具。这两项政策工具虽然列入结构性货币政策工具管理，但具有特殊的意义，是拓展中央银行宏观审慎与金融稳定功能的重要探索，是宏观审慎管理的重要工具。其中，"证券、基金、保险公司互换便利"工具额度为 5000 亿元，支持符合条件的证券、基金、保险公司以债券、股票 ETF、沪深 300 成份股等资产为抵押，从人民银行换入国债、央行票据等高等级流动性资产；"股票回购增持再贷款"政策工具额度为 3000 亿元，激励引导金融机构向符合条件的上市公司和主要股东提供贷款，支持其回购和增持上市公司股票。当股票市值被明显低估时，上市公司和行业机构有回购和增持需求，两项工具就可以发挥市场托底作用，遏制市场负向循环；当股票市值回归合理水平后，市场对两项工具的需求也会自然减弱。两项工具的这种托底和内在平衡机制，从长期看有利于资本市场平稳健康发展。两项工具完全基于市场化原则设计。上市公司和行业机构是否购买股票，以及购买时机和规模等都是自主决策、自担风险的市场化行为。从实践上看，在包括两项工具在内的一揽子增量措施作用下，市场信心得到有效提振。下一步要在总结前期经验基础上，完善两项工具的实施机制，更好调动金融机构和企业积极性，充分发挥稳定资本市场作用。

（二）进一步优化对金融市场的风险提示和预期引导机制。我国债券市场已发展成为全球第二，债券余额约 177 万亿元。目前，国债收益率曲线已具备金融市场定价基准的作用，国债收益率变动不再只是反映国债的收益率高低，整个市场利率都会跟随调整。过去一段时间，长期国债收益率快速下行，市场波动加大，远远走在政策利率前面。一些金融机构特别是交易策略激进的中小机构，短期内集中配置长期限债券，拉久期行为明显，利率风险较高，未来一旦债券市场出现比较大的波动，容易引发风险。为此，有关部门从宏观审慎管理角度出发，对部分机构进行了风险提示，并与市场和监管部门加强沟通，遏制市场羊群效应导致的部分金融机构利率风险失管失控的问题，目的也是让债券市场发展能够行稳致远。下一步，要在机制建设上下功夫，引导金融机构理性参与市场交易，维护金融市场稳定运行。

同时，将适应当前和未来一个时期国际上和我国金融发展趋势，根据形势需要，及时探索创设新的政策工具，逐步将主要金融活动、金融市场、金融基础设施和非银金融机构纳入宏观审慎管理，有力维护金融稳定大局。

（袁　鹰）

39. 如何强化宏观政策民生导向？

习近平总书记多次强调"经济政策的着力点要更多转向惠民生、促消费"，充分彰显了宏观政策的民生导向。强化宏观政策民生导向，意味着财政货币政策安排要更加突出民生需求、加大民生投入、实现民生目标，形成"民生改善、需求扩张、经济发展"的正向循环。这体现了我国发展理念和政策立场的人民性，以及政策着力点的新变化新要求，是实施宏观政策、做好宏观调控的重要指引。

（一）以消费提振畅通经济循环。大国经济有一个突出特征就是内需为主导、内部可循环。一段时间，我国经济增长主要依靠投资和出口拉动，消费对经济增长的拉动作用总体较弱。消费需求是最终需求，具有基础性牵引性作用，是影响经济循环的关键变量。消费不振将直接导致最终市场需求不足，物价低位运行，进而使经济循环不畅。特别是当前外部环境更趋复杂严峻，需要把发展着力点更多放在内需上。为此，要把提振消费摆在更加突出位置，实施提振消费专项行动，充分激发各方面内需潜力，使国内市场成为最终需求的主要来源，牢牢把握发展主动权。

（二）以消费升级引领产业升级。产业优化升级主要有两个动力，一个来自科技创新，另一个来自消费升级。当前和今后一个时期，我国处于从中等收入国家向高收入国家跨越、进而向中等发达国家迈进的关键阶段，也是大宗耐用消费品更新升级、服务消费快速兴起的关键阶段。面对消费升级需求，不少领域存在供需不匹配、供给不能很好满足需求的情况。要结合新一轮科技革命和产业变革，加快建设现代化产业体系，加快提升供给体系对国内需求的适配性，更加注重以高质量供给引领需求、创造需求，形成需求牵引供给、供给创造需求的更高水平动态平衡。

（三）推动更多资金资源"投资于人"、服务于民生。从主要"投资于物"转向更多"投资于人"，从主要服务于硬件建设转向更多服务于民生改善，是一个国家发展到更高阶段之后的重要趋势。经济发展和民生改善是相互促进的，改善民生既是经济发展的结果，也是经济发展的动力。一方面，支持扩大就业、促进居民增收减负、加强消费激励。把推进人的现代化摆到更加突出位置，全方位加强人力资本投入。更大力度稳定和扩大就业，完善就业优先政策，在新旧动能转换中创造更多就业岗位，有效解决结构性就业矛盾，促进充分就业、提高就业质量。多渠道促进居民增收，完善劳动者工资正常增长机制，开展大规模职业技能提升培训行动，让多劳者多得、技高者多得、创新者多得；更大力度促进楼市股市健康发展，增强财富效应；实施提高城乡居民基础养老金、强化失能老年人照护、发放育儿补贴、逐步推行免费学前教育等民生政策，减轻居民家庭相关支出负担。加强消费激励，加力扩围实施消费品以旧换新政策，突出服务消费、新型消费，完善促消费政策举措。另一方面，在保障和改善民生中打造新的经济增长点。更多地从发展的角度看待民生问题，健全基本公共服务体系，把发展事业和发展产业结合起来，培育银发经济、健康产业等新的经济增长点。

（四）加强各方面政策和改革举措的集成联动。财政货币政策安排、政策工具和体制机制都要体现民生导向，构建完善相关政策制度体系。优化财政支出结构，更加注重惠民生、促消费、增后劲。以财税政策带动货币金融、社会民生等各类政策协同发力，引导和推动更多资金资源用于发展所需、民生所盼。当然，惠民生、促消费也不能光靠财政金融支持，要进一步深化改革，把"花钱"的政策支持和"不花钱"的改革创新结合起来。充分激发各类经营主体、各类人才干事创业积极性，以强劲的创新创造打造增收致富的源头活水，增强各方面惠民生促消费的内在动力，更好满足城乡居民多层次品质化民生需求。

（黄良浩）

40. 如何加强政策协同以及与改革开放举措的协调配合？

财政、货币、就业、产业、区域、贸易、环保、监管等政策和改革开放举措都是保持经济社会平稳运行的重要支撑。近年来，各领域政策举措的协同性不断增强，但仍存在一些问题。要用系统思维来设计和实施政策，加强各类政策间统筹协调以及与改革开放举措的协调配合，形成更大协同效应。

（一）**财政政策与货币政策高效协同**。财政政策和货币政策资源能否高效协调配置，直接关系到逆周期调节成效，事关经济增长和结构优化。《报告》提出，实施"更加积极有为的宏观政策"，实施"更加积极的财政政策"和"适度宽松的货币政策"。要围绕今年经济社会发展各项目标，在稳定预期、提振消费、扩大有效投资、保障和改善民生、防范化解重点领域风险等方面，加强财政政策和货币政策的协调力度，提升政策组合效应，努力做到"基调协同、政策联动"，发挥更大的宏观调控作用。要强化政府债券发行和货币政策工具操作的配合，完善"财政贴息＋再贷款"组合工具，优化政府性融资担保体系，合理用好政策性金融工具，在政府债券发行、化解地方政府债务风险、补充国有大型商业银行资本金等方面加强协调配合。发挥财政资金"四两拨千斤"的撬动作用，更好引导金融资源、社会资本投入现代化产业、普惠金融、绿色发展等重点领域，促进科技、产业、金融良性循环。

（二）财政、货币政策与其他政策协调配合。财政、货币政策与其他政策是相辅相成的关系。《报告》强调，"强化宏观政策民生导向"，"更大力度稳定和扩大就业"。要完善就业优先政策，加大各类资金资源统筹支持力度，支持开展大规模职业技能提升培训，提高稳岗扩岗专项贷款授信额度，努力促进高质量充分就业。要从因地制宜发展新质生产力、推动城乡区域协调发展、稳定对外贸易发展等角度出发，优化实施财政、货币政策，完善产业、区域、贸易政策，确保政策要素相互嵌入、相互衔接。要健全环保、监管相关政策制度，提升依法治理能力，处理好与其他经济政策的关系，形成共促高质量发展的合力。

（三）各项政策与改革开放举措协调配合。宏观政策、专项政策等各项政策着眼于保持经济平稳运行、推动经济结构优化，可以为推出改革开放举措创造有利的时间窗口和环境。同时，改革开放举措着眼于破除制约发展的体制机制障碍，可以提升政策传导效率，提高政策乘数效应，更好释放政策效能。比如，《报告》明确要求破除地方保护和市场分割，这为财政、货币、就业、产业、区域、贸易等政策实施畅通传导渠道。比如，《报告》提出深化零基预算改革的具体举措，就是要打破支出固化格局，这有助于优化财政资源配置，提高财政资金使用效率。比如，《报告》提出完善利率形成和传导机制，优化和创新结构性货币政策工具，就是要打通货币政策传导的堵点卡点，让资金充分进入实体经济循环。比如，在对外开放方面，今年将稳步扩大制度型开放，有序推进自主开放和单边开放，扩大电信、医疗、教育等领域开放试点范围，以开放促改革促发展。

　　经济运行中一些领域的问题是全局性的，是多重矛盾叠加的表现，需要聚焦突出问题，整合政策资源集中发力、同向发力。2024 年 9 月 26 日中央政治局会议果断部署一揽子增量政策，财政、货币、就业、产业、贸易、改革开放等多领域政策举措协同聚力，逆周期调节政策效果持续显现，四季度经济明显回升，有力提振了市场信心。这说明，关键时期敢于打破常规，聚焦突出问题集中同向及时发力，就能起到立竿见影、事半功倍的效果。新的一年，统筹兼顾多重目标难度加大，要实现稳增长、调结构、惠民生、防风险等多重目标，必须持续注重强化全局意识，统筹多个部门、多种政策资源，不断增强工作的协调联动。

（包益红）

41．如何健全和用好宏观政策取向
一致性评估工作机制？

宏观政策取向一致性评估是加强和改进宏观调控的一项行之有效的制度创新。把经济政策和非经济性政策统一纳入宏观政策取向一致性评估，有助于综合平衡政策影响、统筹把握政策"时度效"、充分释放政策协同效应。按照党中央、国务院决策部署，2022年以来，有关部门建立健全宏观政策取向一致性评估工作机制，促进各方面政策形成组合效应。面对新形势、新任务，要围绕经济社会发展工作全局，制定政策时要"心往一处想"，实施政策中要"劲往一处使"，高质量做好宏观政策取向一致性评估工作。

（一）**完善评估框架体系**。《报告》提出，把经济政策和非经济性政策统一纳入一致性评估，这对完善评估框架体系提出了明确要求。非经济性政策会通过影响生产要素供给、企业发展信心、营商环境等渠道，对经济运行直接间接产生重大影响，将其一并纳入一致性评估框架，是非常有必要的。要根据宏观经济运行态势、长期发展趋势、国内外环境变化等及时调整评估重点，确保非经济性政策与经济性政策的目标一致。既要加强政策内容协同，也要注重政策实施配合，建立全流程政策评估体系。

（二）**健全完善评估机制**。在总结近年来宏观政策取向一致性评估经验基础上，要提出进一步加强评估管理的要求，明确评估范围，完善评估流程，科学精准研判包括各类政策影响，更好服务高质量发展大局。政策制定涉及多个决策和监管部门，要强化部门沟通，提高宏观政策取向一致性评估的效率和质量。各部门制定政策都要对标对表党中央精神，从大局出发制定各项政策。对接受评估的政策，严格按照评估程序征求意见、研究论证、沟通协调，推动各部门根据评估意见调整完善政策，确保评估作用充分发挥。

（三）**全面评估政策效应**。宏观政策取向一致性评估工作中，要从严从细把关各项政策对经济总量和结构、供给和需求、行业和区域、就业和预期等的影响。多出有利于稳预期、稳增长、稳就业的政策，谨慎出台收缩性、抑制性举措。全面分析各类政策的直接效应、间接效应、叠加效应、对冲效应等，进一步强化政策协调和工作协同，切实防范"合成谬误"和"分解谬误"。

（四）**统筹政策制定和执行全过程**。在做好宏观政策取向一致性评估工作的基础上，促进政策从"最初一公里"到"最后一公里"衔接畅通，确保各项工作扎实有力推进，推动政策尽快落地见效。讲求时机力度效果，让政策"及早谋、尽早出"。对形势变化要进行前瞻研判，充实完善政策工具箱，做到有备无患。出台实施政策要能早则早、宁早勿晚，与各种不确定因素抢时间，看准了就一次性给足。提高政策针对性，让政策"行得通、增实效"。善于吸收人民群众、经营主体、基层执行者等各方面的意见，把前期工作做得更扎实。坚持问题导向、破题导向，从执行层面落实好党中央重大决策部署，提出真招、实招、管用的招，增强政策文件"含金量"，切实提高可执行性、可落地性。压实层层责任，让政策"沉得下、接得住"。政策文件印发后，要加快细化落地实施节奏，防止"放空炮"，防止政策"层层衰减"。同时，科学有序做好实施工作，防止选择性执行、"一刀切"、层层加码。政策举措最终能否落下去、见成效，关键在地方、在基层。要把党中央的决策部署和本地区实际结合起来，推动任务目标可评估、政策流程可操作、配套措施跟得上，确保各项重点任务有力落地。要强化跟踪督查，建立健全问责机制，进一步压实责任链条，以钉钉子精神抓好落实。同时，要充分发挥地方能动性，完善容错纠错机制，鼓励各地提高创造性贯彻落实能力，激发各方面干事创业的积极性。

（包益红）

42. 怎样协同推进政策实施和预期引导？

加强预期管理是提高政策组合效果的重要手段。近年来，我国预期管理机制建设取得积极进展，但还存在预期管理工具手段不足、回应市场关切不够及时等问题。经济预期具有敏感性、传染性、自我实现性等特征，要针对预期不稳这个影响宏观经济运行和政策效果的关键问题，在加强政策实施的同时，注重倾听市场声音，健全预期管理机制，塑造积极的社会预期，形成共促高质量发展强大合力。

（一）**更好统筹政策制定实施与预期管理**。把预期管理贯穿于政策实施全过程，以切中要害的政策措施、清晰明了的政策解读、坚决有力的政策落实，做到舆论工作和业务工作"同谋划、同部署、同推进"，共同推动预期改善和信心回升。加强和改进前瞻性指引，提高政策透明度，让市场充分理解并信任政策意图。将经济增速、价格水平、就业等一揽子指标作为制定宏观政策主要参考，更加注重支持提高居民收入、消费能力、社保水平等，以合理务实目标凝聚社会共识。选取合适时机释放政策信号，说明政策目标、考虑因素、执行路径等，助力政策实施。对于重要政策、重要提法等加大宣传力度，阐释背后逻辑，增强公信力，有效引导市场预期。

（二）**畅通政府和市场常态化沟通交流渠道**。建立健全政府和企业等常态化沟通交流机制，有利于了解新情况新问题，及时提出工作改进举措，进一步提振信心、稳定预期。要加强跨部门协调，在完善与各类经营主体定期沟通交流机制的基础上，针对经济形势与政策开展不定期沟通交流，拓展与市场机构和投资者的交流反馈渠道，形成政策精准引导预期、市场动态反馈、调整优化政策的良性循环。要强化社会预期研判分析，及时了解企业共性问题、社会主要关切，为做好沟通交流提供基础支撑。既要了解问题，更要解决问题。要把常态化沟通交流的"后半场"工作做得更扎实，健全问题通报机制、联合解决机制、反馈说明机制，提升政企互动的实际效果，切实帮助企业解决实际困难和问题。

（三）创新经济宣传方式方法。经济宣传工作做好了，能为经济发展添加更大正能量。要进一步拓展新闻发布渠道，通过专家解读、案例宣传等方式，提高权威性和说服力。采取线上和线下结合、传统媒体与新媒体融合的方式，既要通过微博、微信、短视频等线上内容加强政策的传播力，又要利用办事大厅、街道社区、乡镇农村等线下窗口，顺应微传播、快传播趋势特点，把传统媒体内容向新媒体延伸，分类做好针对性宣传推送。对事关民生福祉、便利企业发展的政策，探索推进更多"免审即享"工作机制，努力做到"政策上门"、"政策找人"，让政策"应知尽知"、"应享尽享"，切实增强微观主体实际获得感。同时，及时回应社会关切，加强增信释疑工作，让真相跑赢谣言，增强企业长期发展信心，为高质量发展营造良好的舆论环境。

（包益红）

第三部分

2025 年政府工作任务

43. 消费品以旧换新政策如何加力扩围？

汽车、家电、家居、家装等大宗消费紧贴百姓生活，市场规模大、升级需求旺、发展空间广，对整体消费走势有重要影响。今年将继续加大消费品以旧换新支持力度，推动大宗耐用消费品绿色化、智能化升级，通过提振大宗消费带动整体消费稳定增长。

政策"加力"主要是资金规模比 2024 年大幅增加。今年共安排超长期特别国债 3000 亿元支持消费品以旧换新，比 2024 年增加 1 倍。前期，中央财政已将第一批 810 亿元支持资金下达到地方，确保年初以旧换新工作不断档。

在 2024 年消费品以旧换新实践中，国家政策主要对汽车、8 大类家电等给予补贴支持。为适应居民多元化消费需求和产业升级需要，今年消费品以旧换新政策将"扩围"，主要体现在：首次实施手机、平板电脑、智能手表（手环）3 类数码产品购新补贴；在汽车报废更新旧车方面，政策范围扩大至国四排放标准实施首年的燃油乘用车，以及 2018 年底前注册登记的新能源乘用车；将 8 大类家电以旧换新产品扩充至 12 大类，增加净水器、洗碗机、电饭煲和微波炉；在对家装厨卫"焕新"所用物品和材料给予补贴的同时，鼓励地方探索以装修合同为依据开展补贴。此外，继续对电动自行车以旧换新给予补贴支持，鼓励换购合格安全的电动自行车。

针对在政策执行过程中出现的堵点卡点，今年将进一步优化机制、堵塞漏洞，提升消费者获得感。完善消费品以旧换新信息系统功能，优化补贴审核、发放等流程，努力让群众更快、更便捷享受真金白银优惠。推动建立覆盖广泛、高效便捷的回收网络，加快二手商品流通试点建设，培育多元化二手商品流通主体，创新二手商品流通方式，让消费者"去旧更容易、换新更愿意"。抓好风险防范，加强质量和价格监管，依法打击套补骗补行为。深入开展宣传解读，让消费者更清楚地了解政策、享受实惠；创新办好促消费活动，持续营造良好声势氛围。

（闫嘉韬）

44. 在扩大多元化服务供给方面有什么新举措？

服务消费是民生福祉改善提升的重要支撑。目前，我国居民人均服务性消费支出占人均全部消费支出的比重为46.1%，与发达国家平均水平相比，仍有较大发展空间，需通过放开限制、推出新产品新体验等方式释放需求、挖潜扩面。今年将继续抓好《国务院关于促进服务消费高质量发展的意见》的落地见效，实施服务消费提质惠民行动。

（一）**开展健康消费专项行动**。人民群众对高质量健康产品和服务的需求不断增长，人们更愿意为健康买单，健康消费市场潜力巨大。今年将优化健康服务供给，培育壮大健康体检、咨询、管理等新型服务业态，推进"互联网＋医疗健康"发展，支持医疗机构开展医养结合服务。

（二）**增加养老、托幼服务供给**。发展"一老一小"相关服务，不仅能释放需求潜力，也有利于减轻家庭负担。今年将推进全社会适老化改造，支持地方探索在多层建筑加装电梯、发展老年助餐服务。积极发展银发经济，包括抗衰老、银发旅游等产业，释放银发消费市场潜力。鼓励发展社区嵌入式托育、用人单位办托和托幼一体服务。支持和规范社会力量发展养老托育服务，完善养老服务价格形成机制。鼓励有条件的地方结合实际对普惠托育机构给予场地支持和运营补助。

（三）**促进生活服务消费**。家政、餐饮、社区服务、助残等

137

老百姓身边的服务逐步提质升级，但也存在有效供给不足、行业发展不规范、群众满意度不高等问题，服务的覆盖面和多样性有待进一步提高。今年将加强生活服务供给能力建设，支持服务消费场景创新、业态融合、产业集聚。加大家政服务培训力度，鼓励更多高等学校、职业学校开设家政相关专业，组织实施巾帼家政提质扩容专项培训工程，完善家政行业标准规范体系和信用体系。提升餐饮服务品质，支持地方发展特色餐饮。结合城市一刻钟便民生活圈和城市社区嵌入式服务设施建设，加快配齐购物、餐饮、家政、维修、助残等社区居民服务网点。

（四）释放文化、旅游、体育等消费潜力。随着居民消费层次逐步提升，文化、旅游、体育消费热度持续攀升，消费活力加速释放。今年将大力促进文化旅游业发展，继续发挥好这类消费促增长、惠民生的作用，增加更多高品质服务供给。深化商业、旅游、文体等多业态消费融合，创新多元化消费场景。支持旅游景区景点、文博单位拓展服务项目，合理延长经营时间，扩大接待规模。积极发展冰雪经济，启动实施冰雪旅游提升计划，组织开展冰雪消费季活动，建设一批冰雪主题高品质旅游景区、度假区。支持各地增加优质运动项目、特色体育赛事等供给，优化营业性演出、体育赛事等审批流程，落实巡演项目首演地内容审核负责制，推行"一次审批、全国巡演"。

今年还将落实和优化休假制度，为扩大文化、旅游、体育等消费创造良好条件。加强对各单位休息休假制度执行情况的常态化监督，并把带薪年休假落实情况作为重点监督内容；鼓励带薪年休假与小长假连休，实现弹性错峰休假；支持有条件的地方结合实际探索设置中小学春秋假。

（五）**推动扩大入境消费。**随着过境免签、区域性入境免签等系列政策举措落实落地，"中国游"持续升温，入境消费成为消费新的增长点。今后将有序扩大单方面免签国家范围，优化完善区域性入境免签政策。推出更多优质入境旅游线路和服务，提高境外旅客在华旅游便利化水平，培育面向国际的医疗、会展等市场。完善免税店政策，支持在具备条件的城市口岸开设免税店。支持更多优质商户成为离境退税商店，推广境外旅客购物离境退税"即买即退"服务措施。

（闫嘉韬）

45. 如何加快新型消费发展?

新型消费代表消费升级方向,可以更好地满足人们个性化、品质化需求。在实践中,不少地方顺应消费升级趋势,积极打造多元业态,以新产品、新服务、新体验点燃更多人的消费热情。下一步,将创新和丰富消费场景,更加注重以高质量供给引领需求、创造需求,支持新型消费加快发展。

(一)促进数字消费。当前,数字消费深度融入生活,对供给升级提出了新要求。今年将深入实施数字消费提升行动,丰富数字产品和服务,拓展数字内容和渠道,打造实数融合消费场景。加快生活服务数字化赋能,发展数字教育,加快无人零售店、自提柜、云柜等新业态布局,推动社交电商、直播电商等健康发展。支持各地、各平台抢抓"开学季"、"出游季"等消费时点,举办系列数字消费促进活动。

(二)推广绿色消费。绿色消费有利于生态环保和可持续发展。越来越多的低碳环保产品从"备选"成为"必选",简约适度、绿色低碳的生活理念受到越来越多人的推崇。今后将在推广绿色消费方面下更大力气。培育绿色消费理念,把绿色环保和绿色消费有机结合起来,形成相互促进的良性循环。推广应用先进绿色低碳技术,完善能效水效标识管理,提高家装、出行、旅游、快递等领域绿色化水平。

(三)发展智能消费。依托5G通信、人工智能、大数据、云计算等现代科技，越来越多的智能产品和服务进入大众消费领域，智能消费彰显出广阔的发展空间。今年将持续推进"人工智能+"行动，促进"人工智能+消费"，加强应用场景开发，在消费品以旧换新工作中引导推广人工智能商品，鼓励有条件的地区推出一批人工智能消费名品、优品，推动人工智能赋能商贸流通。对自动驾驶、智能穿戴、超高清视频、脑机接口、机器人、增材制造等新技术新产品，加速推动开发与应用推广，开辟高成长性消费新赛道。

（四）丰富消费新业态。比如，积极发展首发经济，鼓励国内外优质商品和服务品牌开设首店、举办首发首秀首展。加快完善低空经济监管体系，有序发展低空旅游、航空运动、消费级无人机等低空消费。不断丰富邮轮航线和旅游产品，推进游艇登记注册和报备便利化。将中华优秀传统文化融入产品设计，支持开发原创知识产权（IP）品牌，促进动漫、游戏、电竞及其周边衍生品等消费；鼓励具备条件的地方培育和引入IP资源，面向国内外游客设计IP消费经典路线，开展IP消费主题活动。

（闫嘉韬）

46. 如何进一步改善消费环境?

消费环境对居民消费意愿有较大影响。好的消费环境能提升消费体验,增强消费意愿;反过来,如果消费环境不好,消费者"花钱买了不痛快",就会减少消费。今年将实施优化消费环境三年行动,营造安全放心消费环境,助力提振消费信心。

(一)有序减少消费限制。当前,在部分商品和服务领域,仍存在较多行政性限制措施。这些措施有的抑制购买使用,有的制约供给创新,最终都影响消费潜力释放。今年将进一步清理对消费的不合理限制。推动汽车消费由购买管理向使用管理转变,分年限保障"久摇不中"无车家庭购车需求。保障各类经营主体平等参与社会集团采购,防止变相设置所有制、商户评级等采购门槛。对于健康、养老、助残、托幼等多元化服务,进一步减少行政性限制。

今年还将持续推动消费领域放宽准入、优化监管。完善市场准入负面清单管理模式,以环保、卫生、安保、质检、消防等领域为重点,深入清理整治各类市场准入壁垒。鼓励各地区对促销活动、社区集市、户外展示、招牌设施设置等简化审批流程,实行线上即报即办。以跨部门联合方式提升监管抽查效率,对大众消费场所做到"无事不扰"。

(二)深化国际消费中心城市建设。国际消费中心城市是对接全球消费市场、吸引全球消费者的枢纽和平台。2021年7月,上海、北京、广州、天津、重庆获批率先开展国际消费中心城市培育建设。今年将在五市着力营造国际化消费环境，打造国际友好型商圈，推广普及离境退税商店，继续加强外卡 POS 机布设，完善公共场所多语种标识；推动老字号创新发展，加强新消费品牌孵化培育；探索创新消费载体和场景，办好"精品消费月"标志性活动，引领消费新潮流和新风尚。

（三）**健全县域商业体系。**随着县域消费理念、消费品质不断升级，这部分需求释放会带来新的市场机遇。今年将深入实施县域商业建设行动，推进"千集万店"改造提升，加强县级物流配送中心、乡村终端物流配送、集（农）贸市场、农产品市场等设施建设，完善县域商业网络布局。结合县域消费增长趋势，推动电商新业态新模式下沉应用，促进优质商品和服务向县域延伸，助力县域餐饮、生活休闲等商家线上线下运营。继续实施电商高质量发展工程，促进电商与农村一二三产业深度融合。

（四）**强化消费者权益保护。**消费环境好不好，消费者感受最直接，也最有发言权。今年将抓好消费者权益保护法实施条例的贯彻落实，强化消费纠纷源头解决，推动平台型、总部型、连锁型等大型企业健全消费纠纷解决体系，鼓励实体店承诺无理由退换货；依法畅通投诉举报渠道，及时受理群众反映的消费方面的投诉；规范网络销售、直播带货领域"全网最低价"不合理经营行为，倡导实价优质。

（五）**严守消费安全底线。**加强群众关心的米面油、肉蛋奶等重点食品安全监管。严厉打击售卖假冒伪劣产品行为，让从业者有敬畏之心。加强缺陷产品召回监管，做好重点产品质量安全追溯。督促经营者、使用单位履行好消费场所安全保障义务，包括消防、特种设备、燃气使用等。开展个人信息保护专项治理，严厉打击侵犯消费者个人信息的违法犯罪行为。

此外，社会各界对消费数据的需求日益多样，原有消费统计制度，包括地区消费统计监测、服务消费统计等有待优化。下一步，将完善全口径消费统计制度，健全服务消费、消费新业态新模式统计监测，加强买方分地区实物商品网上零售额统计。

（闫嘉韬）

47. 如何发挥好各类政府性投资工具作用?

政府投资是逆周期调节的有力工具。为加大逆周期调节力度,今年政府投资规模持续加大,包括超长期特别国债、地方政府专项债券、中央预算内投资在内的资金规模就达到 5 万亿元以上。这样力度的政府投资资金需要发挥好撬动效应。《报告》提出,要紧扣国家发展战略和民生需求,发挥好各类政府投资工具作用,加强财政与金融配合,强化项目储备和要素保障,加快实施一批重点项目。工作中,要坚持"项目跟着规划走、资金要素跟着项目走、监管跟着项目和资金走"的原则,简化投资审批流程,建立健全跨部门跨区域重大项目协调推进机制,综合考虑不同资金的不同特点,合理确定使用导向和重点支持领域,充分发挥带动放大效应。

(一)用好超长期特别国债。《报告》提出,拟发行超长期特别国债 1.3 万亿元、比上年增加 3000 亿元。除 3000 亿元用于支持消费品以旧换新外,主要用于支持投资。要加强自上而下组织协调,更大力度支持"两重"建设。2024 年安排 7000 亿元超长期特别国债支持 1465 个重大项目建设,项目基本全部开工、全年完成投资超过 1.2 万亿元。2025 年安排超长期特别国债 8000 亿元支持"两重"建设。要进一步完善自上而下的工作机制,加强"两重"建设项目储备,更好统筹"硬投资"与"软建设"。进一步优化具体投向并提高项目支持比例,重点支持基础研究能力提升、未来产业发展、东北等重点地区高标准农田建设、大中型灌区新建改造及大中型引调水和大中型水库建设、长江经济带生态环境保护和绿色发展、农业转移人口市民化公共服务体系建设、高等教育提质升级、城市地下管网管廊建设改造等方面任务，强化超长期贷款等配套融资，高质量推进"硬投资"项目谋划实施。加大力度推动"软建设"政策落地见效。进一步加大重点领域设备更新项目支持力度。2024年，安排1500亿元支持大规模设备更新，2025年比上年增加500亿元。要进一步加大重点领域设备更新项目支持力度，加力实施设备更新贷款贴息，加快存量设备评估诊断和项目储备。

（二）优化地方政府专项债券管理机制。 2024年，地方政府专项债券支持项目完成投资超3.6万亿元，支持项目超过4万个，用作项目资本金超过3500亿元，主要投向以传统基建领域为主。年中，经履行相关程序，安排1.2万亿元债务限额支持地方化解存量隐性债务和消化政府拖欠企业账款。2024年12月，为贯彻落实党中央关于加强地方政府专项债券管理的决策部署，国务院办公厅印发《关于优化完善地方政府专项债券管理机制的意见》，提出了七方面17项举措，支持地方政府进一步用好专项债券，更好发挥强基础、补短板、惠民生、扩投资的积极作用。2025年，拟安排地方政府专项债券4.4万亿元、比上年增加5000亿元。要实施专项债券管理新机制，额度分配向项目准备充分、投资效率较高、资金使用效益好的地区倾斜，扩大用作项目资本金的领域、比例，实施好投向领域"负面清单"管理、下放项目审批权限等措施，在部分省市开展"自审自发"试点。要坚持在发展中化债、在化债中发展,做好置换存量隐性债务工作。

(三)更好发挥中央预算内投资资金作用。2024 年中央预算内投资支持项目完成投资超 1.3 万亿元,发挥了"四两拨千金"的作用。《报告》提出,今年中央预算内投资拟安排 7350 亿元,比去年增加 350 亿元。中央预算内投资是中央政府支持地方投资的直接财政支出,要继续紧扣党中央、国务院重大部署,围绕扩大内需、优化供给、改善民生、支持国家重大战略等,优化相关专项使用范围。中央预算内投资使用方式比较灵活,可采取直接投资、资本金注入、投资补助和贷款贴息等多种方式,要根据项目特点和投资需求,灵活搭配使用。2023 年12 月,国家有关部门发布了《中央预算内投资项目监督管理办法》,自 2024 年 2 月 1 日起施行,要继续抓好落实,加强项目监督管理,规范项目实施和资金使用。

(杨云超)

48. 如何更大力度支持"两重"建设？

着眼于系统解决强国建设、民族复兴进程中一些重大项目建设的资金问题，从 2024 年起发行超长期特别国债支持国家重大战略实施和重点领域安全能力建设。截至目前，"两重"建设坚持自上而下、软硬结合，已建立项目储备、集中联审、专款专用、强化监督等全链条推进保障机制。《报告》强调，今年要用好超长期特别国债，强化超长期贷款等配套融资，加强自上而下组织协调，更大力度支持"两重"建设。具体来说，将安排超长期特别国债 8000 亿元支持"两重"建设，加力推进"两重"建设。

（一）进一步优化具体投向。对照"两重"建设行动方案，进一步细化各领域今后几年的主要目标、重点任务和标志性工程等。重点支持基础研究能力提升、未来产业发展、东北等重点地区高标准农田建设、大中型灌区新建改造及大中型引调水和大中型水库建设、长江经济带生态环境保护和绿色发展、农业转移人口市民化公共服务体系建设、高等教育提质升级、城市地下管网管廊建设改造等方面任务，强化超长期贷款等配套融资。

（二）高质量推进"硬投资"项目谋划实施。国家有关部门已经建立工作机制，坚持好中选优，严格做好项目筛选组织，切实提高项目质量。2025 年重点项目谋划重点包括：在科技创新和产业发展领域，要增加高水平建设国家实验室体系、推进低空经济高质量发展等重点任务。在城乡融合发展领域，要将重点都市圈城际铁路、国家高速公路都市圈环线及绕城环线等项目纳入支持范围。在区域协调发展领域，要增加在全国范围内实施有效降低全社会物流成本行动有关内容。在粮食和能源资源安全保障领域，要将高标准农田建设支持地区由东北地区扩大至全国其他粮食主产区的产粮大县，将水利支持范围扩大至全国大中型灌区、大中型引调水工程等。

（三）加大力度推动"软建设"政策落地见效。"软建设"方面，主要是指坚持项目建设和配套改革相结合，扎实推进规划编制、政策制定和体制机制改革创新，不断完善投入机制、提高投入效率。一是继续坚持"项目跟着规划走，资金要素跟着项目走，监管跟着资金走"。实施全国农田灌溉发展规划，优化灌区工程总体布局；推动各城市出台城市地下管网建设改造实施方案，健全多元化、多层级资金投入机制并完善相关价费政策等。二是制定出台配套政策举措，优化制度供给。出台工业互联网高质量发展的指导意见，实施工业互联网标识解析体系"贯通"行动计划；研究制定加强"三北"工程建设管理办法，进一步加强工程建设全流程管理等。三是扎实有序推进体制机制创新，形成更多改革攻坚成果。建立健全数据产权制度，培育全国一体化数据市场；构建托育服务体系，建设托育服务网络等。

（四）规范项目全过程管理。实施好"两重"建设有关管理办法，督促项目加快开工建设，严格资金监管，加强监测调度和现场监督检查，确保建成优质工程、精品工程、放心工程。强化监督执纪，加强日常管理和监测调度，对违法违规行为明确适用情形、裁量标准和惩戒措施，加大处罚力度。

（杨云超）

49. 怎样优化地方政府专项债券管理机制?

2024 年 12 月,为贯彻落实党中央、国务院关于加强地方政府专项债券管理的决策部署,国务院办公厅印发《关于优化完善地方政府专项债券管理机制的意见》(国办发〔2024〕52号),提出了七方面 17 项举措,支持地方政府进一步用好专项债券,更好发挥强基础、补短板、惠民生、扩投资的积极作用。《报告》强调,今年要优化地方政府专项债券管理机制,实施好投向领域负面清单管理、下放项目审核权限等措施。

(一)实行投向领域负面清单管理。将完全无收益的项目、楼堂馆所、形象工程和政绩工程、一般性竞争性产业项目,以及经常性支出等纳入负面清单。地方政府可以在负面清单之外,结合当地实际谋划安排项目,进一步扩大专项债券使用范围。

(二)扩大用作项目资本金范围。将专项债券可用作项目资本金的行业从原来的 17 个行业扩大到 22 个,新增了新兴产业的基础设施、卫生健康、养老托育、货运综合枢纽、城市更新等 5 个行业以及一些细分行业,合理发挥引导放大作用。同时,以省份为单位,可用作项目资本金的专项债规模上限由 25% 提高至 30%。

(三)进一步提高项目审核效率。在北京、上海、江苏、浙江(含宁波市)、安徽、福建(含厦门市)、山东(含青岛市)、湖南、广东(含深圳市)、四川等 10 个省份以及河北雄安新区开展专项债券项目"自审自发"试点，相关地区专项债券项目不再报国家发展改革委、财政部审核，由省级人民政府批准以后，可立即组织发行，赋予地方更大的自主性，同时压实地方的主体责任，防范重大风险。各地方按照"发改牵头管项目、财政牵头管资金"的原则，研究制定本地区具体工作机制。

（四）**拓宽专项债券偿还来源**。允许地方在专项收入和对应的政府性基金收入之外，依法分年安排财政补助资金，以及调度其他项目专项收入、项目单位资金、政府性基金等收入，确保专项债券按时足额还本付息，实现省内各市、县区域平衡，严防出现偿付风险。

（五）**加强"借用管还"全流程管理**。实行专项债券资金专户管理、专款专用，严防挤占挪用。规范新增项目的资产核算，明确行政事业单位和国有企业登记处理方式，分类管理存量项目资产，建立明细台账。鼓励有条件的地方建立专项债券偿债备付金制度，"自审自发"试点地区要加快建立偿债备付金制度。

（杨云超）

50. 对民间投资有哪些支持措施？

民间投资是民营经济活跃度的晴雨表。2024 年民间固定资产投资占全国固定资产投资比例为 50.1%，民间投资的信心亟待提振。《报告》强调，要支持和鼓励民间投资发展，规范实施政府和社会资本合作新机制，引导更多民间资本参与重大基础设施、社会民生等领域建设，让民间资本有更大发展空间。

（一）加强机制保障，降低民间投资成本。 2024 年，国家有关部门建立了促进民间投资资金和要素保障工作机制，依托全国向民间资本推介项目平台，组织地方持续向社会公开推介并严格审核把关，遴选重点领域项目加大集中推介力度，全年依托项目推介平台吸引民间资本参与项目 531 个、总投资 4136 亿元。建立全国重点民间投资项目库，持续加强资金和要素支持。构建基础设施领域不动产投资信托基金（REITs）常态化发行制度体系，累计 62 个项目发行上市、发售基金 1660 亿元，城镇供热、水利设施、农贸市场均实现"首单"推荐。今年，要继续完善民营企业参与国家重大项目长效机制，滚动接续向民间资本推介项目。要从放宽准入、权益保护、要素协同、融资支持等方面进一步健全民营企业参与国家重大项目建设的长效机制，常态化向民间资本推介项目。规范实施政府和社会资本合作（PPP）新机制，推动基础设施领域不动产投资信托基金扩围扩容。

（二）放宽准入限制，拓宽民间投资空间。 近年来，国家有关部门大力清理针对民间资本准入的不合理限制，逐步清除民间资本进入基础设施和公用事业等领域的各类门槛，取消和减少阻碍民间投资进入养老、医疗等领域的附加条件，着力破除各类隐性壁垒。但有些地方对民间资本还存在一些"隐形门"、"玻璃门"等问题，有的违规设立准入许可、增设准入条件，有的强制企业在本地设立分支机构或要求配套投资等。针对这些问题，去年印发实施《招标投标领域公平竞争审查规则》等，明确要求不得根据经营主体所有制形式等设置差异性得分，不得要求经营主体在本地区设立分支机构、缴纳税收社保等。今年，要加力破除市场准入退出壁垒，抓紧修订市场准入负面清单，进一步压减清单事项，对短期不具备面上放开条件的，通过放宽准入试点先行探索。对于一些重点领域，包括铁路、核电、水利、生态环保、仓储物流、新型基础设施、公共服务等领域推出一批吸引民间资本参与的重大项目。

（三）营造良好环境，提振民间投资信心。去年，国家有关部门建立完善与民营企业常态化沟通交流机制，通过召开民营企业家座谈会，了解企业家看法和感受，推动解决问题。今年，要在既有机制和经验基础上，持续加强政策与市场的互动，及时回应民营企业关切。《报告》强调，要深化政企常态化沟通交流，切实帮助企业解决实际困难和问题。要落实好促进民营经济发展政策，针对民营企业反映比较多的乱收费、乱罚款、乱检查、乱查封等问题，集中整治，开展规范涉企执法专项行动，对侵犯企业合法权益行为坚决予以纠正，切实依法保护民营企业和企业家合法权益。

（杨云超）

51. 在推进新兴产业发展方面有哪些举措？

当前，我国经济正处于新旧动能转换的关键节点，应统筹技术创新和规模化应用，出台培育新兴产业打造新动能行动方案，推动更多新兴产业加快成长为新的支柱产业，不断巩固壮大新动能新优势。

（一）**深入推进战略性新兴产业融合集群发展**。完善产业发展政策和治理体系，在重点领域培育一批各具特色、优势互补、结构合理的战略性新兴产业集群。推动新兴产业强链结群，培育壮大龙头"链主"企业，提升产业链资源整合能力，加快固链强链延链补链，"一链一策"布局发展新兴产业集群。推动集群之间错位梯次发展，加强产业基础设施和重大科学装置等统筹布局，指导各地因地制宜、因业施策分别构建世界级、国家级及区域特色产业集群，构建梯次发展体系，避免盲目同质化发展。推动集群内部协同联动，用好中心城市区位和资源优势，优化创新平台、公共服务、人才资源供给，强化集群内部创新链、资金链、人才链、政策链"四链融合"，健全资源共享、创新合作机制，增强集群协同效应。

（二）**开展新技术新产品新场景大规模应用示范行动**。多措并举为新兴产业创造更加丰富的应用场景，促其尽快进入"技术突破—场景落地—规模化发展"的良性循环。主要途径包括：完善政府采购政策，率先采购新技术新产品支持企业创新，例如，扩大"人工智能+"在数字政务、城市管理等领域应用，在国土资源、应急救灾等领域推广应用商业航天技术等。采取需求侧补贴等措施引导用户企业购买新产品，例如，通过对采购方购买成本和潜在损失给予一定补贴或者提供有关保险的办法，降低用户试错成本。引导央企国企积极使用国产技术和服务，推出一批科技含量高、见效快、服务国家战略的订单，针对科创型中小企业进行"揭榜挂帅"招标，增强企业市场信心和发展动力。

（三）推动新兴产业安全健康发展。针对商业航天、低空经济、深海科技等产业发展中的安全风险，坚持统筹发展和安全，坚持管得住才能放得开，强化风险意识，稳中求进、把握节奏，在确保安全前提下稳步释放新兴产业发展潜力。下一步，应重点做好以下工作：健全法规标准，准确把握产业发展趋势和特点，抓紧制修订行业发展急需的法规标准，明确准入条件和安全技术规范等，确保产业法治化、标准化、体系化发展。强化机制保障，完善全链条各环节基础性制度安排，健全安全监管体系和配套基础设施，压紧压实各方安全责任措施，鼓励企业加大安全技术研发投入，提升产业本质安全水平。强化宣传教育，提高公众的安全意识和法律意识，为相关产业发展营造良好的社会氛围。

（四）促进产业有序发展和良性竞争。针对部分行业因阶段性供需失衡导致的行业内卷、恶性竞争等问题，坚持从供需两侧发力，标本兼治化解结构性矛盾，以良性竞争促进产业有序发展。加强产业统筹布局，科学分析产业发展现状和规律，强

51. 在推进新兴产业发展方面有哪些举措?

化国家战略导向、政策指引，强化标准引领、推进整合重组，加强企业海外产能布局统筹与竞争指导，促进产业结构优化调整；推动地方完整准确落实区域协调发展战略和主体功能区战略，立足资源禀赋，实现错位发展，规范地方政府招商引资行为，防止对产业发展不当干预，避免一哄而上、无序竞争。加强产能监测预警，强化产能利用情况调度，及时发现苗头性、倾向性、潜在性问题并进行提示预警，引导企业及时调整投资和生产经营行为，促进供需动态平衡。加强竞争监管和行业自律，强化反垄断反不正当竞争执法，着力破除各种形式的地方保护和市场分割，规范地方招商引资法规制度，支持行业协会加强行业自律，为新兴产业发展营造公平竞争、优质优价、优胜劣汰的良好环境。

（李　钊）

52. 怎样培育壮大未来产业?

当前和今后一个较长时期,未来产业将是全球创新版图和经济格局变迁中最活跃的力量,也是国际竞争和大国博弈的焦点。面对新一轮前沿科技发展浪潮与主要国家的激烈竞争,我国未来产业"不进则退、慢进亦退",必须持续发力、久久为功,全力推动未来产业落子布局,不断打造发展新质生产力的新引擎,开辟高质量发展的新赛道。

(一)建立未来产业投入增长机制。未来产业当前尚处于孕育萌发阶段或产业化初期,孵化培育需要资金密集投入、长期投入。一方面,应加强前瞻性引领性布局,明确"往哪投"。坚持全国一盘棋,避免各地区各部门"各播各的种,各撒各的肥"。针对未来产业创新策源、转化孵化、应用牵引、生态营造等培育全链条,完善各环节资金支持机制,开展未来产业创新任务"揭榜挂帅",提高资金使用效率。另一方面,应做好制度保障和政策支持,明确"谁来投"。培育发展未来产业,既需要政府资金"耐心投",推动设立国家级未来产业基金,建立健全政府科技研发资金、政府产业引导资金与市场化投资基金的联动机制,支持各类长线资金投向未来产业;也需要社会资本"放心投",鼓励金融机构创新适应未来产业特征的金融产品与服务,落实税费优惠、财政奖补等政策,引导社会资本"投早、投小、投长期、投硬科技"。

（二）分业施策加大重点产业培育力度。 生物制造产业，应加快突破规模化生产难、成本费用高、质量控制一致性差、跨学科人才缺等困难制约，进一步强化战略规划引导，完善技术标准体系，推动在医药、农业、材料、能源等领域广泛应用，积极拓展市场空间。量子科技领域，应坚定发展信心，充分发挥先发优势，强化国家层面统筹谋划和系统部署，提前布局科研和测量测试等装置设施，完善创新平台和公共服务，积极推动"量子+"多学科多场景应用贯通，加快打通量子产品落地"最后一公里"。具身智能产业，应坚持应用导向，加快突破核心算法、底层芯片和操作系统等关键核心技术，提升产业链配套质量、降低全链条成本，积极拓展工业场景应用，加快进入家庭服务领域。6G 产业，应持续加强技术研究、标准研制、产业研发和测试验证，构建开放创新生态，确保我国始终走在全球 6G 研发应用前列。

（三）夯实未来产业发展的微观基础。 梯度培育创新型企业，充分发挥国家高新区聚集企业、促进创新、培育新赛道的重要载体作用，让更多企业在新领域新赛道跑出加速度。具体举措包括：促进专精特新中小企业发展壮大，研究制定关于构建促进专精特新中小企业发展壮大机制的意见，开展中央财政第二轮支持专精特新中小企业高质量发展工作，健全国家、省、市、县四级中小企业公共服务体系，修订《保障中小企业款项支付条例》，推动解决拖欠中小企业账款长效机制落地见效。支持独角兽企业、瞪羚企业发展，围绕企业成长周期完善梯度培育、要素保障、公共服务等机制，强化"滴灌式"服务，支持长期资本、耐心资本"长钱长投"、激励"长跑陪跑",促进独角兽企业、瞪羚企业竞相涌现、茁壮成长。加快国家高新区创新发展,重点围绕增强技术策源、完善孵化服务链条、培育壮大高成长企业、深化金融精准支持、打造标准应用场景等,实施国家高新区新赛道培育行动,布局建设一批中试验证平台和高能级孵化器,促进高新企业健康成长、未来新赛道加速成长。

（李　钊）

53. 梯度培育创新型企业将采取哪些措施？

企业是创新的主体。很多重要科技型企业都经历了由小到大、由弱到强的成长过程，领军企业往往由中小企业创新起步、从专精特新孕育而来。要梯度培育创新型企业，完善全链条全周期政策服务体系，强化园区载体建设，精准支持创新型企业不断做强做优做大，夯实新兴产业、未来产业发展的微观基础。

（一）促进专精特新中小企业发展壮大。专精特新中小企业是指具备专业化、精细化、特色化、新颖化优势的中小企业。目前，我国累计培育专精特新中小企业超过 14 万家、专精特新"小巨人"企业 1.46 万家、制造业单项冠军企业 1500 多家，成为推进新型工业化、发展新质生产力的重要力量。2025 年要坚持服务和管理并重、发展和帮扶并举，把专精特新"金字招牌"擦得更亮。

持续完善政策体系。推动落实促进专精特新中小企业高质量发展的政策举措，着力构建促进专精特新中小企业发展壮大机制，推行中小企业专精特新发展评价，开展中央财政第二轮支持专精特新中小企业高质量发展工作。

精准支持创新攻关。鼓励专精特新中小企业参与产业关键共性技术研发和科研项目实施。在制造业重点产业链高质量发展行动、产业基础再造工程、未来产业创新"揭榜挂帅"任务中，对专精特新中小企业给予倾斜支持。

强化优质高效服务。完善优质中小企业梯度培育平台，建好用好全国中小企业服务"一张网"，探索建立专精特新中小企业服务专员、科技特派员、服务志愿者等制度，提供专属服务包，在知识产权、中试验证、产品推广、人才招聘和培养等方面加大对专精特新中小企业的支持。

（二）支持独角兽企业、瞪羚企业发展。独角兽企业一般指成立不超过 10 年，估值 10 亿美元以上且具备独有核心技术、独特竞争优势和市场潜力的未上市公司。瞪羚企业是指创新能力强、专业领域新、发展潜力大，进入高成长期的中小企业。据有关机构统计，目前我国独角兽企业超过 375 家、数量位居全球第二。2025 年要结合企业和产业的具体需求，进一步强化"滴灌式"服务，促进独角兽企业、瞪羚企业竞相涌现、茁壮成长。

特别是在金融支持方面，要引导长期资本、耐心资本"长钱长投"，持续鼓励发展创业投资、股权投资，优化产业投资基金功能。2025 年将组建国家创业投资引导基金，带动地方资金、社会资本近 1 万亿元，聚焦硬科技、坚持长周期、提高容错率，通过市场化方式投向科技型企业。加快疏通"募投管退"堵点卡点，支持符合条件的科技型企业境内外上市，大力发展股权转让、并购市场，推广实物分配股票试点，鼓励社会资本设立市场化并购母基金或创业投资二级市场基金，促进创投行业良性循环，进一步激发创业投资市场活力。

（三）加快国家高新区创新发展。截至 2024 年底，我国已有 178 家国家高新区，聚集了全国 33% 的高新技术企业、46%

的专精特新"小巨人"企业和 67% 的独角兽企业，区内企业研发经费投入、拥有发明专利数均占全国的 50% 左右，原创技术、首发产品不断涌现，成为重要的科技创新策源地、创新型企业孵化器。下一步要充分发挥国家高新区培育创新型企业的重要载体作用，重点围绕完善孵化服务链条、培育壮大高成长企业、深化金融精准支持、打造标准应用场景等，实施国家高新区新赛道培育行动，布局建设一批中试验证平台和高能级孵化器，努力建设成为创新驱动发展示范区、新质生产力引领区和高质量发展先行区，促进高新企业健康成长、新赛道加速成长。

（宋　哲）

54. 如何推动传统产业改造提升？

传统产业增加值占全部制造业增加值的比重近 80%，是支撑国民经济发展和满足人民生活需要的重要基础，但也存在"大而不强"、"全而不优"等问题，巩固保持竞争优势面临不少新挑战，必须加快质量变革、效率变革、动力变革，实现转型升级。2025 年将重点从四个方面持续推动传统产业改造提升。

（一）**在产业基础升级方面，加快制造业重点产业链高质量发展。**当前一些传统产业在核心材料、基础零部件和重大装备等方面仍有短板弱项，要紧紧依靠科技创新，加快补短板、锻长板、强基础。

强化产业基础再造和重大技术装备攻关。聚焦基础零部件、基础元器件、基础材料、基础软件、基础工艺和产业技术基础领域，加快基础产品工程化产业化突破。加快推动轨道交通、高端医疗、先进农机等装备创新，再突破一批标志性产品。

加大创新产品应用推广力度。用好首台（套）装备、首批次材料、首版次软件示范应用等政策，支持创新产品在应用中不断优化改进。强化需求和场景牵引，完善链主企业和用户企业"双牵头"模式，深化重点产品和工艺"一条龙"应用，促进整机（系统）和基础产品技术互动发展。

（二）**在技术装备升级方面，深入实施制造业重大技术改造升级和大规模设备更新工程。**落实科技创新和技术改造再贷款、超长期特别国债等政策措施，加力扩围推进工作，为传统产业改造提升增添新动力。

进一步扩范围、降门槛。在继续支持工业、能源等领域设备更新和技术改造的同时，进一步将更新换代潜力大的电子信息、安全生产、设施农业等领域一并纳入补贴范围。进一步考虑不同领域、不同类型项目特点，采取园区打包申报等方式有效支持单体规模小的设备更新和技术改造。

聚焦重点行业分业施策。继续围绕推进新型工业化，聚焦钢铁、有色、石化、化工、建材、轻纺等重点行业，大力推动生产设备、用能设备、发输配电设备等更新和技术改造。进一步扩大科技创新和技术改造再贷款规模，同时对符合有关条件经营主体设备更新相关的银行贷款本金，在中央财政贴息 1.5 个百分点基础上，安排超长期特别国债资金进行额外贴息，进一步降低经营主体设备更新融资成本。

构建技术改造和设备更新长效机制。滚动更新产业结构调整、设备淘汰等指导目录，定期组织开展项目储备，着力完善项目申报、要件审核、清单推送、资金发放等全链条实施机制，切实提高企业获取优惠政策的便利度。

此外，将推进制造业数字化转型作为重要方向，广泛开展企业数字化转型诊断评估，为企业"建档立卡"，加快培育一批既懂行业又懂数字化的服务商，加大对中小企业数字化转型的支持，深化数字化转型试点城市建设，推动制造业数字化转型走深走实。

（三）在标准升级方面，开展标准提升引领传统产业优化升

级行动。加快废止一批产品或技术已被淘汰、内容不再适用的标准；整合一批内容相似、颗粒度过细过小的标准；修订一批适用范围不能覆盖数字技术、绿色低碳技术等新工艺、新技术的标准；制定一批符合最新产业政策要求、行业技术创新和产业发展趋势的标准，持续提升标准供给质量。加强标准贯标推广和实施应用效果评估，强化标准与政策规划的有机衔接和协同，在行业规范条件、首台（套）装备、新材料首批次应用等政策举措中积极采用先进适用标准。

（四）在质量品牌升级方面，深入推进制造业"增品种、提品质、创品牌"工作。"增品种"上，加快开发智能家居、智慧照明、绿色建材等新型产品，培育功能性老年用品、教育类婴童用品等新增长点。"提品质"上，全面加强产品质量管理，提升企业质量管理能力，加强质量基础设施建设，强化从源头到终端的全链条质量管理，增强监管精准性有效性，推动提高质量整体水平。"创品牌"上，进一步加快企业品牌、产业品牌、区域品牌建设，打造名品精品、经典产业。

（宋　哲）

55. 激发数字经济创新活力有哪些举措?

数字经济是国际竞争焦点领域，发展数字经济是壮大新质生产力、推动高质量发展的必然选择。必须激发数字经济创新活力，促进数字经济和实体经济深度融合，不断培育竞争新优势、增强发展新动能。

（一）持续推进"人工智能+"行动。突出应用牵引、需求导向，将数字技术与制造优势、市场优势更好结合起来，推动人工智能加快赋能千行百业、走进千家万户，促进科技创新和市场应用良性互动。积极拓展人工智能行业应用。围绕制造、农业、交通、教育、医疗等重点行业领域，分类制定"人工智能+"实施方案，支持大模型广泛应用特别是在行业垂直领域的研发应用，发展智能制造装备，推动人工智能应用向研发设计、中试验证、生产制造、营销服务、运营管理等全流程延伸，解决好因过多采用"私有化部署+项目制"的方式而造成市场"碎片化"的问题。大力促进人工智能终端消费。制定实施人工智能终端创新发展实施方案，坚持硬件软件并重，推动大模型与智能终端深度融合，增加高质量智能终端供给，带动培育壮大智能软件企业。通过实施以旧换新等政策，支持发展智能网联新能源汽车、人工智能手机和电脑、智能机器人等新一代智能终端，让更多群众畅享智能生活。引导人工智能供需双方联合创新，挖掘典型应用场景，突破关键核心技术，打造自主可

167

控产业生态。动态调整完善监管体系、监管标准和监管规则，切实守住安全底线。

（二）**夯实数字经济发展基础**。加快网络设施建设，持续优化 5G 网络，加大 5G 创新产品和设备应用支持，降低 5G 应用部署门槛，扩大 5G 规模化应用；深化"5G＋工业互联网"，加快工业互联网创新发展。优化算力资源布局，深入实施"东数西算"工程，加快全国一体化算力网建设；统筹通用算力、智能算力、超级算力布局，推动训练算力和推理算力协调发展；支持算力中心节能降碳改造和用能设备更新，引导新建算力中心与可再生能源发电协同布局，推动算电协同发展。强化数据基础设施建设，制定统一目录标识、统一身份登记、统一接口要求的标准规范，分类施策推进企业、行业、城市、个人、跨境可信数据空间建设和应用。打造具有国际竞争力的数字产业集群，促进科技、人才、金融等要素向集群高效流动集聚，支持集群内大中小企业融通创新，推动集群间差异化发展。

（三）**充分发挥数据要素作用**。立足数据"供得出、流得动、用得好、保安全"，推进数据要素配置市场化改革，释放数据要素价值。加快完善数据基础制度，完善公共数据资源授权运营管理制度，建立公共数据资源登记、披露和价格形成机制，健全数据产权归属认定、市场交易、权益分配、利益保护、安全治理等方面基础制度。深化数据资源开发利用，推进公共数据共享和开发利用，促进企业数据开发利用，发展数据服务商和第三方专业服务机构，培育壮大全国一体化数据市场。促进和规范数据跨境流动，健全数据出境安全管理制度、机制和程序，在保障重要数据和个人信息安全的前提下，促进数据跨境有序流动；积极推进双边谈判、参与多边治理，促进规则对接和标准互认。

（四）促进平台经济规范健康发展。坚持促进发展和监管规范两手抓、两手硬，促进平台经济转型升级、扩容提质，更好发挥其在促创新、扩消费、稳就业等方面的积极作用。支持平台经济创新发展。推动平台企业加强科技创新，提升数字技术、产品和服务水平，面向中小企业开放共享创新资源，鼓励平台企业布局发展工业互联网，推动平台企业走出去开展务实合作。支持平台经济在扩消费、稳就业中发挥更大作用。深入实施数字消费提升行动，促进激发消费潜力。加强灵活就业和新就业形态劳动者权益保障，助力实现高质量充分就业。加强平台经济监管。推进线上线下一体、跨区域跨部门协同的监管执法，强化合规指引，规范平台经济市场秩序。建立健全透明可预期的常态化监管制度，提升监管效能。强化与平台企业常态化沟通交流，及时了解和回应企业诉求。

（李攀辉）

56. 如何建立同人口变化相协调的 基本公共教育服务供给机制?

当前和今后一段时期,我国学龄人口呈现"梯次变动、错位达峰、区域分化"的特点,全国层面幼儿园和小学阶段在学规模已达峰,初中阶段在学规模逐渐达峰,高中阶段学龄人口还将持续上升。必须积极适应学龄人口变化,健全与人口变化相适应的基础教育资源统筹调配机制,提高教育公共服务质量和水平。

(一)深入实施基础教育扩优提质工程。将基础薄弱学校纳入优质学校集团化办学或托管帮扶。分类分步优化完善流动人口子女入学升学制度,推进入学同城化待遇。有序推进中考改革,坚持强化育人、淡化竞争、减少焦虑的目标导向。优化招生方式,扩大优质高中指标到校招生比例,探索均衡派位,加快推进招生录取多元化改革。改进评价方式,加快构建以发展素质教育为导向的质量评价体系。开展综合高中办学试点,推动普通教育和职业教育在教师队伍、课程体系、学籍管理等方面创新融合。

(二)推动义务教育优质均衡发展。义务教育是提升国民素质的奠基性工程。当前义务教育学校"有没有"、"够不够"的问题已经得到初步解决,重点是要解决"好不好"、"优不优"的问题。要加强义务教育学校标准化建设,提升薄弱学校办学质量，提升寄宿制学校办学条件和管理水平，办好必要的乡村小规模学校，逐步实现义务教育学校标准化建设全覆盖。要持续巩固"双减"成果，统筹提升校内教育质量和校外治理水平，构建科学教育生态系统。完善困境儿童、流动儿童和留守儿童教育关爱机制，努力让每个孩子都能享有公平而有质量的教育。

（三）**扩大高中阶段教育学位供给**。各地要以人口流入地、教育基础薄弱地区为重点，新建一批普通高中学校、改扩建一批现有优质高中学校、转设一批有条件的中职学校，持续扩大普通高中教育资源供给。县域普通高中在推进教育高质量发展和乡村振兴战略中承担着重要使命，寄托着广大农村学生对接受更好教育的美好期盼。要深入实施县中发展提升行动计划，加大县域普通高中支持力度，扩大省属高校、城市优质高中对口帮扶县域普通高中覆盖范围。要改变以升学为导向的资源配置方式，探索设立一批以科学教育为特色的普通高中，推动高中阶段学校多样化、高质量发展。

（四）**加强基础教育资源优化配置**。健全省、市、县各级分学段学龄人口变化监测预警制度，前瞻研判不同区域、不同学段人口变化情况，加强整体统筹，指导各地因地制宜提高资源配置的灵活性和适应性。在基础教育资源调整中，要注重补短板、强弱项，将资源优化配置同缩小教育的城乡、区域、校际、群体差距统筹起来，避免在改革中产生新的不公平。要积极稳妥有序推进乡村教育资源优化配置，落实经费投入和教师待遇政策，以高质量乡村教育助力乡村振兴战略。

（五）**加强基础教育各学段资源贯通衔接和共享**。这是适应学龄人口变化的重要举措。要因地制宜支持有条件的义务教育学校和普通高中就近共享校舍，鼓励发展九年或十二年一贯制学校，并在一贯制学校内优化调整教育资源。统筹普通高中和中等职业学校教育资源，支持利用部分生源不足的中等职业学校举办普通高中班，支持有条件的中等职业学校转设为综合高中。优化基础教育学校建设标准，适当提高中小学校、幼儿园建设标准，为跨学段错峰调剂预留空间。支持将农村闲置校（园）舍改建为研学实践基地、劳动教育基地、农村教师周转房等。

（王汉章）

57. 分类推进高校改革发展有哪些措施？

分类推进高校改革发展，是夯实高等教育龙头地位的重要举措。《报告》对分类推进高校改革发展作出专门部署，各地要统筹考虑人才培养差异性、科学创新多样性、评价机制包容性、政策资源导向性，引导高校在不同领域不同赛道发挥优势、办出特色，建设自强卓越的高等教育体系。

（一）**明确各类高校发展定位**。随着我国高等教育规模不断扩大，一些高校盲目追求学科门类齐全和综合化，存在同质化办学倾向，产生低水平重复建设、同类院校恶性竞争、学科建设"有高原无高峰"等问题。要看到，我国经济社会发展对人才的需求呈现多元化趋势，高等学校不可能用一种模式办学，应对各类高校发展作出清晰的定位。要优化普通本科学校设置标准和高等职业学校设置标准，推进高校瞄准国家战略和经济社会发展需求，按照研究型、应用型、技能型等基本办学定位，区分综合性、特色化基本方向，发挥理工农医、人文社科、师范教育、艺术体育等学科特色优势，实现差异化发展、内涵式发展，形成不同类型高校协同发展的格局。

（二）**以资源配置引导高校特色发展**。资源配置在优化高等教育布局中发挥着重要作用。要以资源牵引高等教育的规模发展和布局结构优化，实现我国高校类型结构和区域布局的战略转型。要健全资源配置和保障激励机制，在办学条件、招生计划、学位点授权、经费投入等方面，对不同类型的高校提供与之相适宜的资源投入和支持政策，引导高校找准发展赛道，面向科技发展、国家战略需求，加快形成与办学定位相适应的学科专业设置调整机制和人才培养模式，提高人才供需适配能力。要优化高等教育资源的区域布局，根据经济社会发展需要、产业需求、人口变化等因素，科学配置增量高等教育资源，形成梯次结构合理的高等教育区域布局。

（三）**建立分类管理评价机制**。这是推动高校分类改革的"指挥棒"。要根据不同类型高校功能定位、实际贡献、特色优势，构建多元化、多层级的分类标准，避免用"一把尺子"衡量所有高校。在评价内容上，要建立差异化的评价指标体系，引导高校跳出学科评估、大学排名的"内循环"，更加注重"强需求、强服务、强贡献"，主动融入服务中国式现代化的"大循环"。在人才培养上，要制定差异化的人才培养质量标准，指导不同类型高校优化学科专业设置，提高人才培养质量，更好适应经济社会发展需要。在评价方式上，要创新评价机制，完善多元主体协同评价模式，推动教育外部与内部评价协同、定性评价与定量评价相结合，确保评价的科学性和公开公正。要自主科学确定"双一流"标准，围绕中国式现代化的本质要求，坚持扎根中国大地办大学，遵循人才培养和科技创新的内在规律，提出关键要素指标，引导建设高校在不同领域和方向追求卓越，形成中国高校与世界一流大学同台竞技、争创国际一流的良好局面。

（四）**积极稳妥分类推进高校改革**。分类推进高校改革是教育领域改革的"深水区"，牵一发而动全身。要坚持系统思维、先立后破，积极稳慎推进。把握好分类与分层的关系，做优研究型、壮大应用型、提升技能型，让每一类高校都能在各自领域争创一流。把握好中央与地方的关系，坚持中央主导、地方主责、高校主体，既要形成国家层面战略性构想和整体性规划，也要考虑到各地实际，允许并鼓励不同地方因地制宜进行探索。把握好政府与高校的关系，政府更多统筹运用规划、政策、制度和标准等工具手段，充分调动高校改革的积极性；高校要聚焦主责主业，科学规划学校的定位和目标，统筹推进育人方式、办学模式、内部治理等改革，不断提升办学水平，更好服务国家战略需求。

（王汉章）

58. 怎样建设高素质专业化教师队伍？

教育大计，教师为本。建设教育强国，教师发挥着至关重要的作用。《报告》对建设高素质专业化的教师队伍作出了明确部署。要坚持弘扬教育家精神与提升教师教书育人能力两手抓，统筹做好教师队伍培养、培训、管理、保障等各项工作，全面培养造就新时代高水平教师队伍。

（一）**弘扬教育家精神。**2023 年教师节到来之际，习近平总书记作出重要指示，深刻阐释了中国特有的教育家精神的丰富内涵和实践要求，为建设高素质专业化教师队伍提供了根本遵循。要推动教育家精神融入教师培养培训全过程，贯穿课堂教学、科学研究、社会实践各环节。要持续开展"教育家精神万里行"、"教育家精神巡回宣讲"等专项活动，开发一批教育家精神课程资源，建设一批教育家精神培育弘扬研究实践中心，构建日常浸润、项目赋能、平台支撑的教师发展良好生态。加强教师队伍思想政治工作，加强教师党组织建设，充分发挥党员教师先锋模范作用。

（二）**加强师德师风建设和教师待遇保障。**各级政府要将教师队伍建设作为教育投入重点予以优先保障，持续抓好义务教育教师平均工资收入水平不低于当地公务员平均工资收入水平的法定要求严格落实。保障教师课后服务工作合理待遇，提高教龄津贴标准，落实完善乡村教师生活补助政策，扩大乡村教师周转宿舍建设,强化高中、幼儿园教师工资待遇保障,完善职业学校教师绩效工资保障制度,推进高校薪酬制度改革。维护教师职业尊严和合法权益,减轻教师非教育教学任务负担。坚持师德师风第一标准,健全师德师风建设长效机制,对师德违规问题"零容忍"。

(三)健全中国特色教师教育体系。培养造就一大批高素质教师,是保障我国教育事业高质量发展的基础。要大力支持师范院校建设,扩大实施国家优秀中小学教师培养计划,推进基础教育教师学历提升试点,同时组织更多高水平大学开展教师培养,全面提升师范教育办学质量。完善各级各类教师培训制度,修订教师教育课程标准,健全教师发展支持服务体系,用数字化赋能教师发展,推动科技教育与人文教育协同,将提升科学素养列入"国培计划"、师范生培养课程,不断提高教师专业素质能力。加强教师国际交流合作,面向全球聘任高水平师资,拓展我国教师的国际视野。

(四)优化教师管理与结构配置。深化教师管理综合改革,完善教师激励、约束、退出机制,注重凭能力、实绩和贡献评价教师,优化中小学教师"县管校聘"管理机制,建立符合教育行业特点的资格准入、岗位招聘、编制管理、职称评定等制度。优化各级各类学校师生配比,统筹做好寄宿制学校、公办幼儿园教职工编制配备,加强科学、体育、美育等紧缺薄弱学科教师配备。制定高校工科教师聘用指导性标准。继续实施高校教师职称评审监管,开展高校教师评价改革试点。深入实施国家银龄教师行动计划。

177

（五）营造尊师重教社会风尚。加大优秀教师选树表彰和宣传力度，让全社会广泛了解教师工作的重要性和特殊性，努力提高教师政治地位、社会地位、职业地位，使教师成为最受社会尊重的职业之一。要维护师道尊严，保障教师合法权益，支持教师积极管教。做好新闻宣传舆论工作，推出更多讴歌教师的好作品，让"人民教师，无上光荣"的观念深入人心。

（王汉章）

59. 如何强化关键核心技术攻关和前沿性、颠覆性技术研发？

提升自主创新能力，尽快突破关键核心技术，是构建新发展格局的一个关键问题。要充分发挥市场在科技资源配置中的决定性作用，更好发挥政府作用，调动产学研各环节的积极性，形成共促关键核心技术攻关的工作格局。

（一）**充分发挥新型举国体制优势**。举国体制是我国科技自立自强的法宝。过去，在举国体制推动下，我们自力更生、艰苦奋斗，取得了"两弹一星"等重大科技成就；近年来，我们在载人航天、探月工程、国产大飞机研制、疫情防控等重大科技攻关中，充分发挥新型举国体制作用，取得了举世瞩目的成就。当前，全球已进入大科学时代，单枪匹马、"手工作坊式"的科研模式难以适应需要，必须加强创新资源统筹和力量组织。要完善党中央对科技工作集中统一领导的体制，加强战略规划、政策措施、重大任务、科研力量、资源平台、区域创新等方面的统筹，构建协同高效的决策指挥体系和组织实施体系，凝聚推动科技创新的强大合力。但新型举国体制也不能泛化，主要适用于由国家部署、目标明确、限时完成的重大战略、产品、装备、工程项目以及重大科技攻关任务。

（二）**抓好技术研发攻关的组织实施**。关键核心技术攻关等重大科技项目探索建立分类管理组织模式，针对不同领域、目标和特点，选择合适的部门、地方、总承单位和业主单位负责实施。主责单位不仅要对项目实施绩效负总责，还要运用新型举国体制组织大兵团作战，充分发挥各类创新主体优势。要完善"揭榜挂帅"、"赛马制"、"链主制"等组织方式，强化跨领域跨学科协同攻关，加强对承担攻关任务人员的物质激励与精神激励，在职称评聘、岗位晋升、薪酬分配等方面向攻关人员倾斜。技术攻关项目往往都有明确的时间进度和目标要求，要建立健全与项目特点相适应的监督评价机制，既要确保如期取得标志性成果，又要遵循规律，充分调动科研团队的积极性创造性，确保成果攻得出、用得上。

（三）加强攻关成果转化应用。我国有14亿多人口，正在整体迈向现代化，具有超大规模市场的需求优势和产业体系配套完善的供给优势。长期以来，我国科技创新有一大薄弱环节，就是成果转化率偏低，一些科技成果成不了产品、更难以形成产业。要建立健全研用一体的攻关成果转化应用机制，对技术研发、成果转化、标准研制、产业培育实行同设计、同推进、同考核。突出成果评价的市场和用户导向，深入实施首台（套）重大技术装备和首批次重点新材料应用保险补偿政策，促进自主攻关产品推广应用和迭代升级。大部分技术攻关成果都是职务科技成果，要推进职务科技成果赋权和资产单列管理改革，聚焦职务科技成果及其作价投资形成的国有股权，建立更符合市场规律和成果转化特点的管理考核机制，加大对科研人员、技术经理人的激励力度，增强成果转化的信心和动力。

（四）超前布局新的攻关项目。当前，新一轮科技革命和产

59. 如何强化关键核心技术攻关和前沿性、颠覆性技术研发?

业变革深入发展，科学研究不断突破人类认知边界，技术创新进入前所未有的密集活跃期，发达国家纷纷加强在前沿战略领域的研发布局，意图在激烈的国际竞争中占据制高点。我们也要牢牢把握科技发展态势，面向国家战略需要，超前谋划布局、组织凝练一批新的重大科技项目，做好与已部署项目的统筹衔接、梯次布局。我国经济社会发展重点领域还面临不少"卡脖子"问题，要凝练形成任务清单，聚焦技术瓶颈精准发力。很多前沿性、颠覆性技术与现有知识体系并不完全一致，虽然可能带来科技重大突破，但也存在难识别、争议大等问题。要建立专家实名推荐的非共识项目筛选机制，破除跟踪思维，不以有没有先例、是不是国际热点为评判标准，鼓励科研人员勇闯"无人区"。

（王敏瑶）

60. 加强企业主导的产学研深度融合
有什么新举措？

企业是科技和经济紧密结合的重要力量，实现高水平科技自立自强，需要培育壮大一批创新能力强的企业，不断增强国际竞争力。党的二十届三中全会明确提出，强化企业科技创新主体地位，要求加强企业主导的产学研深度融合。要贯彻落实党中央决策部署，顺应新一轮科技革命和产业变革发展趋势，推动创新要素向企业特别是科技领军企业加速集聚，实现创新链产业链资金链人才链深度融合。

（一）改革立项机制支持企业成为科技创新"出题者"。企业对产业链供应链安全稳定需求的了解最到位，对关键核心技术"卡脖子"的感受最突出，提出的问题更有针对性。要支持科技领军企业牵头梳理"卡点"、"堵点"难题，明确任务目标，形成重大攻关任务清单。围绕全球前沿技术创新和未来产业发展方向，由科技领军企业联合上下游、产学研力量，研究提出前沿性、颠覆性技术问题。围绕制约产业创新发展和技术瓶颈背后的科学原理，支持有条件企业联合高校院所，凝练基础研究和应用基础研究问题。建立供需对接机制，引导高校院所主动对接企业攻关需求，组织开展科研活动。

（二）支持企业主导产学研融合成为技术创新"组织者"。产学研融合要奔着问题去，在重大项目攻关中实现融通创新。

围绕实施国家战略任务、培育战略性产业、解决行业关键共性技术等重大需求，发挥新型举国体制优势，支持科技领军企业联合高校院所和上下游企业，牵头组建体系化、任务型创新联合体，一体化配置项目、基地、人才、资金等创新要素，建立健全产学研各方利益分配、成果转化、人才激励等机制，畅通技术研发、中试验证、产业化应用全链条。支持企业牵头承担重大科技项目，并赋予其技术路线制定权、参与单位决定权和经费使用自主权。科技平台是增强自主创新能力的重要支撑，要支持企业参与全国重点实验室、国家技术创新中心、制造业创新中心等平台建设，持续提升资源统筹、技术创新、系统集成水平。

（三）强化市场导向促进企业成为创新成果"阅卷人"。以产业应用为导向的项目做得怎么样，企业最有发言权，让企业成为"阅卷人"，谁使用谁评价，也有利于促进高校院所围绕企业需求开展创新。要坚持应用导向、实践检验，技术开发类项目要发挥企业和用户单位主导作用，将测试验证结果、市场应用情况和用户评价意见作为主要依据；应用研究类项目评价也要充分听取企业意见，将对企业开发新产品新技术的支撑作用、成果转化应用前景作为重要依据。强化科技成果跟踪管理，以市场应用成效推动科技项目不断迭代、创新成果持续升级。

（四）推动各类创新要素向企业集聚。这有利于让企业更有能力主导产学研深度融合。落实支持科技创新税收优惠，扩大国家自然科学基金企业创新发展联合基金规模，多措并举支持企业加大研发投入。现在，每年的博士毕业生中有超过五分之一到企业工作，表明企业的人才吸引力显著增强。要鼓励企业深度参与高校未来技术学院、现代产业学院、创新创业学院等建设，开展产学研合作协同育人项目，强化支撑产业创新的人才供给。健全企业与高校院所科研人员双向流动机制，支持高校院所科研人员保留原有身份到企业专门从事产业技术创新，鼓励高校院所积极引进企业科技人才，推动企业在重大项目攻关中发现和培养战略科学家和青年科技人才。数据已成为越来越重要的创新要素，要加快建设数字化基础设施，推动建立面向企业的数据安全有效共享机制，加大科学数据和工程实验数据向企业开放力度，推进重点产业数字化转型，充分发挥数据驱动企业创新的基础资源和引擎作用。

（王敏瑶）

61. 如何发展创业投资、壮大耐心资本？

科技创新和成果转化需要金融的强有力支持，纵观世界科技强国，无不有发达的金融体系作为支撑。这些年，我国科技金融发展取得显著成效，但金融体系以银行信贷间接融资为主，同科技创新轻资产、长周期、高风险、高收益的要求不匹配，迫切需要大力发展创业投资和资本市场。习近平总书记在全国科技大会、国家科学技术奖励大会、两院院士大会上强调，要做好科技金融这篇文章，引导金融资本投早、投小、投长期、投硬科技。2024 年，国务院办公厅印发《促进创业投资高质量发展的若干政策措施》，要抓好落实，进一步完善政策环境和管理制度，积极支持创业投资做大做强，促进科技、产业、金融良性循环。

（一）在募资端，解决好行业"缺长钱"和"无米下锅"的问题。受多重因素影响，近几年我国创业投资出现了较大幅度下滑，需要充分发挥耐心资本在支持科技创新、助力产业升级等方面的重要作用。比如，保险资金就是传统意义上的"长钱"，部分保险公司投资国家集成电路"大基金"、国家中小企业发展基金等，产生了积极效果。要进一步完善监管政策，更好引导保险资金在依法合规、风险可控的前提下，加大创业投资基金的配置力度。我国银行业资产占金融机构总资产的比重超过 90%，在严控风险的前提下，引导银行加大对创业投资的支持力度还有很大潜力。要支持资产管理机构开发与创业投资相适应的长期投资产品，针对科技型企业在不同成长阶段的经营特征和金融需求，提供并完善股权投资、债券投资、股票投资和资产服务信托等综合化金融服务。发展耐心资本需要提升国资和政府投资基金的耐心程度。要完善容错免责、绩效评价等机制，更加注重整体业绩和长期回报考核，引导"国家队"不追求短期收益，进而撬动更多社会资本转化为耐心资本。

（二）在投资端，解决好创投机构找不到好项目的问题。创业投资一头连着产业、一头连着金融，既要衔接上游的研发端，又要适配下游的应用端。要围绕培育新兴产业和未来产业、破解"卡脖子"技术，加强科技研发、成果转化与创业投资的对接，开展科技计划成果路演、专精特新中小企业"一月一链"等活动，组织遴选符合条件的科技型企业、专精特新中小企业等，加强与创业投资机构对接，引导创业投资聚焦硬科技赛道。实施专利产业化促进中小企业成长计划，优选一批高成长性企业，鼓励创业投资机构围绕企业专利产业化开展领投和针对性服务。

（三）在管理端，解决好支持政策和监管机制不适应创业投资特点的问题。现行支持创业投资的税收优惠政策包括，创业投资企业和天使投资个人采取股权投资方式直接投资于种子期、初创期科技型企业满2年的，按投资额70%抵扣应纳税所得额，合伙制创业投资企业个人合伙人可选择单一投资基金核算税收优惠政策等。要持续落实落细，加大政策宣传辅导力度。2023年颁布的《私募投资基金监督管理条例》明确提出，对创业投资基金实施区别于其他私募基金的差异化监督管理。要完善登记备案、资金募集、投资运作、风险监测等方面的监管政策，支持创业投资基金规范发展。

（四）在退出端，解决好创业投资退出渠道单一、流程不畅等问题。 2024 年，有关部门先后发布了"资本市场服务科技企业十六项措施"和"深化科创板改革八条措施"，要落实好相关政策措施，优化多层次资本市场功能和机制，为硬科技企业开辟股权融资和并购重组"绿色通道"。近年来，北京、上海、广东、浙江、宁波、江苏、安徽的区域性股权市场已先后开展私募基金的份额转让试点工作，目前已完成私募份额转让 232 亿元。要总结相关试点经验，支持发展并购基金和创业投资二级市场基金，同时继续保持境外上市通道畅通，多措并举拓展多元化退出渠道。

（王敏瑶）

62. 如何深化人才管理和使用制度改革？

坚持深化人才发展体制机制改革，是做好人才工作的重要保障。党的二十届三中全会对深化人才发展体制机制改革作出部署，《报告》提出了具体落实的明确要求。要坚持问题导向和破题导向，着力解决多年困扰、反映强烈的突出问题，下功夫破除人才管理和使用等方面的体制机制障碍。

（一）赋予用人单位更大自主权。长期以来，一些部门和单位习惯把人才管住，许多政策措施都是着眼于管，而在服务、支持、激励等方面措施不多、方法不灵。要按照抓战略、抓改革、抓规划、抓服务的定位，转变作风、提升能力，强化规划政策引导，推动人才管理职能转变。遵循人才成长规律和科研规律，进一步破除"官本位"、行政化的传统思维，完善人才管理制度，做到人才为本、信任人才、尊重人才、善待人才、包容人才。人才好不好用、怎样用好，用人单位最有发言权。要坚持向用人单位授权、为人才松绑，充分发挥用人单位在人才培养、引进、使用中的积极作用。改革重大科技项目立项和组织管理方式，赋予科学家更大技术路线决定权、更大经费支配权、更大资源调度权，健全保障科研人员专心科研制度。以国家发展需要和社会需求为导向，打通高校、科研院所和企业人才交流通道，围绕国家重点领域、重点产业组织产学研协同攻关，在重大科研任务中推进协同育人、联合培养人才。

（二）**促进人才区域合理布局**。目前，我国人才资源总量、科技人力资源、研发人员总量均居全球首位，但区域布局不够科学合理，人才主要聚集在东部沿海地区。针对这一状况，要坚持系统观念，加强人才发展的统筹规划，研究如何更多通过财政、税收政策和薪酬待遇、精神激励等措施办法，引导人才在区域间合理布局，鼓励优秀人才在中西部地区建功立业。着力推动区域人才交流协作，优化人才政策措施，激励更多人才扎根西部，积极参与西部大开发。精准实施"博士服务团"、"西部之光"访问学者项目、专家服务基层行动，开展高层次专家咨询服务活动。实施专业人才服务东北、东北专业人才跟岗学习等项目，推动东北人才振兴。采取针对性政策措施，推动中部地区人才队伍发展壮大。受区域经济社会发展程度等客观因素影响，我国区域间人才流动不够有序合理。要加强对人才流动的政策引导和监督，完善人才计划入选者流动管理制度，加快建立高层次人才流动监测和流失预警机制，引导各地区特别是东部地区把重心放在引进海外高层次人才和加强人才自主培养上。建立健全区域间人才流动调节机制，推动人才以项目合作、技术咨询等方式在区域间柔性流动，实现人才资源的优化配置。

（三）**完善海外引进人才支持保障机制**。推进中国式现代化既需要世界人才的参与，也为世界人才提供机遇。要把握和用好国际引才窗口期，实行更加积极、更加开放、更加有效的人才引进政策，形成具有吸引力和国际竞争力的人才制度体系，加快建设世界重要人才中心和创新高地。坚持全球视野、世界一流水平，千方百计引进能为我所用的顶尖人才，使更多全球智慧资源、创新要素为我所用。搭建世界级人才发展增值平台，优化海外人才公共服务体系建设，推动完善服务载体网络，营造高品质人才发展生态。近年来，外国专家服务保障机制逐步健全，实现了外国人工作许可证与社会保障卡融合集成，做到了工作许可"一次申请、不见面审批、全程网办"。要持续优化外籍人才服务，推进外国人才服务保障综合配套改革试点，完善工作许可与签证、居留等的联动机制，大力拓宽加载工作许可信息的社会保障卡应用场景，依托实体社保卡和电子社保卡，为外国人才在华工作和生活提供更多便利。

（秦青山）

63. 如何高质量完成国有企业改革深化提升行动？

国有企业是中国特色社会主义的重要物质基础和政治基础。党的二十届三中全会对国资国企改革作出了系统部署。要以有力行动抓好贯彻落实，深化国资国企改革，完善管理监督体制机制，推动国有资本和国有企业做强做优做大，增强核心功能，提升核心竞争力。2025 年是国有企业改革深化提升行动的收官之年，需要完成的任务都是"硬骨头"。要突出实效、讲求成色，高质量完成这项行动的既定改革目标。

（一）**实施国有经济布局优化和结构调整指引**。推进国有经济布局优化和结构调整，是做强做优做大国有资本和国有企业的内在要求，也是增强国有经济整体功能作用的重要途径。实施国有经济布局优化和结构调整指引，需要科学把握目标与路径，扎实有力推进。

强化目标引领。围绕"三个集中"发力，推动国有资本向关系国家安全、国民经济命脉的重要行业和关键领域集中，向关系国计民生的公共服务、应急能力、公益性领域等集中，向前瞻性战略性新兴产业集中。通过出台指引目录，明确国有资本重点投资领域和方向，增强指引的适应性和可操作性，推动国有经济从规模扩张向功能强化转型。

强化路径协同。坚持政府指引和市场推动相结合，调整存量结构与优化增量投向并重，有序推动进退留转。在执行过程

191

中，需要进一步明晰不同类型国有企业功能定位，完善主责主业管理，灵活用好扩大新兴领域投资、推进转型升级、实施重组整合等不同方式，加快推动国有资本合理流动、优化配置。

（二）加快建立国有企业履行战略使命评价制度。国有企业是实现国家战略意图、应对外部环境变化和风险挑战的重要力量，但一些国有企业履行战略使命的能力和动力还存在不足。建立国有企业履行战略使命评价制度，就是要充分发挥评价考核制度的导向作用，推动国有企业更好利用经营手段和市场力量服务"国之大者"。

突出使命要求。把提升国有企业战略功能价值放在优先位置，建立科学客观、可量化的国有企业功能价值评价体系，算财务账更算战略账，对国有企业履行战略使命情况进行定期评价。实施过程中不能为了评价而评价，而要通过评价找准差距和不足，有针对性地加强统筹推动和督促落实，切实提升国有企业履行战略使命的能力和实绩，实现质量更高、功能更优、贡献更大的发展。

突出分类施策。考虑到不同功能定位的国有企业承担的具体使命不同，需要进一步深化分类改革、分类考核、分类核算，根据企业不同功能作用，设置更有针对性、个性化的考核指标，实行"一业一策、一企一策"考核，引导企业各展所长，争当不同赛道的"尖子生"，充分体现对共性量化目标与个体差异性的精准把握。

（三）构建支持国有企业全面创新的有效机制。这是国有企业改革深化提升行动中的一项重要任务，也是国有资本和国有企业增强核心功能、提升核心竞争力的关键所在。推进过程中要突出破瓶颈、扬优势并重。

靶向施策破除瓶颈。针对一些考核制度不利于创新的问题,健全国有企业推进原始创新的制度安排,对科技型企业、承担创新任务的业务单元,落实长周期考核,积极探索差异化管理。针对部分国有企业对新兴产业、未来产业布局滞后的问题,推动国有企业建立战略性新兴产业和未来产业投入增长机制,形成科技创新与产业发展的良性循环,抢占未来发展制高点。

把准优势精准发力。充分发挥国有企业在市场需求、集成创新、组织平台等方面的优势,升级创新联合体,完善要素共投、利益共享、风险共担机制,更深融入国家创新体系。中央企业是国家战略科技力量的重要组成部分,2025 年在国有资本经营预算投入中,中央企业发展战略性新兴产业、未来产业和突破关键核心技术的资金安排比例将不低于 70%。同时,继续开展中央企业产业焕新行动、未来产业启航行动。

此外,国有企业改革深化提升行动要完成的任务还有很多,包括健全现代企业制度,深化劳动、人事、分配制度改革,完善国资国企管理监督体制机制等。这些都需要统筹推进,确保质量和进度。

(刘 帅)

64. 怎样促进民营经济健康发展、高质量发展？

民营经济是社会主义市场经济的重要组成部分。习近平总书记出席民营企业座谈会并发表重要讲话，对当前和今后一个时期促进民营经济健康发展、高质量发展作了全面部署，我们要学习贯彻落实好。

（一）扎扎实实落实促进民营经济发展的法律法规和政策措施。这些年，各方面制定出台了不少支持民营经济的政策，但有的还没有完全落实到位，部分民营企业反映获得感不强。要持之以恒抓好《中共中央 国务院关于促进民营经济发展壮大的意见》《中共中央办公厅 国务院办公厅关于完善市场准入制度的意见》《公平竞争审查条例》等已有法规和政策落实。

保障公平竞争。持续清理妨碍全国统一大市场建设和公平竞争的各种规定与做法，更大力度推进基础设施竞争性领域向各类经营主体公平开放，完善民营企业参与国家重大项目建设的长效机制。2025年有关部门将加力支持民营企业参与铁路、核电、电力设施、油气勘探开发等项目建设。

打通融资堵点。落实好金融支持民营经济25条等政策，提升民营企业融资可得性和便利度。健全民营和中小微企业增信制度，充分发挥支持小微企业融资协调工作机制作用，对民营和中小微企业加大首贷、续贷、信用贷等支持。进一步畅通股、债、贷等多元化融资渠道，汇聚支持民营经济发展的金融"活水"。

形成落实合力。支持民营经济发展是一项系统工程，需要各地各部门加强联动。40多个部门单位共同构建了民营经济发展壮大部际联席会议制度，今年将充分发挥联席会议制度作用，着力破除堵点难点，把各项政策举措落到实处。针对小微企业面临的困难，有关部门将开展加力帮扶小微企业纾困解难专项行动。

（二）切实依法保护民营企业和民营企业家合法权益。 近年来，不时有地方出现损害民营企业和民营企业家合法权益的事，不仅使支持政策的效果打折扣，而且影响民营企业发展信心。法治是最好的营商环境。民营经济促进法草案已提请全国人大常委会审议，将按法定程序出台。这是我国首部专门关于民营经济发展的基础性法律。出台后要加快配套制度建设，以抓好实施为契机，进一步优化民营经济发展环境、激发民营经济发展动能，更好固根本、稳预期、利长远。保护民营企业和民营企业家合法权益重在行动、很多涉及地方，需要对各地涉企行为严加规范，防止利用行政、刑事等手段干预经济纠纷，同时健全依法甄别和纠正涉企冤错案件机制，完善惩罚性赔偿制度，以法治为民营经济发展护航。同时，依法治理抹黑诋毁企业形象声誉、炮制散布虚假不实信息等涉企网络行为。

（三）鼓励有条件的民营企业建立完善中国特色现代企业制度。 2024年，中央全面深化改革委员会第五次会议审议通过了《关于完善中国特色现代企业制度的意见》，指出要鼓励有条件的民营企业建立现代企业制度。目前，部分民营企业尚未建立现代企业制度，存在产权不清晰、内部治理不健全等问题，在企业制度建设上需要有效的支持和帮助。要适应民营企业高质量发展需要，完善法人治理结构，强化内部监督，健全风险防范机制，实现产权清晰、权责明确、管理科学，提升内部管理水平。推进过程中应注意遵循市场规律，尊重企业经营主体地位，根据企业规模、发展阶段等分类施策，以政府引导、企业自主、专业服务的方式，帮助民营企业补上管理短板。

（四）多措并举精准支持个体工商户发展。我国有 1.2 亿多户个体工商户，承载着大量的就业和消费。2024 年有关部门对个体工商户实施分型分类精准帮扶，认定的名特优新个体工商户超过 13 万户。2025 年将持续深化分型分类精准帮扶和名特优新培育，制定出台促进个体工商户发展和规范登记管理的规定。有关部门还将研究制定"十五五"个体工商户发展规划，首次以五年规划的形式专门对支持个体工商户发展的重点任务和政策举措作出谋划。

（刘　帅）

65. 清理拖欠企业账款将采取哪些措施？

拖欠账款事关企业生产经营和发展预期，事关经济持续回升向好。2024 年，有关部门深入开展清欠专项行动，取得积极成效，但各方面反映拖欠账款问题依然比较突出。2025 年将坚持分类施策、标本兼治，司法、行政和市场手段协同，加力推进清理拖欠企业账款工作，切实保障企业尤其是中小企业和民营企业合法权益。

（一）**用好支持政策，化解存量拖欠。**严格落实地方政府属地责任，将清欠与化债工作统筹推进，通过盘活闲置资产、压减财政支出等方式统筹安排清偿资金，尽最大能力加快偿还拖欠企业账款。2024 年，中央财政安排了 1.2 万亿元债务限额支持地方化解存量隐性债务和拖欠企业账款，未来几年还将安排一定额度新增地方政府专项债券支持清欠工作，要用好政策资金，发挥最大效应。同时，优化应收账款质押融资举措，用好供应链票据、应收账款融资等服务平台，鼓励金融机构开发以应收账款为基础资产的信用产品，缓解被拖欠企业资金压力。

（二）**加强源头治理，防止新增拖欠。**针对拖欠账款不同类型和形成机理，采取治本之策，堵住拖欠源头。例如，一些工程领域的拖欠由政府投资项目资金不到位引发，对此要严格执行《中华人民共和国预算法》、《政府投资条例》相关法律法规，严把项目审批关，充分论证项目资金来源，定期检查资金到位和拨付情况，防止因投资违规超概算、资金不到位、支付不及时、拖延验收审计等形成拖欠，严肃处理筹资不实、垫资建设等问题。对于一些政府部门拖延付款等问题，要完善工程价款结算制度，严格落实项目竣工验收和财务结算有关规定，防止因合同资产不及时确权造成拖欠。推行过程结算制度，严禁滥用第三方资金监管措施。

（三）完善竞争监管，整治"以大欺小"。一些大企业滥用市场优势地位，通过拖欠账款无偿占用中小企业资金，社会反响强烈。要从制度上规范大企业行为，研究将拖欠账款纳入反不正当竞争法执法监督范围，健全竞争监管和协同治理机制。按照《保障中小企业款项支付条例》有关规定，大型企业、上市公司应定期公示及披露拖欠中小企业账款信息，要加快完善具体要求，对公示及披露情况定期开展执法监督。鼓励将应付账款情况纳入上市公司环境、社会和治理（ESG）综合评价体系，发挥社会、市场的外部监督作用。对于一些大企业通过商业汇票拉长账期的行为，要优化商业汇票管理制度，提高大企业签发票据门槛。央企国企要发挥带头作用，做好应付尽付，对于拒绝或者延迟支付中小企业款项造成不良后果或者影响的，要按照《国有企业管理人员处分条例》追责问责。

（四）强化失信惩戒，提高拖欠成本。拖欠企业账款之所以屡禁不止，一个重要因素是失信成本偏低，惩戒震慑作用未能充分发挥。要完善信用监管机制，按程序将认定的拖欠企业账款失信情况记入相关主体信用记录，对严重失信主体实施联合惩戒，依法依规采取限制其申请财政资金支持、投资项目审批、融资获取、市场准入、资质评定等措施。将地方政府拖欠情况纳入社会信用体系建设相关评审指标。充分利用多种宣传平台和渠道，对恶意拖欠账款典型案件进行公开曝光。

（五）健全长效机制，营造良好环境。2024 年，中共中央办公厅、国务院办公厅印发《关于解决拖欠企业账款问题的意见》，对解决拖欠企业账款问题作出系统部署。要加快推动落实，健全政府投资、社会信用、反不正当竞争等相关法律法规体系，全链条完善预防和化解拖欠企业账款的政策举措，加强部门协同，压实地方责任，形成工作合力。完善加快化解拖欠的司法机制，将拖欠中小企业账款案件纳入快立快审快执"绿色通道"。建设全国统一违约拖欠中小企业款项登记（投诉）平台，实现投诉"一张网"管理，畅通投诉渠道，健全投诉督办约束机制，支持企业依法维护自身权益。

（吴兰谷）

66. 开展规范涉企执法专项行动有哪些安排？

涉企执法是有关部门依法履职、管理经济社会事务的重要方式。2024 年，一些地方和领域存在滥用执法权、执法不公正等问题，特别是违规异地执法、趋利性执法等乱象，损害营商环境，影响市场预期，破坏政府公信力。对此，中央经济工作会议部署开展规范涉企执法专项行动。2025 年要抓好贯彻落实，集中整治乱收费、乱罚款、乱检查、乱查封等问题，做到涉企执法不越位、不缺位。

（一）大力查纠违规涉企执法。一切涉企执法行为都必须遵守法律法规。要严格按照过罚相当的原则把握处罚尺度，坚决防止以罚增收、以罚代管、小过重罚。重点关注罚没收入异常增长、大量异地执法、大额顶格处罚等情况，审查核实相关执法行为，对存在问题的要及时纠正和追责。聚焦违法立案、插手经济纠纷、跨区域抓捕、违法"查扣冻"等企业反映强烈的突出问题，建立健全甄别、处置、防范机制。出台跨区域执法协作指导意见，研究制定规范办理跨区域涉企刑事案件的工作意见，进一步规范管辖权，压减违规异地执法和趋利性执法司法的空间。

（二）加强违规涉企收费治理。主要从防范、监督、惩戒三个方面加大力度。防范方面，重点是健全涉企收费长效监管机制，完善各类涉企收费目录清单，全面公开收费项目、依据和标准，坚决制止违法违规设立收费项目，不在目录内的一律不得收费。监督方面，重点是加快修订完善各领域涉企收费执法指南，建立涉企收费监测点，充分发挥治理乱收费的"前哨站"作用，完善提醒督促、责令整改、约谈警示、挂牌督办等手段，推动乱收费问题整改到位。惩戒方面，重点是出台实施涉企收费违法违规行为处理办法，细化涉企收费违法违规行为认定标准，加大对乱收费的惩戒力度。

（三）**严格规范涉企行政检查**。落实国务院办公厅《关于严格规范涉企行政检查的意见》，坚持问题导向，突出四个重点，做好规范涉企行政检查的工作。突出立好标准。有关部门将清理并公布行政检查事项，严格行政检查标准和程序，制定公布统一的行政检查文书基本格式标准，从源头上遏制乱检查。突出减负提效。建立分级分类检查制度，根据企业自身管理的规范程度不同，设置差异化的检查频次要求。针对检查过频、多头重复等问题，明确同一行政机关对同一企业实施行政检查的年度频次上限。同时通过联合检查、技术赋能等方式，提升行政检查效率和精准度，努力做到"无事不扰"。突出优化督管。加快建成全国统一的行政执法监督信息系统，全面、及时归集检查信息，对开展涉企行政检查中存在的问题进行快速预警，增强监督的穿透性。突出属地责任。涉企行政检查需要坚持以属地管辖为原则，对涉及异地的检查，今年有关部门将建立健全行政检查异地协助机制，明确相关规则，严禁违规实施异地检查。

（四）**切实提升行政执法质量**。今年是提升行政执法质量三年行动计划的收官之年。要以完成行动计划确定的目标为牵引，促进行政执法提质增效。提升行政执法规范化水平。进一步规范执法程序，全面落实行政执法公示、执法全过程记录、重大执法决定法制审核制度，深化执法规范化标准化建设。提升服务型执法能力。实施好推行服务型执法的指导意见，纵深推进"执法＋服务"，兼顾执法力度和温度，将服务贯穿于监管执法各方面全过程，科学引导企业依法合规经营。提升行政执法纠错能力。聚焦经营主体反映强烈的"一刀切"执法、"粗暴执法"等现象，梳理各领域执法突出问题清单，集中开展整治和专项监督。推进行政执法监督与12345政务服务便民热线等渠道信息共享，充分发挥行政执法批评建议平台作用，专门设置企业申请复议的通道，便利经营主体反映问题和诉求。适时出台关于以案促改促治的指导意见，加强行政复议个案纠错，及时纠治行政执法领域的共性问题。

（刘 帅）

67. 怎样纵深推进全国统一大市场建设？

今年《报告》对加快建立健全基础制度规则、破除地方保护和市场分割等方面作出了具体安排。主要包括以下几个方面工作：

（一）加快市场准入退出制度改革。《报告》提出，打通市场准入退出方面制约经济循环的卡点堵点。今年将修订出台新版市场准入负面清单，进一步压减清单事项，对短期不具备面上放开条件的，通过放宽准入试点先行探索。严格落实"全国一张清单"管理模式，全国层面准入类清单目录和产业政策、投资政策、环境政策、国土空间规划等涉及市场准入的，全部纳入市场准入负面清单管理。优化新业态新领域市场准入环境，将在深海、航天、人工智能等新业态新领域，分领域制定优化准入环境方案，选择部分重点区域放宽准入试点，推动生产要素创新性配置。完善企业简易退出制度，逐步推广经营主体活动发生地统计。推动企业异地迁移直接到迁入地办理，探索建立覆盖所有经营主体的强制退出和简易退出机制。

（二）健全统一的社会信用制度。《报告》提出，出台健全社会信用体系的政策，构建统一的信用修复制度。要加快完善统一规范、协同共享、科学高效的信用修复制度，统一制定兼容各领域的信用修复规则，强化有关部门、第三方信用服务机构的工作协同。要紧扣行业需要，在外贸、外资、家政、电商等重点领域推行诚信经营承诺、推进诚信管理，培育诚信经营主体。同时，要培养诚信文化，加快信用应用，促进形成良好市场环境，充分释放信用红利。

（三）制定重点领域公平竞争合规指引。分领域制定合规指引，明确审查标准与风险防控要点。引导企业增强公平竞争意识，提高企业守法经营和竞争合规能力。强化精准合规指导，针对重点行业开展市场竞争状况评估，指导加强行业自律。加强源头防范，完善公平竞争审查实施机制，健全抽查、重大政策会审、举报投诉回应、第三方评估等制度。发挥示范引领带动作用，以标杆企业为引领，为同类企业实施公平竞争合规管理体系提供标准化工具。

（四）改革完善招标投标体制机制。要完善招标投标制度体系。加快推动招标投标法、政府采购法及相关实施条例修订工作。落实招标人主体责任，尊重和保障招标人法定权利，健全招标代理机构服务机制。完善评标定标机制，规范经评审的最低投标价法适用范围，厘清专家评标和招标人定标的职责定位，进一步完善定标规则。营造规范有序市场环境，严厉打击招标投标违法活动，持续清理妨碍全国统一大市场建设和公平竞争的规定、做法。

（五）综合整治"内卷式"竞争。一方面，要发挥好政府作用，促进商品、要素、资源在更大范围内顺畅流动。指导地方依据本地实际制定经济发展规划，规范招商引资政策。修订完善涉及产业扶持、创新支持、资金引导、税收优惠、科技激励等方面政策法规，向注重技术创新、产品研发、品牌培育、质量提升的企业倾斜，特别重视发挥标准的引领作用。鼓励各地区实行强制性产品认证（CCC）免办监管结果互认、自愿性认证监管一体化。另一方面，要引导企业加大创新投入，提升发展质量水平。支持企业锚定增强核心功能、提升核心竞争力的中心任务，增强战略支撑能力和价值创造能力，持续巩固增强高质量发展的新动能新优势。

（六）**实施全国统一大市场建设指引**。具体来看，从要求做的、禁止做的、鼓励做的三个维度提出具体要求和工作目标。要求做的属于"规定动作"，是对各地融入全国统一大市场建设的共同要求。比如，针对各地监管标准不统一问题，要求结合实际完善整合省域内"互联网＋监管"系统、"双随机、一公开"检查系统等。禁止做的属于"底线红线"，如果触碰了就要承担相应的责任。比如，对妨碍经营主体依法平等准入和退出、影响公平公正招标投标和政府采购等方面作出禁止性规定。鼓励做的属于"自选动作"，主要是引导有条件的地区先行先试。比如，鼓励地方开展区域市场一体化建设，探索区域合作成本共担和利益共享机制。

（七）**加快推进市场设施高效畅通**。《报告》提出，加快建设统一开放的交通运输市场，实施降低全社会物流成本专项行动。要深化交通领域体制机制改革，推进铁路重点领域改革，改革铁路运输与调度生产组织方式。推动公路货运市场治理和改革。要促进产业链供应链融合发展，加快现代供应链体系建设，科学构建集采购、库存、生产、销售、逆向回收等于一体的供应链体系。要健全国家物流枢纽与通道网络，整合提升物流枢纽设施功能，优化国家物流枢纽布局，系统推进国家物流枢纽建设和功能提升。要加强创新驱动和提质增效，推动物流数智化发展，发展"人工智能＋现代物流"，加快物流绿色化转型。

（八）**深化要素市场化配置改革**。《报告》提出，打通要素配置方面制约经济循环的卡点堵点，重点是提升土地、劳动力、资本、技术、数据等要素的市场化配置效率。要构建城乡统一的建设用地市场，推动城乡土地要素市场化配置，加快发展建设用地二级市场，完善使用权转让、出租、抵押等制度。要完善全国统一的劳动力市场，加快农业转移人口市民化进程，建立健全与地区常住人口规模相适应的财政转移支付、住房供应、教师医生编制等保障机制。要加快发展统一的资本市场，强化金融基础设施建设与监管统筹，统一金融市场登记托管、结算清算规则制度。要推进全国统一、互联互通的技术交易市场建设。要推动建立全国统一的数据要素市场。

（杜庆彬）

68. 深化财税体制改革有哪些重要举措？

科学的财税体制是优化资源配置、维护市场统一、促进社会公平、实现国家长治久安的制度保障，深化财税体制改革对于以高质量发展全面推进中国式现代化意义重大。《报告》对今年财税体制改革重点任务作了安排，要蹄疾步稳、扎实有力推进。

（一）**深化零基预算改革**。与"基数＋增长"的传统基数预算不同，零基预算是指在预算编制时不考虑以往预算安排基数，而是"以零为基点"，对各项支出逐项重新审核，根据实际支出需求和财力状况，按照轻重缓急的原则来安排支出。今年将选取 16 个中央部门开展零基预算改革试点，支持地方深化零基预算改革。零基预算改革系统性、综合性强，要加快推进相关制度机制建设和配套改革，为改革顺利推进提供有力支撑。一是强化财政资源和预算统筹。财政部门要强化预算"一盘棋"统筹安排，推动资金、资源、政策跨部门整合协同，改变小而散、重复交叉低效的资金分配格局，更好集中财力办大事、提升财政资源配置效率。预算支出部门要树立全局观念，摒弃"护盘子"、"守基数"的意识，以实际需求和绩效结果导向申报预算，提高财政资金使用效率。二是全面推进支出标准体系建设。支出标准是支出需求测算和预算编制的重要依据。要全面推进支出标准体系建设，重点是要根据支出政策、项目要素及成本等，并结合财力水平，建立和完善不同行业、不同地区、分类分档的预算项目支出标准体系，同时建立健全支出标准的动态调整机制，根据支出内容变化、物价和成本变动等因素及时更新支出标准。还要进一步强化支出标准应用，增强支出标准约束力，严格按照标准来编制和执行预算。三是加快健全预算绩效评价体系。要加快构建分行业、分领域、分层次的核心绩效指标和标准体系，强化绩效目标的引导作用。高质量开展绩效评价并加大评价结果应用力度，健全绩效评价结果与预算安排、支出政策调整挂钩机制，对绩效较差的项目予以调减或取消，对绩效好的优先安排或加大支持。

（二）加快推进部分品目消费税征收环节后移并下划地方。消费税是对特定消费品和消费行为征收的税种，在我国税制中占有重要地位。2024 年我国国内消费税收入 1.65 万亿元，约占全部税收收入的 9.4%，为仅次于增值税和企业所得税的第三大税种。消费税的课税商品主要包括烟、酒、汽车、成品油、实木地板、木制一次性筷子、高尔夫球及球具、游艇、高档手表、贵重首饰及珠宝玉石等十几个品目。我国消费税除个别品目在批发或零售环节征收，其他主要集中在生产、委托加工或进口环节征税，这有利于税源管控，但不利于充分发挥消费税的调节功能。推动部分品目消费税征收从生产环节后移至零售环节并下划地方，既有助于拓展地方税收收入来源，增加地方自主财力，从而激励地方政府改善消费环境、积极扩大当地消费，同时消费税征收环节后移不会增加纳税人负担，反而能减轻生产企业的资金压力。推进消费税征收环节后移会在一定程度上影响不同地区间的财政收入分配格局,需要统筹平衡好地方利益。

（三）规范税收优惠政策。长期以来,为支持一些特定行业、地区、企业发展,给予特定的税收优惠政策待遇,形成了名目繁多、形式多样的各种税收优惠政策。税收优惠作为宏观调控和经济治理的重要手段,在促进经济平稳发展、推动产业结构升级等方面发挥了积极作用。但也要看到,一个时期以来一些地方通过变相减免税收、税收返还、实施与企业缴纳税收或非税收入挂钩的财政支出优惠政策等方式,来打造"税收洼地",这些做法扰乱了市场秩序,影响了国家宏观调控政策效果。规范税收优惠政策是依法治税、保障财政收入的客观需要,也是维护公平竞争、建设全国统一大市场的必然要求。要按照统一税制、公平税负、促进公平竞争的原则,坚持破立并举,进一步规范税收优惠政策。一是全面落实税收法定原则。系统梳理既有的各项税收优惠政策,消除对不同经营主体差别税收待遇,形成公平规范、结构优化的现代税制。对违反法律法规和国务院规定的应予废止,对有明确时限的到期应停止执行。二是建立健全税收优惠政策评估机制。对各类税收优惠政策实施情况、政策效应等进行分析评估,对政策目标不清晰、实施效果不明显、不适应经济社会发展需要的税收优惠政策应予以调整或取消,对符合发展方向、可长期实施的优惠政策应及时在税法中予以明确。三是完善对重点领域和关键环节的税收支持机制,增强税收优惠政策的规范性、精准性和有效性,更好发挥税收调节经济运行和保障政府支出的作用。最后,规范税收优惠政策还应稳步推进，注意把握好时机、节奏、力度，不搞"运动式"清理，防止紧缩效应。

（四）促进地方在高质量发展中培育财源。分税制改革以来，我国转移支付制度不断发展完善、规模持续增长，为推动基本公共服务均等化、支持基层加强"三保"、推动国家重大政策落实提供了有力支撑。但也要看到，现行转移支付制度以保障功能为主，一定程度上影响了地方特别是经济强省积极性。为此，有必要优化完善转移支付制度，发挥转移支付对地方高质量发展的激励作用。今年中央对地方转移支付将保持增长，进一步增加均衡性转移支付、县级基本财力保障机制奖补资金，加强地方财力保障。为更好调动地方发展经济、培育财源的积极性，今年将安排促进高质量发展激励资金 500 亿元、比 2024 年增加 100 亿元，向税收贡献大、收入增速较快的地区倾斜，以鼓励各地通过高质量发展涵养税源、做大收入"蛋糕"，增强地方发展主动性和财政可持续性。

（刘军民）

69．金融体制改革将如何推进?

金融是国民经济的血脉。建设金融强国,需持续深化金融改革,加快构建中国特色现代金融体系。《报告》对今年深化金融体制改革重点任务作了安排,要全面系统把握,扎实深入推进。

(一)完善金融"五篇大文章"标准体系和基础制度。做好金融"五篇大文章",标准体系是重要指引,基础制度是重要支撑。要加快完善做好金融"五篇大文章"标准体系和政策制度,建立完善金融机构服务实体经济统计监测和考核评价体系,强化正向激励引导,促进金融要素资源向科技创新、先进制造、绿色低碳、普惠民生等重大战略、重点领域、薄弱环节集聚,推动金融"五篇大文章"落实落细。科技金融方面,要优化科技创新和技术改造再贷款政策实施机制,推动资本市场更好服务新质生产力发展;完善企业科技含量评价指标体系,全面推行"创新积分制",为金融支持科技提供基础支撑。绿色金融方面,要完善绿色金融标准体系,健全碳核算和环境信息披露制度,为金融精准支持绿色发展提供依据,推动金融机构逐步开展碳核算和可持续信息披露。普惠金融方面,要健全小微企业融资支持长效机制,完善民营企业融资支持政策制度,持续提升乡村振兴金融服务水平。养老金融方面,要健全应对人口老龄化的养老金融体系,强化银发经济的金融支持,支持金融机构和资本市场丰富养老金融产品，加快发展第三支柱养老保险，建立养老金融统计指标体系。数字金融方面，要加快推进金融机构数字化转型，加快数字金融创新，健全数字金融治理体系，提高数字化监管能力和金融消费者保护能力。

（二）**深化资本市场投融资综合改革**。投资和融资是资本市场两个最主要的功能，二者一体两面、相辅相成。党的二十届三中全会《决定》提出"健全投资和融资相协调的资本市场功能，防风险、强监管"的改革要求，要增强资本市场制度的包容性、适应性，促进投融资动态平衡，促进资本市场健康稳定发展。从融资端看，主要是进一步完善发行上市制度，推动股票发行注册制走深走实，使发行上市全过程更加规范、透明、可预期。严格上市公司持续监管，完善支持企业并购重组的政策体系。积极发展多元股权融资，加快多层次债券市场发展，扩大重点领域债券发行规模，丰富债券产品谱系，优化股权融资和债券融资的比例关系，持续提高直接融资比重。从投资端看，要有序扩大资本市场对外开放，健全社保基金、保险资金、年金等投资运作制度，壮大资本市场长期投资力量。强化上市公司现金分红监管，加大对分红优质公司的激励力度，增强分红稳定性、持续性和可预期性，推动上市公司提升投资价值。完善投资者权益保护机制，从制度层面更好促进投资者获得合理投资收益。

（三）**大力推动中长期资金入市**。中长期资金是维护资本市场平稳健康运行的"压舱石"和"稳定器"。推动中长期资金入市，要建设培育鼓励长期投资的资本市场生态，打通堵点卡点，营造更加有利于长期投资、价值投资、理性投资的市场生态。一是稳步提高中长期资金投资股市的规模和比例。推动养老金、保险资金等合理扩大投资范围,明确入市的规模比例,大力发展权益类公募基金,支持私募证券投资基金稳健发展。要鼓励保险资金稳步提升投资股市比例,特别是大型国有保险公司要发挥"头雁"作用,力争从2025年起每年新增保费的30%用于投资股市。再比如,公募基金是资本市场重要的机构投资者和买方力量,要推动公募基金持有A股流通市值未来3年每年至少增长10%。二是完善各类中长期资金入市的配套政策制度。实施长周期考核,能够有效熨平短期市场波动对业绩的影响,提升中长期资金投资行为的稳定性,鼓励"长钱长投"。要推动公募基金、国有商业保险公司、基本养老保险基金、年金基金等全面建立实施3年以上长周期考核,大幅降低国有商业保险公司当年度经营指标考核权重,细化明确全国社保基金5年以上长周期考核安排。

(四)加强战略性力量储备和稳市机制建设。股市是经济运行的风向标和晴雨表,维护股市稳定关系经济发展大局。2024年,为促进资本市场稳定发展,金融系统按照党中央部署,创设并推出了两项货币政策工具,中央汇金公司等机构加大了对股市的增持力度,对稳定股市、提振信心发挥了重要作用。今年要进一步完善政策环境,推动各类战略投资者加大对资本市场的投资力度,积极培育壮大更多长期机构投资者,用足用好两项支持资本市场的货币政策工具,强化战略性力量储备。

(刘军民)

70. 怎样稳定对外贸易发展？

当前世界经济增长动能不足，单边主义、保护主义加剧，需要采取更有针对性的措施，既努力保持进出口规模基本稳定，又努力促进外贸结构优化、质量提升。

（一）**支持企业稳订单拓市场**。加大稳外贸政策力度，帮助外贸经营主体克服暂时困难、夯实发展根基。优化融资、结算、外汇等金融服务。引导金融机构在授信、放款、还款等方面持续改进对外贸企业的金融服务，进一步扩大出口信用保险承保规模和覆盖面，鼓励出口信保产品创新。持续完善跨境贸易人民币结算等基础性制度，扩大人民币跨境使用。积极为中小企业提供汇率避险服务，帮助企业制定衍生品方案。促进跨境电商发展。加强海外仓建设，支持智能化改造，落实好跨境电商出口海外仓"离境即退税、销售再核算"等政策。完善跨境寄递物流体系，推进海外智慧物流平台建设，提升供需对接效率。加强跨境电商知识产权保护等培训，提升企业合规经营能力。开拓多元化市场。强化企业境外参展办展支持，加强展会信息服务，举办海外专场推介活动。拓展境外经贸合作区功能，提升运营管理水平，加强与国内产业的协同联动发展。发展中间品贸易，加强中间品规则标准等国际合作，开展专业对接活动。高质量办好进博会、广交会、服贸会、数贸会、消博会等重大展会。

（二）**支持内外贸一体化发展**。针对国内外认证体系、质量标准、监管程序等差异，促进内外贸标准和检验认证衔接；加强内外贸市场渠道对接，支持企业加快品牌建设，培育内外贸融合展会平台，针对性打击侵权假冒、完善信用体系；更好发挥国内贸易信用保险的作用，加强对重点行业、重点区域、重点领域企业的内贸险服务，丰富内贸险产品和制度供给，优化企业投保内贸险费率机制，切实帮助有条件、有意愿的企业根据市场形势变化，在国内国际两个市场间无缝顺畅切换。

（三）**推动服务贸易创新发展**。把握国际服务贸易发展趋势，落实好服务贸易高质量发展政策，创新发展方式，推动服务进出口继续保持较快增长。提升传统优势服务竞争力。大力发展技术密集型服务贸易，拓展离岸服务外包业务，运用数字技术、人工智能等创新服务供给。促进中餐、中医、中国武术等传统文化出口。鼓励服务出口。发挥服务贸易创新发展引导基金等作用，创新支持方式，鼓励金融机构推出适应服务贸易特点的金融服务，落实好服务出口税收政策。扩大优质服务进口。修订鼓励服务进口目录，扩大国内急需的生产性服务进口，推动优质生活性服务进口。建立健全跨境服务贸易负面清单管理制度。及时调整与负面清单不符的法规规章、规范性文件，加强重点行业监管，做到对境内外服务提供者一视同仁。

（四）**培育壮大外贸发展新动能**。在保持进出口稳定发展的同时，把握新机遇、培育外贸发展新优势。培育绿色贸易、数字贸易等新增长点。研究建立健全绿色贸易支撑保障体系，加强第三方碳服务机构与外贸企业对接，积极拓展绿色低碳相关产品进出口。完善数字贸易支持政策，加快制订数字贸易领域行业标准，抓好数字贸易平台载体建设，建立健全数字贸易统计监测体系，培育壮大经营主体。支持有条件的地方发展新型离岸贸易。强化部门协同，推进试点任务，创新监管模式，鼓励金融机构探索优化业务真实性审核方式，促进离岸贸易健康发展。积极发展边境贸易。持续推动边境贸易创新发展，进一步优化边民互市贸易多元化发展的政策环境，支持互市贸易进口商品落地加工等业态发展。

（五）推进智慧海关建设与合作。当前智慧海关建设已进入全面实施阶段，下一步将以标志性工程为依托，完善数字化和智能化基础设施，扩大智能装备设施在检验检疫、旅客通关等领域的应用，推动成熟项目和功能在更多业务现场加快落地，实现在线实时监测和智能研判处置。同时，加快建设智慧海关在线合作平台和金砖国家海关示范中心，推进智慧海关多双边合作。

（李　强）

71. 支持引进外资有什么新举措？

改革开放 40 多年来，外商投资已经成为我国经济的重要组成部分。截至 2024 年末，外商累计在华投资设立企业超过 123.9 万家，实际使用外资 20.6 万亿元人民币。我国市场容量大、产业配套全、技术迭代升级快，加上营商环境不断优化，依然是吸引外资的热土。要以扩大高水平对外开放为引领，深化外商投资管理体制改革，持续营造市场化、法治化、国际化一流营商环境，统筹稳存量扩增量提质量，大力鼓励外商投资。

（一）稳步推进服务业开放。针对外资企业关切，在服务业领域谋划实施更有针对性的扩大准入措施。推进服务业扩大开放综合试点示范。进一步扩大试点范围，赋予试点新内容新任务，加快试点任务实施节奏，重点领域开放举措优先在试点示范地区试验，加强创新成果复制推广。推动互联网、文化等领域有序开放，扩大电信、医疗、教育等领域开放试点。研究制定有序扩大教育、文化领域自主开放实施方案，适时对外公布并稳步实施。支持现有试点地区抓好增值电信、生物技术、外商独资医院领域开放试点政策落实，推动项目尽早落地，适时进一步扩大电信、医疗领域开放试点。健全数据出境安全管理制度，完善相关机制程序，促进数据跨境有序流动。修订扩大鼓励外商投资产业目录。按照程序出台 2025 版鼓励目录，优化外商投资结构，促进外资服务我国制造业高质量发展，引导外资投向现代服务业，鼓励外资更多投向中西部和东北地区。

（二）切实保障外资企业国民待遇。一视同仁支持内外资企业发展，切实保障外资企业在要素获取、资质许可、标准制定、政府采购等方面的国民待遇。尽快制定出台相关文件，建立政府采购本国产品标准体系，确保不同所有制企业在我国境内生产的产品平等参与政府采购活动。支持外资参与产业链上下游配套协作、平等参与大规模设备更新和消费品以旧换新。支持和鼓励外资企业在华设立研发中心、参与重大科研攻关项目。

（三）加强外资企业服务保障。完善投资推介、项目对接、落地保障等"全生命周期"投资促进和服务保障机制，加大政策支持。加快标志性项目落地。强化重大外资项目工作专班支持，优化各类生产要素配置，加强项目全流程服务。持续打造"投资中国"品牌。精心设计实施"投资中国"系列活动，打造标志性展会、重点活动和重点平台，引入更多高质量外资项目。鼓励外国投资者扩大再投资。研究制定鼓励外资企业境内再投资的政策举措，促进外资企业在华所获利润更多用于再投资。畅通外资企业诉求反映和解决渠道。继续完善外资企业圆桌会议制度，保持常态化沟通交流，稳定在华发展预期。强化跨部门横向联动，共同研究并及时协调处理企业诉求，切实解决企业发展的后顾之忧。为外企人员往来提供更多便利。继续稳妥扩大单方面免签国家范围，更新外国商务人士在华工作生活指引，在住宿、通信、银行卡、居留许可、社会保险、移动支付等方面为外国商务人士在华工作生活提供更好服务。

（四）发挥好各类开放平台作用。支持开放平台更好发挥作用, 探索吸引外资新机制, 在投资促进、营商环境营造、服务水平提升等方面采取更加有力的措施。推动自贸试验区提质增效和扩大改革任务授权。加强改革整体谋划和系统集成, 围绕贸易、投资、数据、金融、人才、科技创新等领域, 集中推出一批系统性、突破性举措, 探索形成更多可复制可推广的经验。加紧推进海南自由贸易港核心政策落地, 精心做好各项准备工作, 确保封关运作平稳有序。完善经开区开放发展政策。在要素保障、重点领域开放、承担改革试点任务、经济管理权限下放等方面出台新举措, 提升国家级经开区外向型经济发展水平。促进综合保税区转型升级。通过完善政策、拓展功能、创新监管、优化流程、健全制度, 引导要素集聚, 助力形成特色产业集群, 推动新兴业务发展, 打造高水平对外开放示范区。

（李　强）

72. 推动高质量共建"一带一路" 走深走实有哪些措施？

2024 年 12 月，习近平总书记出席第四次"一带一路"建设工作座谈会并发表重要讲话，为下一个金色十年推动共建"一带一路"高质量发展指明了方向。要认真贯彻落实，坚持共商共建共享、开放绿色廉洁、高标准惠民生可持续的指导原则，以高质量共建"一带一路"八项行动为指引，以互联互通为主线，坚持高质量发展和高水平安全相结合、政府引导和市场运作相结合、科学布局和动态优化相结合、量的增长和质的提升相结合，推动高质量共建"一带一路"走深走实，不断拓展更高水平、更具韧性、更可持续的共赢发展新空间。

（一）统筹推进重大标志性工程和"小而美"民生项目建设。共建"一带一路"已经从"大写意"进入"工笔画"阶段，既需要建好重大标志性工程，也需要建设更多"小而美"民生项目，更好增强共建国家人民的获得感和幸福感。一方面，要继续加强与共建国家发展战略和市场需求对接，充分考虑共建国家政府、地方和民众多方利益和关切，统筹打造铁路、公路、机场、港口、管网等标志性工程，构建"一带一路"立体互联互通网络。另一方面，要紧紧围绕"惠民生"目标，聚焦共建国家人民需求，在农业合作、教育培训、水利和卫生健康等领域高效组织实施一批投资小、见效快、经济社会环境效益好的民生项目，继续做优做强"菌草"、鲁班工坊、"光明行"等品牌项目，形成更多看得见、摸得着、接地气、聚人心的合作成果。

（二）**深化基础设施"硬联通"。** 中欧班列是共建"一带一路"的旗舰项目和标志性品牌，运输服务网络覆盖欧洲全境，开创了亚欧国际运输新格局。西部陆海新通道北接丝绸之路经济带，南连21世纪海上丝绸之路，对于推动形成陆海内外联动、东西双向互济的对外开放格局具有重要意义。2024年，中欧班列累计开行突破10万列，西部陆海新通道班列年度开行量首次突破万列。要深入推进中欧班列高效运输、安全治理、多元通道、创新发展"四大体系"建设，加快拓展国际合作网络，积极参与跨里海国际运输走廊建设，优化中欧班列集结中心、枢纽节点布局，打造产运贸一体化发展模式，继续办好中欧班列国际合作论坛，推动中欧班列高质量发展。加快建设西部陆海新通道铁路通道和物流设施，优化铁海联运班列线路，扩大西部物流节点覆盖面，辐射更多东南亚国家，持续提升与周边国家互联互通水平。

（三）**引导对外投资健康安全有序发展。** 引导有实力的企业有序"走出去"，发挥好两个市场、两种资源的协同效应，有利于为我国经济转型升级和高质量发展提供助力，更好服务构建新发展格局。近年来，越来越多中国企业积极"走出去"参与全球竞争合作，既壮大了自己，也造福了世界。2024年，我国企业对外非金融类直接投资1438.5亿美元，同比增长10.5%。要深化对外投资管理体制改革，不断完善政策和服务体系，加强对企业"走出去"的引导和支持，优化产业链供应链国际合作布局。强化法律、金融、物流等海外综合服务，加快构建与我国对外投资体量规模和发展态势相匹配的海外综合服务体系，做优国别指南等公共产品，不断完善对外投资风险防控体系，为我国企业"走出去"保驾护航。

（四）稳步拓展新兴领域合作。高质量共建"一带一路"既需要优化存量，也需要创造增量。要统筹巩固传统领域合作和稳步拓展新兴领域合作，加快建设绿色丝绸之路和数字丝绸之路，加大对"一带一路"绿色发展国际联盟的支持，深入实施"一带一路"科技创新行动计划，积极拓展绿色发展、数字经济、人工智能等领域合作空间。稳步落实和推广《数字经济和绿色发展国际经贸合作框架倡议》，推动与更多共建国家商签绿色、数字、蓝色经济等领域合作文件，共同打造新的合作增长点，为高质量共建"一带一路"注入新动力新活力。

（冯晓宇）

73. 怎样深化多双边和区域经济合作？

当前，经济全球化遭遇逆流，单边主义、保护主义上升。我国作为经济全球化和多边主义的坚定支持者、维护者，要坚持奉行互利共赢的开放战略，持续深化多双边和区域经济合作，深度参与国际分工，促进贸易和投资自由化便利化，推动建设开放型世界经济，为中国式现代化营造良好环境。

（一）**持续扩大面向全球的高标准自由贸易区网络**。近年来，我国自贸"朋友圈"不断扩大，自贸协定的开放水平也不断提升，服务贸易和投资负面清单及标准合作、数字经济等新内容已成为我国新签署自贸协定的"标配"。2025年1月1日，中国—马尔代夫自贸协定正式生效，最终双方实现零关税的产品税目数和进口额占比都超过95%。要继续扩大面向全球的高标准自由贸易区网络，尽早签署中国—东盟自贸区3.0版升级协定、中国—海合会自贸协定，稳步推进与新西兰、韩国、瑞士自贸协定升级谈判，积极推动与洪都拉斯、萨尔瓦多自贸协定谈判，并与有关各方积极探索商谈数字、绿色等领域贸易协定。积极推动加入《数字经济伙伴关系协定》（DEPA）和《全面与进步跨太平洋伙伴关系协定》（CPTPP）进程，并以此为契机，主动对接国际高标准经贸规则，推动在产权保护、产业补贴、环境标准、劳动保护、政府采购、电子商务、金融领域等方面实现规则、规制、管理、标准相通相容，促进国内相关领域改革，助力扩大制度型开放。

（二）**高质量实施已生效的自贸协定。**目前，我国已与 30 个国家和地区签署了 23 个自贸协定，自贸伙伴遍及五大洲，我国与自贸伙伴贸易额超过外贸总额的三分之一。特别是《区域全面经济伙伴关系协定》（RCEP）作为世界上参与人口最多、经贸规模最大、最具发展潜力的自贸协定，生效实施三年来，影响力持续扩大，已成为亚太经济一体化主渠道。但从自贸协定的实施情况看，一些企业对自贸协定的相关规则还不熟悉，协定利用率还有提升空间。要进一步加强自贸协定实施工作，继续高质量实施 RCEP 等已签署的自贸协定，进一步提高协定利用率，充分释放自贸协定红利。定期评估审议自贸协定实施效果，开展宣介培训，帮助企业用好用足协定优惠政策，及时协助企业解决相关困难，促进商品、服务、投资在自贸区内自由便利流动。

（三）**坚定维护以世界贸易组织为核心的多边贸易体制。**世界贸易组织是多边主义的重要支柱，是全球经济治理的重要舞台。受贸易保护主义和单边主义影响，当前世界贸易组织处境艰难，自身也面临决策机制效率不高、发展议题谈判步履维艰、上诉机构成员空缺等问题。要坚定维护以世界贸易组织为核心的多边贸易体制权威性和有效性，全面深入参与世界贸易组织改革，推动恢复争端解决机制正常运转，探索改进世界贸易组织机构效率和决策机制，推动贸易与环境、产业链供应链等议题讨论取得新进展。积极推动世界贸易组织规则与时俱进，探索制定面向未来的新规则，推动将《促进发展的投资便利化协定》纳入世界贸易组织规则框架,力争达成首套多边数字贸易规则。要践行全球发展倡议,推动世界贸易组织第十四届部长级会议取得发展导向型成果。同时,积极开展二十国集团、亚太经合组织、金砖国家、上海合作组织等机制合作,推动各方凝聚维护自由贸易、坚持多边主义的国际共识,促进世界共同发展繁荣。

(冯晓宇)

74. 如何持续用力推动房地产市场止跌回稳?

房地产一头连着经济,一头连着民生,维护房地产市场稳定对于经济社会大局稳定至关重要。2024 年以来,党中央、国务院部署了一系列政策措施,维护房地产市场稳定,取得积极成效。2025 年,需要进一步采取新的更大力度措施,强化多方面政策组合,促进房地产市场止跌回稳。

(一)充分释放刚性和改善性住房需求潜力。总体看,我国房地产市场健康发展仍然有比较大的空间,潜在购房需求,特别是代际分居和改善性住房需求还有很大潜力,关键是要调整完善相关机制,把这些潜在购房需求充分释放出来。

因城施策调减限制性措施。随着我国房地产市场发展进入新的阶段,房价过快上涨的压力已经解除,有必要进一步调减相关限制性措施。目前少数几个重点城市还有限制性措施,要根据城市房地产市场形势变化,适时适度调减相关需求限制性措施,更好满足群众合理购房需求。

加力实施城中村和危旧房改造。城中村和危旧房居住条件差、人口密集度高,及时实施改造,既是提高城市建设和安全水平的重要措施,也能够促进释放这些居民的住房需求。2024 年 9 月,相关部门制定了新增 100 万套城中村改造和危旧房改造的计划。要加快推进落实,并在此基础上,继续扩大规模,进一步促进城市居民潜在住房需求的释放。

（二）合理控制新增房地产用地供应。土地供应是住房供应的基础，控制住房供应首先是控制土地供应，这就需要在规划和土地供给两方面下功夫。要严格落实节约用地制度，促进城市发展用地从增量依赖向存量挖潜转变，避免城市"摊大饼"式发展。结合市场形势，适当控制新增住房用地供应规模和节奏，有的住房用地应合理改变用途和性质，提高土地利用效率。

（三）盘活存量用地和商办用房，推进收购存量商品房。此前，相关部门出台了使用地方政府专项债、保障性住房再贷款等政策工具收购存量土地和商品房的政策，2025年将进一步细化完善操作细则，充分用好用足这些政策措施。在收购主体、价格和用途方面给予城市政府更大自主权，充分发挥地方政府的积极性主动性，支持各地根据实际情况，因地制宜，采用合理方式推进存量土地和住房收购，加快推动去库存。

（四）继续做好保交房工作，有效防范房企债务违约风险。继续发挥房地产融资协调机制作用，优化"白名单"项目融资机制，按照"应进尽进、应贷尽贷、能早尽早"的原则，将符合标准条件的商品房开发项目全部纳入"白名单"管理，给予必要融资支持。在支持在建房地产项目融资的同时，对于合规经营的房地产企业总部，也要通过贷款、债券、股权等渠道，努力满足其合理融资需求，防止其因暂时的资金困难发生债务违约、进而引发市场连锁反应。

（五）加快构建房地产发展新模式。随着我国房地产发展进入新的阶段，过去一些制度机制已经不再适应发展需要，亟需实施改革。要适应新型城镇化和房地产市场发展趋势，加快建立健全相关基础性制度。要着力优化和完善住房供应体系，推动建立要素联动新机制，以人定房、以房定地、以房定钱，大力推进商品住房销售制度改革，有力有序推行现房销售，加快建立房屋全生命周期安全管理制度，完善房地产全过程监管，整治房地产市场秩序。

（六）推动建设安全、舒适、绿色、智慧的"好房子"。我国商品房市场高速发展已有30多年，目前城市居民人均住房面积已经超过40平方米，群众对住房的需求正在从"有没有"向"好不好"转变，对住房品质的要求也正在提高，对安全、舒适、绿色、智慧等方面的要求更加突出，这也是未来建筑行业和房地产行业应当努力的方向。要通过提升建筑标准，引导市场提升住房品质，更好满足人民群众对"好房子"的需求。

（杨　祎）

75. 稳妥化解地方政府债务风险有哪些举措？

我国政府负债率显著低于主要经济体和新兴市场国家，风险总体可控。但面临当前复杂严峻的外部局势和诸多困难挑战，一些债务压力较大的地区，仍需要进一步加大风险化解力度，实现在发展中化债、在化债中发展，促进地方经济平稳健康运行。

（一）完善和落实一揽子化债方案。一揽子化债方案实施以来，地方债务风险得到了有效遏制。下一步要在总结此前化债经验的基础上，调整完善各地区化债方案，更好推动化债工作的落实落地。

一方面，优化考核和管控措施。根据各地实际，进一步细化完善化债考核指标体系，更加全面科学地评价实际债务风险水平，更加精准地体现化解债务风险的要求，发挥好考核的导向作用。在管控措施上，要分类分层进行优化，既要有约束力，又不能管得过死，防止"一刀切"问题，要给地方留下发展空间。

另一方面，动态调整债务高风险地区名单。这两年，不少地区在债务风险化解上取得了显著进展，风险水平大幅降低，已经脱离了高风险区间。应当及时完善高风险地区界定标准及退出条件，建立动态调整机制，让化债取得进步、符合退出条件的地区及时退出高风险地区名单，并调减或解除相应的管控措施，通过强化正向激励，提升地方化债积极性。

（二）做好地方政府隐性债务置换工作。 去年四季度，按照党中央部署，经全国人大常委会批准，中央一次性增加6万亿元地方政府债务限额，支持地方化解债务风险。政策实施以来，地方还本付息的压力大幅度减轻。下一步，还需要继续推进隐性债务置换。

持续加大对地方的指导力度，推动扎实落实置换工作要求。指导用好用足中央支持政策，及时研究解决地方在化债过程中出现的新情况、新问题，推广地方化债典型经验做法，让各个地方相互借鉴，推动加快化解存量隐性债务。

加强债券资金全流程、全链条监管，确保合规使用。指导地方建立存量隐性债务置换台账，完整、准确登记债券的发行、使用、还本付息情况，确保所有资金实行专户管理、专账核算、封闭运行。

坚定不移严防新增隐性债务，推动隐性债务清理。持续保持"零容忍"的高压监管态势，发挥部门协同监管合力，对违法违规举债和虚假化解隐性债务等问题严肃处理。坚决阻断地方违法违规举债途径，促进可持续发展。

（三）完善政府债务管理制度。 从根本上防范化解地方政府债务风险，还要依靠长效机制建设，通过制度来规范地方举债行为。下一步政府债务管理制度建设，重点要体现三个方面要求。

一是监测口径更全。建立健全信息共享和监管协同机制，全口径监测地方政府承担偿还责任的债务情况，动态分析、及时预警、防范风险。

二是预算约束更强。将不新增隐性债务作为"铁的纪律"，持续加强预算管理，督促地方依法合规建设政府投资项目，坚决堵住地方违法违规举债的途径。

三是监管问责更严。强化新增隐性债务的防控，把各类举债行为均纳入监管，及时发现违规举债新手段、新变种，推动监管从事后"救火补漏"向事前"防患于未然"延伸，严格落实地方政府违规举债问责制。

（四）推动政府融资平台市场化转型。 对实际承担政府融资和公益性项目建设运营职能的融资平台公司，可以通过兼并重组等方式整合归并其同类业务，剥离其政府融资职能后，转型为市场化运作的企业。对承担一定政府融资职能的其他国有企业，促其回归主业。明确取消其政府融资职能，严禁再为政府借新债。过去为政府借的存量债务，应与企业自身经营性债务明确分开，通过适当方式妥善处置。对只承担政府融资任务且主要依靠财政资金偿还债务的"空壳类"融资平台公司，可厘清并妥善处置债务问题后，按照法定程序予以撤销。

（杨 祎）

76. 如何积极防范金融领域风险?

防范金融领域风险,既要扎实处置化解金融体系自身的突出风险,也要防范其他领域风险向金融体系传染。

(一)一体推进地方中小金融机构风险处置和转型发展。按照市场化、法治化原则,根据每家机构实际情况,分类推进剩余高风险中小金融机构的风险处置。对于具备可持续经营能力、目前只是暂时遇困的机构,主要通过补充资本的方式实施"在线修复",促进其尽快恢复正常经营。对于依靠自身能力难以修复的机构,可以通过将多家机构打包重组,或由大中型金融机构收购的方式,吸收消化高风险机构。对于已经失去可持续经营能力,不具备救助价值的机构,在保障金融消费者合法权益的基础上,依法有序实施市场退出。中小金融机构风险的产生,从根本上看,还是由于自身治理和管理存在不足。要推动中小金融机构加快建立健全公司治理机制,提升风险内控能力。同时,坚持立足本地、坚守主业,找准自身定位,实现与其他金融机构的错位竞争和差异化发展。

(二)保持对非法金融活动的高压严打态势。从历史经验看,在一些地区发展困难增多、经济下行压力加大的时候,往往是非法金融活动抬头的时候。特别是现在科技发展日新月异,新的商业模式层出不穷,也给非法金融活动花样翻新带来了便利。当前,非法金融活动的隐蔽性、跨界性、危害性都在增强,一些非法机构和个人利用一些新噱头和监管模糊地带，短期内就可以吸收大量资金，并快速实施转移，给监测打击带来很大难度。在新形势下打击非法金融活动，关键是贯彻落实中央金融工作会议精神，坚持全国一盘棋，健全金融监管体系，加强跨部门合作，强化央地监管协同，形成广覆盖的监测监管网络。充分调动地方各部门的积极性，延伸监测触角，及时发现非法金融活动踪迹，把风险苗头扼杀在摇篮中。同时，发挥中央金融管理部门的统筹协调和监管兜底作用，实现把所有金融活动都纳入监管范围，不留监管空白地带，加强对跨区域、跨领域非法金融活动的协同打击。

（三）充实存款保险基金、金融稳定保障基金等化险资源。对冲风险、稳定市场，"花钱"也是必要的，有时候为了避免风险蔓延扩散后付出更大代价，还需要动用公共资源。目前，我们已经建立了多层次的风险处置化解力量，包括存款保险基金、保险保障基金、信托业保障基金、金融稳定保障基金等，它们的作用和定位各不相同。要加快相关保障基金的资金补充，充实存款保险基金等行业保障基金，完善金融稳定保障基金资金筹集和使用机制，壮大各类化险资源，确保在风险扩大前及时处置化解，以最小代价阻断风险传播，确保金融安全稳定。

（四）有效应对防范外部风险冲击。随着我国金融开放的深入，外部环境变化带来的风险也在增多。地缘政治、外部打压、国际金融市场波动，都容易对我国金融体系稳定产生冲击。特别是当前外部不确定性上升、潜在风险因素增多，更要未雨绸缪做好风险应对准备。要分情景制定风险应对预案，明确责任划分、指挥链条和分工协作机制，确保能够及时有效响应，确保在风险蔓延扩散前及时处置化解、阻断风险传播，有效维护金融安全稳定。

（杨　祎）

77. 怎样增强粮食等重要农产品
稳产保供能力？

我国是人口大国，保障国家粮食安全，始终是头等大事、必守底线。今年将深入实施藏粮于地、藏粮于技战略，抓好农业生产，强化政策支持，持续增强粮食等重要农产品稳产保供能力。

（一）持续稳面积提单产提品质，确保粮食在高基数上实现稳产丰产。压实责任，无论是主产区，还是主销区、产销平衡区，都要严格落实粮食安全党政同责要求，把播种面积任务落实到具体田块。深入推进粮油作物大面积单产提升行动，实现普遍均衡增产。巩固大豆和油料扩种成果，实事求是、遵循规律，发挥财政支持和市场机制作用，调动农民种豆积极性。坚持多油并举，开发挖掘花生、油菜等特色油料增产潜力。打造现代化防洪减灾体系，推进平原涝区治理、沟渠整治，努力做到大灾少减产、轻灾保稳产、无灾能丰产。强化气象灾害风险监测预警预报，统筹做好农作物病虫害监测预警和科学防治。践行大农业观、大食物观，全方位开发食物资源，扶持畜牧业渔业稳定发展，做好生猪产能监测和调控，推进肉牛、奶牛产业纾困。推动棉花、食糖、天然橡胶稳产提质，确保稳定安全供应。

（二）实施藏粮于地战略，持续加强耕地保护、提升耕地质

235

量。严守耕地红线，坚持数量、质量、生态"三位一体"保护。严格耕地占补平衡管理，完善补充耕地质量评价和验收标准，坚持"以补定占"，严肃查处各类违法占用耕地行为，有效解决"占优补劣、占多补少、占整补散"等问题。高质量推进高标准农田建设、管护、利用，把资金投向、建设重点聚焦到田内，统筹田块整治以及灌排设施、田间沟渠等建设，严格抓好工程质量和资金安全监管，健全长效管护机制，真正做到旱涝保收、高产稳产。加强农田水利设施和现代化灌区建设，抓住国家实施"两重"政策机遇，重点加强粮食产能提升地区重大水资源配置工程、灌区现代化建设与改造工程、中小型水源保障工程建设，形成从水源、骨干渠系到田间末端的完整灌排体系。设置必要过渡期，分类有序做好耕地"非粮化"整改。研究制定基本农作物目录。加强东北黑土地、盐碱地、酸化退化耕地以及撂荒地等综合治理。

（三）实施藏粮于技战略，加快农业科技成果大面积推广应用。强化创新资源统筹，深入实施种业振兴行动，发挥"南繁硅谷"等科研平台作用，健全商业化育种体系，促进育繁推一体化发展。坚持研发、生产、推广应用一体推进，加快农机装备研发和推广应用。大力发展智慧农业。发展多种形式适度规模经营，建立健全以农户家庭经营为基础、合作与联合为纽带、社会化服务为支撑的立体式复合型现代农业经营体系。提高农业社会化服务质效，引导有条件的服务主体建设农事综合服务中心，把更多小农户引入现代农业发展轨道。鼓励通过发布流转价格指数、实物计租等方式，推动流转费用稳定在合理水平，不得通过下指标、定任务等方式推动土地流转。"藏粮于技"关键在"授农以技"，要提高农技推广服务效能，拉近农民与农技的距离。

（四）加强支持保护，充分调动农民种粮和地方抓粮两个积极性。进一步加大强农惠农富农政策支持力度，在价格、补贴、保险以及市场调控等方面，打出一套政策"组合拳"，防止谷贱伤农，让农民丰收又增收，让主产区抓粮得实惠。充分调动农民种粮的积极性，落实好稻谷、小麦最低收购价政策，扩大政策性收储规模，完善玉米大豆生产者补贴、稻谷补贴、大豆加工奖补政策，稳定耕地地力保护补贴政策。支持地方开展粮油种植专项贷款贴息试点。健全粮食主产区奖补激励制度，提高均衡性转移支付投向主产区比例，加大对产粮大县支持，降低产粮大县保费补贴县级承担比例。启动实施中央统筹下的粮食产销区省际横向利益补偿。利益补偿不是责任转嫁，主销区不能因此放松粮食生产。

（牛发亮）

78. 如何巩固拓展脱贫攻坚成果？

巩固拓展脱贫攻坚成果是推进乡村全面振兴的底线任务。今年是巩固拓展脱贫攻坚成果同乡村振兴有效衔接 5 年过渡期的最后一年，具体工作中，需要慎终如始扛稳责任，毫不松懈抓好各项帮扶工作，坚决守牢不发生规模性返贫致贫底线，同时做好与乡村振兴衔接，确保平稳有序过渡。

（一）提高监测帮扶效能。重点从监测和帮扶两个环节加强工作，稳定消除返贫致贫风险。监测重在优化方式、做到应纳尽纳。聚焦收入、支出以及"三保障"和饮水安全，优化监测识别方式，推动监测由主要依靠基层干部入户排查转为更多依靠农户自主申报、部门筛查预警。针对反映较多的多头筛查、重复算账等问题，要加强工作统筹、信息共享，发挥大数据信息系统作用，通过线上线下相结合，不断提高监测时效。帮扶重在加强工作协同，分类落实好兜底式救助和针对性帮扶措施。持续巩固提升"三保障"和饮水安全成果，对生活困难的农户加强社会救助兜底保障，做好低保、医保等制度衔接，确保基本生活有保障。加强易地搬迁后续扶持，多管齐下解决搬迁群众现实困难和问题。按照"巩固、升级、盘活、调整"原则分类推进帮扶产业提质增效，一业一策精准扶持。对有劳动能力的脱贫人口，加大就业帮扶力度，扩大以工代赈规模，稳定务工规模和收入。《报告》提出，深化东西部协作、定点帮扶和消费帮扶，需要优化举措、创新方式，促进更好发挥作用。

（二）健全脱贫攻坚国家投入形成资产的长效管理机制。脱贫攻坚以来，国家投入形成了较大规模资产，成为巩固拓展脱贫攻坚成果、推进乡村全面振兴的重要依托。当前一些地方帮扶资产管理还不同程度存在"重建轻管"、闲置低效等问题。需要对各类帮扶资产进行清查，及时入库、登记造册，建立统一的资产登记管理台账，避免"体外循环"。制定帮扶项目资产管理办法，健全资产形成、确权移交、管护运营、收益分配等全程监管制度，实现从建设、运营到监管的制度"闭环"，推动经营性资产保值增效、公益性资产持续发挥作用。

（三）统筹建立农村防止返贫致贫机制和低收入人口、欠发达地区分层分类帮扶制度。过渡期结束不等于帮扶政策"急刹车"，也不会出现大面积"断供"。现行帮扶政策对象主要是脱贫人口和边缘人口，但监测之外一些农民也可能返贫致贫，此外仍有一些欠发达地区需要持续帮扶。《报告》对此作出针对性部署，今年将开展巩固拓展脱贫攻坚成果同乡村振兴有效衔接总体评估，完善过渡期后帮扶政策体系。在建立农村防止返贫致贫机制方面，主要是把对象拓展为覆盖全部农村人口，统筹开展识别认定和帮扶。对低收入人口和欠发达地区，关键是根据实际情况，合理确定标准、科学划定范围，分层、分类完善针对性帮扶政策，给予差异化支持。总的方向是通过常态化帮扶，长久守住不发生规模性返贫致贫底线，促进低收入人口生活更上一层楼、欠发达地区加快乡村全面振兴。

（张伟宾）

79. 推进农村改革发展有哪些重要举措？

今年将深入学习运用"千万工程"经验，完善强农惠农富农支持制度，进一步深化农村改革，壮大县域富民产业，提高乡村建设水平，推动乡村全面振兴不断取得实质性进展、阶段性成果。

（一）**进一步深化农村改革**。农村改革涉及面广、关联度高，需要坚持守正创新，巩固和完善农村基本经营制度，尊重基层首创精神，为农村发展增动力添活力。有序推进第二轮土地承包到期后再延长 30 年试点，扩大整省试点范围，坚持"大稳定、小调整"，确保绝大多数农户原有承包地继续保持稳定。完善承包地经营权流转价格形成机制，提高农业社会化服务质效。支持发展新型农村集体经济，积极探索资源发包、物业出租、居间服务、经营性财产参股等多样化发展途径。创新乡村振兴投融资机制，继续将农业农村作为财政投入优先保障领域，综合运用多种工具扩大信贷投放、创新产品和服务。壮大乡村人才队伍，推进乡村工匠培育工程，实施好"三支一扶"计划、科技特派员等基层服务项目，让各类人才在农村干事创业、各展才华。

（二）**因地制宜推动兴业、强县、富民一体发展**。把兴业、强县、富民结合起来，着力壮大县域富民产业，不断提升产业发展的质量、效益和竞争力，以产业振兴更好带动农民增收。

下大力气推动已有乡村特色产业做大做强，实施农业品牌精品培育计划，深入挖掘乡村特色资源，大力开发新功能新价值，加快把农业建成现代化大产业，做好"土特产"文章。促进乡村特色产业延链增效、联农带农，提高产品附加值和竞争力，推动新型农业经营主体扶持政策同带动农户增收挂钩，通过保底分红、入股参股、服务带动等方式，让农民更多分享产业增值收益。拓宽农民增收渠道，引导农民发展适合家庭经营的产业项目，加大稳岗就业政策支持力度，发展各具特色的县域经济，发展林下经济，不断培育源头活水，让农民群众活更好找、钱更好挣。

（三）建设宜居宜业和美乡村。遵循城乡发展规律，不断提升乡村建设水平，更好满足农民群众对美好生活的向往。推动基础设施向农村延伸，因地制宜分类推进城乡供水一体化建设，持续推动"四好农村路"高质量发展，深化快递进村，巩固提升农村电力保障水平，继续实施农村危房改造和农房抗震改造。针对农民群众入学就医、养老抚幼等突出问题，积极回应民生关切，加大力度保障和改善农村民生，提高农村基本公共服务水平。优化区域教育资源配置，办好寄宿制学校和必要的乡村小规模学校。推动医疗卫生人员和服务下沉，提升中心乡镇卫生院服务能力，让农民看病更加便利。健全县乡村养老服务网络，开展县域养老服务体系创新试点，解决农村养老的后顾之忧。持续改善农村人居环境，完成好人居环境整治提升行动的各项工作任务，同时着力健全农村改厕和污水、垃圾治理长效机制，完善社会化管护和服务体系，持续改善村容村貌。加强文明乡风建设，丰富农民文化生活，引导群众性文体活动健康发展，挖掘、继承、创新优秀传统乡土文化。推进农村移风易俗，持续整治高额彩礼、人情攀比、大操大办等突出问题，不断铲除陈规陋习的生存土壤。

（张伟宾）

80. 如何深入实施新型城镇化战略行动？

2025 年，将继续按照既定部署，统筹推进新型工业化、新型城镇化和乡村全面振兴，扎实实施好五年行动计划，推动更多的农业转移人口全面融入城市，为扩大内需、推动高质量发展提供有力支撑。

（一）科学有序推进农业转移人口市民化。新型城镇化的关键是解决好人的问题。目前，我国城镇化率比发达国家平均水平低 10 多个百分点，常住人口城镇化率和户籍人口城镇化率相差 18 个百分点左右，这意味着有 2 亿多在城镇生活的农业转移人口还没有完全市民化。在少数人口集中流入城市，部分成本较高的公共服务供需缺口仍然较大，城镇非户籍常住人口享有的基本公共服务与户籍人口仍有差距。要全面推进常住地提供基本公共服务，促进农业转移人口在城镇稳定就业生活，有序实现市民化。

深化户籍制度改革。分类指导各地按规定因城施策完善落户政策，推行以经常居住地登记户口制度。推动各类城市更多设立街道或社区公共户口，为租房落户提供便利。完善全国公开统一的户籍管理政务服务平台，提高户籍登记、迁移便利度。

强化随迁子女义务教育保障。加大人口集中流入地公办中小学学位供给，提高随迁子女在公办学校就读比例。除义务教育外，还将支持人口集中流入城市普通高中建设，扩大中等职业教育、普惠性学前教育保障范围，使更多随迁子女在人口流入地享受公共教育服务。

推动将符合条件的农业转移人口纳入住房保障体系。增加公租房、保障性租赁住房供给，推动更多地方将在城镇稳定就业生活的农业转移人口纳入保障。指导人口流入量大、房价较高的城市以"一张床、一间房、一套房"等模式，建立多层次租赁住房供应体系。

畅通参加社会保险渠道。推动各地取消灵活就业人员、农民工、新就业形态人员在就业地参加城镇职工社保的户籍限制，完善社保关系转移接续政策。推进新就业形态人员职业伤害保障试点、灵活就业人员参加住房公积金制度试点。落实好农民工培训补贴政策，促进农民工稳定就业。

（二）提高城乡规划、建设、治理融合水平。我国部分地区人口规模大、城镇化率低、资源环境承载力较强，城镇化还有较大提升空间，目前主要分布在冀中南、皖北、鲁西南、豫东南、湘西南、粤西、川东等地。要把新型工业化和城镇化协同推进，强化城镇化潜力地区县市产业支撑，促进城乡要素平等交换、双向流动，实现农业转移人口就近就业安居、就近城镇化。

大力发展县域经济。推动城镇化潜力地区县市"一县一策"强化产业导入，培育中小企业特色产业集群。完善产业在国内梯度有序转移的协作机制，指导城镇化潜力地区提高产业园区发展质量，加快引进和培育就业容量大的产业。

加快补齐县城基础设施和公共服务短板。县城是联结城乡的桥梁纽带，是城乡要素跨界配置、产业发展的重要载体。顺应农村人口向县城集聚趋势，因地制宜补齐县城短板弱项，完善市政公用设施、环境基础设施，以改善县域高中办学条件、提升县医院综合能力为重点，推进公共服务提质增效。

推动城镇基础设施和公共服务向乡村延伸覆盖。统筹推进县域城乡交通、供水、供电、信息、物流、垃圾污水处理等设施规划、建设、管护，深入推进县域城乡学校共同体和紧密型县域医共体建设，促进城乡基础设施互联互通、基本公共服务普惠共享。

（三）发展现代化都市圈，优化空间格局。我国都市圈建设稳步推进，同城化体制机制不断健全。但总体上，大中小城市发展仍不够协调，一些超大特大城市功能过度集中、人口密度过大，一些中小城市和小城镇则面临人口和产业外迁压力。要加快培育发展现代化都市圈，推进中心城市辐射带动周边市县共同发展。

提升超大特大城市现代化治理水平。加快转变超大特大城市发展方式，鼓励适当做减法，推动疏解非核心功能，引导过度集中的医疗和高等教育等公共服务资源有序向外转移。统筹中心城区和郊区新城发展，合理控制中心城区人口密度，促进办公、居住、商业等各类功能区优化布局。

促进大中小城市和小城镇协调发展。持续推动都市圈基础设施互联互通、产业功能协同合作、公共服务共建共享。支持重点都市圈实施城际通勤效率提升工程，推进都市圈城际铁路建设，支持国家高速公路都市圈环线及绕城环线待贯通路段建设，加快实现高频政务服务事项跨城市"一网通办"。

（四）持续推进城市更新。当前，我国城市发展已从大规模增量建设转向存量提质改造与增量结构调整并重，进入城市更新的重要时期。部分城市地下管网建设缺口较大，大量老旧公共设施需要更新完善，还有不少城中村、老旧街区、老旧厂区需要推进改造。尤其是在近些年极端天气增多的情况下，城市建设管理暴露出不少短板，安全韧性能力亟待提升。今年将加快实施城市更新行动，逐步打造宜居、韧性、智慧城市。

推进城镇老旧小区改造。推动各地全面完成 2000 年底前建成的城镇老旧小区改造任务。更新改造小区燃气等老化管线管道，支持有条件的楼栋加装电梯。整治小区及周边环境，完善小区停车、充电、消防、通信等配套基础设施，增设助餐、家政等公共服务设施，提升小区环境和服务设施水平。

统筹城市低效用地再开发。有序推进城市公共空间功能提升、老旧街区（厂区）转型提质，充分利用存量闲置房屋和低效用地，优先补齐教育、医疗、养老、托育、助残、体育、文化、殡葬等公共服务设施短板。

加强城市地下管网建设和协同管理。支持地方基本完成已排查出的老化燃气管道更新改造任务。推动城市供水设施改造提标，加强城市生活污水收集、处理和再生利用，以及污泥处理处置设施建设改造。建立健全城区水系、排水管网与周边江河湖海、水库等"联排联调"运行管理模式，加快完善城市防洪排涝体系，全面消除老城区易涝积水点。

推进城中村改造和设施更新。扩大城中村改造规模，按照

"一村一策"采取拆除新建、整治提升、拆整结合等方式推进，切实消除安全风险隐患，改善居住条件和生活环境。推进城市危房和老旧房屋改造，允许通过加固、改建、重建等多种方式实施。加快人工智能等新技术应用推广，发展数字化、智能化新型城市基础设施，提升城市服务管理数字化水平。完善无障碍适老化配套设施，健全社区基本公共服务设施、便民商业服务设施，构建15分钟便民生活圈。

（刘日红）

81. 加大区域协调发展战略实施力度有哪些举措？

这些年，我国区域发展平衡性协调性不断增强，同时也面临南北差距有所拉大、区域内发展分化极化、部分特殊区域存在转型困难、区域产业布局不合理等新问题新挑战。要因时因地制宜、分区分类施策，增强区域发展活力。

（一）进一步推动西部大开发形成新格局。聚焦大保护、大开放、高质量发展，增强重点领域支撑保障能力，提升区域整体实力和可持续发展能力。筑牢西部地区生态安全屏障，通过中央预算内投资、超长期特别国债等资金渠道，加大对西部地区生态保护和修复等重点项目的投入。支持西部地区提升科技创新能力，加快发展特色优势产业，逐步把成渝地区、西安建设成为具有全国影响力的区域科技创新中心。落实落细西部地区鼓励类产业企业所得税优惠等各项税费优惠政策，加快广西、云南沿边临港产业园区建设。推动成渝地区双城经济圈建设走深走实，实施好共建重点项目，加快补齐交通圈短板，提升川渝产业协作配套水平，联手打造具有国际竞争力的先进制造业集群。

（二）推动东北全面振兴取得新突破。支持东北地区充分发挥比较优势，统筹推进传统产业转型升级和战略性新兴产业培育壮大。支持实施一批工业领域设备更新和技术改造项目，支持中央企业优先在东北布局工业母机等战略性新兴产业，加快构建具有东北特色优势的现代化产业体系。加强粮食生产能力建设，支持东北地区大力推进高标准农田建设，编制把永久基本农田建成高标准农田实施方案，研究扩大黑土地保护实施范围，制定出台东北地区批量增加耕地实施方案。支持东北地区优化营商环境，深化与东北亚区域合作。

（三）**促进中部地区加快崛起。** 支持中部地区发挥承东启西、连南接北的独特优势，加快"三基地、一枢纽"建设。以科技创新引领先进制造业发展，推进现代装备制造及高技术产业基地建设。有序核准一批大型、特大型现代化煤矿项目，加快煤矿先进产能建设和智能化改造，提高能源原材料基地发展水平。支持中部地区粮食主产区建设，支持产粮大县、农产品主产区率先把永久基本农田全部建成高标准农田，巩固粮食生产基地地位。加快高铁、高速公路、水运、航空等设施建设，大力发展铁水等多式联运，推进综合交通运输枢纽建设。提升自贸试验区、综合保税区等平台功能，支持湖南推进中非经贸深度合作先行区建设，打造内陆开放高地。

（四）**鼓励东部地区加快推进现代化。** 发挥东部地区产业基础雄厚、创新要素聚集等优势，推动科技创新和产业创新融合发展，加快培育世界级先进制造业集群，大力发展现代服务业，不断提高创新能力和经济增长能级。推动福建全方位高质量发展、建设两岸融合发展示范区。以更大力度支持山东新旧动能转换，提升济南新旧动能转换起步区产业发展水平。

（五）**分类施策支持特殊类型地区发展。** 加大对欠发达地区县域振兴发展的支持力度，创新帮扶协作机制。加力支持革命老区振兴发展，进一步完善政策举措。紧紧围绕铸牢中华民族共同体意识主线，加快民族地区高质量发展。引导资源型地区主动调整优化经济结构，走出各具特色的转型发展新路子。继续开展老工业城市产业链关联和结构研究，支持加快产业转型发展。加强边疆地区重点地市、重点县城、重点村镇建设，深入推进新时代兴边富民行动。

（六）**大力发展海洋经济**。坚持陆海统筹，抓好涉海重大项目和重点任务落地见效，促进海洋经济高质量发展。高水平建设全国海洋经济发展示范区、现代海洋城市，深化海洋重点领域改革探索。优化海洋领域全国重点实验室布局结构，培育建设海洋领域国家技术创新中心，增强海洋科技创新能力。推进自动化码头操作系统、智能船舶、水产核心种源等创新应用，提升主要海洋产业综合竞争优势。高效开发利用海洋资源，积极参与国际海洋合作。

（刘日红）

82. 推进区域重大战略的主要任务是什么？

区域重大战略是国家为促进特定地区发展而制定的发展战略，充分考虑了我国国土空间类型多样、发展条件差别巨大的客观实际。要把准区域类型和功能定位，扎实推动战略重点区域发展，发挥示范引领和辐射带动作用，更好服务和支撑区域协调发展大局。

（一）**推进京津冀协同发展**。牢牢牵住北京非首都功能疏解这个"牛鼻子"，加快破解制约协同发展向纵深推进的体制机制障碍，支持京津冀进一步形成更紧密的协同工作格局。加快推进疏解高校、医院、央企在雄安新区落地建设，高标准高质量建设北京城市副中心，抓好进一步支持滨海新区高质量发展的政策措施落实。深化三地公路、铁路等"硬联通"和异地就医、养老等"软联通"，加快科技创新和产业协作等重点领域协同发展。

（二）**深入推进长三角一体化发展**。紧扣一体化和高质量两个关键，统筹龙头带动和各扬所长，推动长三角一体化发展取得新的重大突破。推进长三角科技创新和产业创新跨区域协同，支持科研机构、科技领军企业协同推进重大科技攻关任务，共建现代化产业体系。上海市是长三角地区的龙头，要加快国际经济、金融、贸易、航运、科技创新"五个中心"建设，支持临港新片区建设国际数据产业园区，进一步提升虹桥国际开放

251

枢纽能级。加强长三角生态绿色一体化发展示范区制度创新成果推广应用，推动上海市与苏州市、南通市、嘉兴市等周边地区深化一体化发展，加快建设美丽幸福长三角。

（三）加强粤港澳大湾区建设。以科技创新、产业发展、设施联通、规则衔接、民生改善等领域为重点，不断深化粤港澳全面合作、深度合作，促进港澳融入国家发展大局取得新进展。深入推进机制对接，进一步便利人员、资金、数据等要素跨境流动，提升市场一体化发展水平。支持三地联合科技攻关，加快建设国际科技创新中心。研究制定支持横琴合作区建设的一揽子政策举措，提升琴澳一体化发展水平，促进澳门经济适度多元发展。着力推进前海、南沙、河套等重大合作平台建设，更好发挥其在商贸、金融、科技创新等方面的引领带动作用。

（四）持续推进长江经济带高质量发展。坚持共抓大保护、不搞大开发，坚持生态优先、绿色发展，推动长江流域生态环境保护和高质量发展从量变向质变跃升。围绕城市生活污水管网、工业污染治理、重要湖泊治理等领域开展攻坚，坚定不移推进长江十年禁渔，加快船舶等重点领域绿色转型。大力提升长江黄金水道功能，推动三峡水运新通道项目尽早开工建设，加快推进沿江高铁建设，进一步提升联通衔接水平。推动沿江省市产业有序转移，支持沿江先进制造业集群培育提升，加快推进沿江制造业创新中心建设。

（五）全面推动黄河流域生态保护和高质量发展。坚持重在保护、要在治理，系统提升上游水源涵养能力，加强中游水土保持，推进下游湿地保护和生态治理。水资源短缺是制约黄河流域发展的突出短板，要稳步优化调整黄河可供水量分配方案，加快建立强制性用水定额制度，保障重要堤防水库和基础设施安全。支持黄河流域扎实推进新一轮千亿斤粮食产能提升行动，持续开展粮油作物大面积单产提升行动，加快推进煤炭矿区规划建设，更好保障国家粮食和能源安全。有序推进传统行业产能置换，建设具有黄河特色的现代产业体系。

（六）**支持经济大省挑大梁**。大省经济体量大，产业基础好，在区域发展中发挥着龙头带动作用。习近平总书记在参加十四届全国人大三次会议江苏代表团审议时强调，圆满实现"十四五"发展目标，经济大省要挑大梁。今年将在要素保障、科技创新、改革开放先行先试等方面制定支持政策，更好发挥大省在稳经济、促创新、扩就业等方面的引领带动作用。其他地区也不能"等靠要"，要发挥特色优势，因地制宜、各展所长，为全国发展大局作贡献。

（刘日红）

83. 如何加强污染防治和生态建设？

聚焦建设美丽中国，坚持精准治污、科学治污、依法治污，更加注重源头防控、精准管控，以更高标准打好标志性战役、产出标志性成果，推动生态环境质量稳中向好、持续改善。

（一）持续深入推进蓝天、碧水、净土保卫战。2025 年要以京津冀及周边、长三角、汾渭平原等重点区域为主战场，完善重污染天气应对区域联防联控机制，大力推进挥发性有机物、氮氧化物等污染物协同减排。持续开展粗钢、水泥、焦化等行业超低排放改造，深入实施挥发性有机物综合治理。

加强战略水源地保护，严控地下水超采，确保长江、黄河干流水质稳定保持 Ⅱ 类、重要湖泊水质保持稳中向好。加快补齐城镇污水收集和处理设施短板，持续开展城市黑臭水体整治环境保护行动。强化入海河流总氮等污染治理与管控，"一湾一策"协同推进近岸海域污染防治、生态保护修复和岸滩环境整治。

加强源头防控，有效管控农用地和建设用地土壤污染风险，推动完成重点县农用地土壤重金属污染溯源。同时逐步解决长期积累的土壤严重污染问题，2025 年要开展长江流域沿江 1 公里化工企业腾退地块土壤污染专项治理。

（二）制定固体废物综合治理行动计划，加强新污染物协同治理和环境风险管控。聚焦钢铁、化工、能源等工业固废高产大户,"一业一策"实施技术改造,切实降低工业固废产生量。规范废弃风电、光伏设备及动力电池污染防治。推动装配式建筑应用,支持建筑垃圾可再生利用,建设一批建筑垃圾资源化处置中心。推动农业废弃物综合利用,深化畜禽粪污肥料化、秸秆能源化利用。

聚焦化工与电子行业,开展化工园区有毒有害物质专项排查,完成典型大宗工业固废堆存场所排查。加快推进磷石膏堆场(库)综合治理,基本完成尾矿库污染治理。持续推进化肥农药减量增效,在粮食主产区推广生物可降解农膜和低毒农药。建立生活废弃物集中处置中心,加强医疗和日用化学品治理。

(三)**深入实施生态环境分区管控。**因地制宜实施"一单元一策略"的精细化管理,生态环境优先保护单元要加强生态环境系统保护和功能维护,生态环境重点管控单元要针对突出生态问题,强化污染物排放管控和环境风险防控,其他区域要保持生态环境质量基本稳定。

(四)**统筹推进山水林田湖草沙一体化保护和系统治理。**推动"三北"工程标志性战役取得重要成果。以打好三大标志性战役为重点,强化要素保障、推动联防联治、创新机制模式、加强科技支撑,扎实筑牢我国北方重要生态安全屏障。从源头上把好项目质量关,形成"储备一批、建设一批、竣工一批"的滚动建设机制。建立长期稳定的后期管护机制,发挥国有林场主力军作用。

按照《中国生物多样性保护战略与行动计划(2023—2030年)》要求,编制实施《生物多样性保护重大工程实施方案》,

推动国家战略与行动计划落地落实。坚定推进长江十年禁渔，重点打击销售长江流域非法渔获物的行为。

（五）健全生态保护补偿和生态产品价值实现机制。提升绿色金融专业服务能力，加大绿色信贷投放，发展绿色债券、绿色资产证券化等绿色金融产品。建立资源权益指标市场化交易机制，构建生态产品产业化经营开发机制，健全生态补偿赔偿机制。启动第二批国家生态产品价值实现机制试点建设，探索生态产品价值实现的多样化模式和路径。

（六）积极推进美丽中国先行区建设。坚持全国一盘棋，一体部署重大战略区域、省域和美丽城市、美丽乡村建设，鼓励各地因地制宜开展示范创新。坚持一省域一特色，重点支持 5 个左右省份开展先行区建设。支持 50 个左右城市以绿色低碳、环境优美、生态宜居、安全健康、智慧高效为导向，推进新时代美丽城市建设。因地制宜建设美丽乡村，整县推进美丽乡村建设。

（王胜谦）

84. 加快发展绿色低碳经济有哪些举措？

着力构建绿色低碳循环经济体系，加快形成科技含量高、资源消耗低、环境污染少的产业结构，通过高水平保护不断塑造发展的新动能、新优势。

（一）完善支持绿色低碳发展的政策和标准体系。 进一步完善政策和标准体系，激发绿色低碳发展的内生动力。深化横向生态保护补偿机制建设，稳步有序建立大江大河干流补偿机制。推进资源环境要素市场化配置，研究完善排污权有偿使用和交易、生态环境损害赔偿资金管理等制度，因地制宜探索不同生态产品价值实现路径。加大对传统行业改造升级、绿色低碳科技创新、能源资源节约集约利用和绿色低碳生活方式推广等领域的财税政策支持力度。完善绿色转型价格政策，深化电价、水价等改革，加强绿色产品认证与标识体系建设。聚焦低碳技术、碳减排、绿色产品等方面，持续推进绿色工厂、绿色产品标准研制。

（二）培育绿色建筑、绿色能源、绿色交通等新增长点。 绿色产业是应对气候变化、实现可持续发展的重要抓手。据统计，全球绿色建筑市场规模已超万亿美元，可再生能源投资连续五年突破3000亿美元，绿色产业凸显其经济潜力。近年来，我国绿色产业加速布局，形成规模与技术双突破。下一步，要深入实施绿色低碳先进技术示范工程，发布第二批项目清单，滚动更新储备项目，对符合条件的项目给予要素保障。构建政策引导、技术支撑、市场驱动的协同机制，进一步培育壮大绿色产业增长点。强化政策激励，推动技术融合创新，发展建筑光伏一体化、氢燃料电池等关键技术，推广装配化装修与智能建造。持续优化交通运输结构，推动大宗物资"公转铁"、"公转水"，加快推广新能源运输装备，发展铁水、公铁、空铁、江海等多式联运。优化市场机制，建立绿色产品交易体系，探索用能权交易与绿证市场联动。加强国际规则对接，应对欧盟碳关税等贸易壁垒，提升绿色产业全球竞争力。

（三）完善资源总量管理和全面节约制度。实施全面节约战略，持续推动"能水粮地矿材"一体化节约，落实资源约束刚性要求。坚决遏制高耗能、高排放、低水平项目盲目发展。做好重点领域节能降碳增效，深入开展能效对标达标，实施用能设备更新升级，大力推进建筑节能改造和供热计量。加强重点用能单位节能管理，加快节能标准更新升级和应用实施。推动节能降碳先进技术研发推广，培育市场化节能模式。推广资源循环型生产模式，健全废弃物循环利用体系，强化废弃物分类处置和回收能力，大力推广再生材料使用，提升再生利用规模化、规范化、精细化水平。

（四）健全绿色消费激励机制。绿色消费在推动消费结构升级、激发消费潜力等方面发挥着越来越重要的作用。加大优质绿色产品供给。鼓励企业把"绿色"落实到产品生命周期全过程，推动产品和价值链绿色低碳转型。支持企业把握市场需求，加强技术研发，推动实现绿色产品多元化，提升市场竞争力。

积极扩大绿色消费。研究推行政府绿色采购制度。健全绿色消费激励机制，通过消费补贴、积分奖励等方式，鼓励支持消费者选择绿色产品和服务。运用大数据技术完善绿色产品监管机制，强化针对绿色产品的质量安全责任保障，营造良好绿色消费环境，提高消费者的信心和满意度。

（王胜谦）

85. 碳达峰碳中和如何积极稳妥推进?

推进碳达峰碳中和是我国对国际社会的庄严承诺,也是推动经济结构转型升级、形成绿色低碳产业竞争优势,实现高质量发展的内在要求。实现碳达峰碳中和,等不得也急不得,必须坚持稳中求进、逐步实现。

(一)扎实开展国家碳达峰第二批试点工作。2025年在一些地方开展碳达峰第二批试点,有序推进城建、交通、能源等领域重点任务和重大工程,着力解决首批试点中暴露的共性问题,不断总结经验,探索差异化降碳发展路径。建设零碳园区、零碳工厂既能提升园区企业绿色竞争力,又能促进区域经济绿色转型。重点推动清洁能源规模化应用,推广屋顶光伏、分布式风电及储能系统,探索"绿电直供+隔墙售电"模式。加快绿色低碳产业培育,通过延链补链发展低能耗高附加值产业,推动传统产业深度脱碳。推广应用二氧化碳捕集与封存技术,将工业过程产生的碳排放收集起来合理利用。推进数字化管理,提升精细化运营水平,实现全流程减碳。

(二)加快构建碳排放双控制度体系。碳排放双控制度体系是实现"双碳"目标的重要制度设计。要加快构建碳排放双控制度体系,完善碳排放相关规划制度,合理确定五年规划期碳排放目标。建立地方碳排放目标评价考核制度,合理分解碳排放双控指标,推动省市两级建立碳排放预算管理。推动全国碳排放权交易市场、温室气体自愿减排交易市场建设，2025年重点将水泥、钢铁、电解铝等行业纳入全国碳排放权交易范围，提高碳市场活跃度和流动性，增强碳市场的定价效率，实现更广泛的碳减排目标。

（三）**强化碳排放统计核算、碳足迹管理、碳标识认证制度建设**。探索重点行业领域碳排放预警管控机制，完善重点行业领域碳排放核算机制，常态化开展重点行业领域碳排放形势分析监测和预警。完善企业节能降碳管理，健全重点用能和碳排放单位管理制度。开展固定资产投资项目碳排放评价，将碳排放评价有关要求纳入固定资产投资项目节能审查，对项目用能和碳排放情况开展综合评价。加快建立产品碳足迹管理体系，制定产品碳足迹核算规则标准，丰富完善国家温室气体排放因子数据库，建立产品碳标识认证制度，帮助企业积极应对绿色贸易壁垒。

（四）**加快构建新型能源体系**。统筹好新能源发展和国家能源安全，逐步建立以非化石能源为主体、化石能源为兜底保障、新型电力系统为关键支撑、绿色智慧节约为用能导向的新型能源体系。大力推进风电光伏开发利用，2025年要加快"沙戈荒"新能源基地建设，发展海上风电，统筹水电开发和生态保护，加强清洁能源基地、调节性资源和输电通道在规模能力、空间布局、建设节奏等方面的衔接协同，科学布局抽水蓄能、新型储能、光热发电。进一步加强智能电网建设，提升电力系统安全运行和综合调节能力。加强煤炭能源清洁高效利用，重点推动实施煤电机组节能改造、供热改造和灵活性改造"三改联动"

和落后产能淘汰。实施新一代煤电升级专项行动，通过超长期特别国债等资金渠道对符合条件的煤电低碳化改造予以支持，并择优纳入绿色低碳先进技术示范工程。

（五）积极参与和引领全球环境与气候治理。我国是全球气候治理进程的重要参与者、贡献者和引领者。我们要持续推动落实全球发展倡议，规划应对气候变化一揽子重大工程。面对新的国际形势，要秉持人类命运共同体理念，全面参与气候变化、生物多样性、化学品与废物及海洋领域、乏燃料与放射性废物安全等重要国际环境公约履约谈判，推动构建公平合理、合作共赢的全球环境气候治理体系。有关方面正在推动加强南南合作以及同周边国家合作，强化绿色发展领域的多边合作平台建设，加强绿色投资和贸易合作，高质量推动共建"一带一路"绿色发展。

（王胜谦）

86. 如何促进高校毕业生等重点群体就业？

对高校毕业生、退役军人、脱贫人口、农民工、就业困难人员等重点群体，要针对新形势新情况优化就业创业服务，拓展系统化工作思路，完善多元化支持体系，创造多样化就业机会。

（一）拓宽高校毕业生等青年就业创业渠道。2025 年应届高校毕业生 1222 万人，促就业压力不小。推动就业服务前移。抓住毕业生离校前的重要时间段，开展公共就业服务进校园，把就业政策、岗位信息、职业指导等送到毕业生身边。实施离校未就业毕业生服务攻坚行动，重点抓好困难毕业生的兜底帮扶。针对毕业生求职意愿与岗位匹配度不高等问题，加强就业观念引导和岗位衔接，努力实现人岗相适。多措并举拓展岗位。充分考虑毕业生就业意愿和挖潜空间，通过支持产业和企业发展创造更多适合毕业生的岗位，积极扩大城乡社区和事业单位招聘规模。挖掘更多乡村振兴、社区治理、就业社保等领域就业机会，稳定扩大"三支一扶"等基层项目规模。更加注重就业能力提升。抓住人才培养供需匹配这个关键，强化以就业为导向的学科专业建设。结合毕业生求职特点，加强就业指导必修课和教师队伍建设，深化实施百万就业见习岗位募集计划，推出更多知识型、科研型、管理型的见习岗位。

（二）做好退役军人安置和就业服务。在安置就业方面，要完善配套政策，在拓宽安置渠道、加强安置保障、提升服务质效上持续用力。强化待安置期管理保障，健全考试考核、赋分选岗、双向选择、直通安置等办法，持续提高安置质量。在就业创业服务方面，要紧密结合退役军人特质特点和创业实际，加强就业观择业观引导，加大订单式、定向式、定岗式培训力度，提升培训针对性实效性。落实好创业税收、金融等方面优惠政策，同时加强就业岗位开发，组织线上线下招聘，开展"送政策、送技能、送岗位"活动。

（三）促进脱贫人口、农民工就业。务工收入占农民收入的四成多，是农民收入的重要来源。稳定全国近 3 亿农民工就业，对促进农民增收至关重要。着力做好脱贫人口就业帮扶。用好支持脱贫人口就业的税收优惠、就业补贴、担保贷款、资金奖补等帮扶政策，持续增强政策效果。特别是要突出 160 个国家乡村振兴重点帮扶县、70 个易地搬迁万人安置区的脱贫人口，落实优先帮扶举措和支持政策。充分发挥劳务协作机制作用，加强有组织输出，确保全年脱贫人口就业规模稳定在 3000 万人以上。增强促进农民工就业的承载力。抓住劳动密集型行业、重大投资建设项目等农民工从业集中、吸纳就业能力强的领域，支持行业企业稳定发展，加快项目投资和施工进度。支持促进农民工返乡创业，开展农村创业项目技术、融资、营销渠道等对接交流，落实支持政策，增强创业带动就业能力。创新就业服务保障方式。充分发挥"家门口"就业服务站、零工市场分布广泛、便捷可及的优势，推广"即时快招"模式，让劳动者转岗、上岗"无缝衔接"。开展有组织季节性务工，利用农闲季

节和用工短缺季重叠期，因地制宜挖掘一批季节性岗位，增加
农闲季节外出务工收入。

（四）强化大龄、残疾、较长时间失业等困难群体就业帮扶。围绕拓渠道，收集一批就业岗位，积极动员企业设立一批低门槛、有保障的爱心岗位，归集一批物业管理、便民服务等家门口就业岗位，鼓励开发一批远程客服、数据输入等适合残疾人的就业岗位，满足不同群体多元化就业需求。突出针对性，实施一系列就业帮扶，高频次举办分行业、分岗位、分地区的专场招聘活动，提供"就"在身边服务。打出组合拳，集中兑现一批就业援助"两优惠"、"三补贴"政策，支持服务对象到企业就业、灵活就业和自主创业。对通过市场渠道确实难以实现就业的，要统筹使用公益性岗位进行安置，切实兜牢就业保障网。

（乔尚奎）

87. 怎样加强技能人才培养和激励？

当前，劳动者就业意愿、技能素质与岗位需求难以有效对接，高技能人才求人倍率在 2 以上，大龄低技能劳动者求人倍率在 0.8 以下，有人没活干、有活没人干的现象较为突出。破解结构性就业矛盾，增强对高质量发展的人力资源支撑，要突出劳动力供给侧这个关键，以强化职业教育培训、培养高素质技能人才为抓手，推动技能人才提质扩量优结构。

（一）开展大规模职业技能提升培训行动。劳动者拥有一技之长，不仅能帮助自己找到好工作，也有利于促进产业升级和服务提质。从今年开始，连续 3 年每年补贴职业技能培训 1000 万人次以上，围绕康养托育、先进制造、现代服务、新职业等就业容量大、供需矛盾突出的行业领域，自下而上摸清需求，遴选培训项目，根据职业工种急需紧缺程度、培训成本、就业效果等，确定差异化的补贴标准，强化政策资金支持保障。启动康养领域专项培训计划、高技能领军人才计划，开展家政服务职业技能培训专项行动，推行"岗位需要＋技能培训＋技能评价＋就业服务"培训模式，加强公共实训基地、高技能人才培训基地建设，健全终身职业技能培训制度。探索建立以社保卡为载体、贯穿劳动者终身的技能培训电子档案。规范培训和评价管理，巩固职业技能培训和评价专项整治成效。

（二）充分发挥企业培训主体作用。要鼓励产业龙头企业牵头,相关重点企业共同出资,技工院校提供培训资源,培育产训评一体的企业技能生态链。引导企业足额提取并合理使用职工教育经费,确保60%以上的经费用于一线职工教育和培训。依托企业加大高技能人才培训基地、技能大师工作室项目建设力度,探索支持企业建设实训设施的有效路径,提升企业高技能人才培养基础能力。推行中国特色企业新型学徒制,拓展学徒范围、企业范围、合作培养范围,提升学徒质量。

(三)**加快构建技能导向的薪酬分配制度。**支持在技能人才集中的区域、行业开展工资集体协商,推进技能人才薪酬分配指引,引导合理确定技能人才起点工资,推动工资分配向生产一线和急需紧缺的技能人才倾斜,提高技能人才待遇水平,实现多劳者多得、技高者多得、创新者多得。对社会需求大但薪酬水平低的职业工种,通过政府购买服务、补贴培训等方式给予支持,增强职业吸引力。畅通技能人才纵向成长通道,深入实施"新八级工"职业技能等级制度,支持企业开展特级技师、首席技师评聘工作。推进国家资历框架体系建设,推动扩大高技能人才与专业技术人才职业发展贯通领域,拓宽技能人才横向发展通道。健全技能人才职业资格体系,提高职业技能等级证书社会认可度,逐步推动职业技能等级证书在全国通用。

(四)**持续营造技能成才良好环境。**办好第三届全国职业技能大赛等赛事,为广大技能人才积极搭建展示技能、切磋技艺的平台。健全完善高技能人才表彰奖励体系,提升他们的社会地位和职业荣誉感。发挥大国工匠、中华技能大奖和全国技术能手引领作用，选树一批先进典型并加大宣传力度。加强世界青年技能日、职业教育活动周等宣传，引导全社会树立正确就业观，营造技能成才、技能报国的良好社会环境。

（乔尚奎）

88. 如何提高基层医疗卫生服务能力？

在家门口就能看好病，是广大人民群众朴素的心愿。提高基层医疗卫生服务能力，总的思路就是促进优质医疗资源扩容下沉和区域均衡布局，补齐薄弱专业、薄弱地区等短板，提升基层医疗卫生服务水平，让广大人民群众就近享有公平可及、系统连续的健康服务。今年重点抓好四项工作。

（一）**实施医疗卫生强基工程**。基层医疗卫生机构是我国医疗卫生服务体系的"网底"。目前，我国基层医疗卫生机构数量超过 100 万个，基层医疗卫生人员超过 500 万人，基本实现服务全覆盖，但距离满足人民群众日益增长的医疗卫生服务需求仍有差距。2025 年重点从优化布局、协同联动、提升能力三方面下功夫。优化布局主要是优化基层医疗卫生机构布局，因地制宜配置基层医疗卫生资源，有减有增、优化完善，既不能一哄而上，也避免一撤了之，切实把基层医疗卫生机构规划好、建设好、使用好。协同联动主要是深化紧密型医联体建设，做实人员和服务下沉，争取每个基层医疗卫生机构都有上级医院医师派驻，实现常态化巡回医疗在资源薄弱县全覆盖。提升能力主要是提升基层基本医疗服务水平，健全基层机构临床科室设置和医疗设备配备，继续扩大基层用药种类，发展"互联网＋医疗健康"和人工智能辅助诊断。

（二）加强护理、儿科、病理、全科、老年医学专业队伍建设。截至 2024 年底，全国卫生技术人员规模达到 1295 万人，但护理、儿科、病理、全科、老年医学等专业仍然是较为突出的结构性短板，基层矛盾更加突出。比如，近年来每逢呼吸道传染病高发季节，一些地方儿科长时间排队就医情况较为突出。《报告》坚持问题导向，对补齐这些短板作出针对性部署。下一步，要分层分类制定专门人才培养培训规划，调整医学专业结构，专业硕士研究生招生要向紧缺专业倾斜，强化住院医师规范化培训和继续医学教育，不断壮大薄弱专业队伍。这些专业人才不足，很大的原因是缺乏有力的政策支持，要健全支持发展的政策体系，在服务价格调整、医保支付、职称晋升等方面加大倾斜力度，增强相关专业执业吸引力。

（三）促进分级诊疗。提高基层医疗卫生服务能力，既要重视硬件建设，也要深化改革、健全机制，促进有序就医。我国分级诊疗的组织架构是完善的，矛盾在运行机制不健全。从世界范围看，分级诊疗大多采取立法强制、医保推动、价格引导等方式加以推动。要完善各级医疗机构服务功能定位，充分发挥医保支付、价格等调控作用，引导群众基层首诊。要运用远程医疗等信息化手段，通过机制创新把大医院医生和技术引到基层，扎实推进家庭医生签约服务，为居民提供全方位全生命周期的健康服务。

（四）推动常态化巡回医疗在资源薄弱县全覆盖。全面建立多层次、广覆盖的巡回医疗制度，重点关注中西部医疗服务能力薄弱县、国家乡村振兴重点帮扶县、少数民族聚居县、边境地区和革命老区，适当扩大巡回范围、延长巡回时间、增加巡回人数。省内参与巡回医疗的范围要扩大到所有三级公立医院，保持对省域内医疗服务能力薄弱县等重点县的全覆盖。

（庚　波）

89. 怎样深化以公益性为导向的公立医院改革？

公立医院是我国医疗卫生服务体系的主体，改革成效直接关系人民群众看病就医感受。近年来，公立医院改革取得明显进展，但在编制、人事、薪酬、服务等方面还存在一些比较突出的矛盾和问题。《报告》针对这些问题作出了具体安排，总的要求是统筹推进公立医院各方面改革，健全维护公益性、调动积极性、保障可持续的运行机制。

（一）推进编制动态调整。现在，公立医院编外人员占比偏高，不利于队伍稳定。这既有编制不足的原因，也存在编制利用不够的问题。推动解决需要用好现有空余编制和建立动态核增机制同步发力。动态调整编制时，要突出"两个倾斜"：在不同医院间，适当向承担政府指令性任务较重医院，以及儿童、精神、妇幼、传染病等医院倾斜；在医院内部，向临床医护药技一线、短缺人才等倾斜。同时，要推动医疗联合体内公立医疗卫生机构编制分别核定、统筹使用，人员统一招聘和管理，提高人员归属感。

（二）建立以医疗服务为主导的收费机制。公立医院以药补医机制基本破除后，合理的服务价格成为保障其平稳运行的基础。2021 年，中央全面深化改革委员会审议通过《深化医疗服务价格改革试点方案》以来，改革试点取得阶段性进展。但有的医疗服务价格仍然相对偏低，有的新技术没有及时纳入价格体系，不利于公立医院健康可持续发展，改革仍需持续用力。需要把握两个原则：一个是小步快走，综合考虑人民群众看病负担、医保基金承受能力、公立医院运行需要等因素，建立分类管理、医院参与、科学确定、动态调整的医疗服务价格机制。另一个是有升有降，体现对短板学科和专业的支持，及时将临床上验证成熟稳定、安全有效的新技术纳入价格管理。

（三）完善薪酬制度和绩效考核。公立医院薪酬既有总量问题，也有结构问题，完善薪酬制度也要从这两个方面入手。总量方面关键在于把"两个允许"落实到位，合理核定医疗卫生机构绩效工资总量和水平，充分体现医务人员的技术劳务价值。结构方面主要是逐步推进"三个结构调整"，即动态缩小不同等级和不同类型医疗机构间人员收入差距、动态缩小医院内部不同科室和不同专业间人员收入差距、逐步提高基础薪酬等相对固定的稳定收入所占比重，从而鼓励医疗卫生专业人员多钻研技术、多提供良好服务。同时，要完善以公益性为导向、以健康产出和服务质量为主的绩效考核体系，按照管理层级和机构类型分级分类实施考核评价，促进收入分配更科学、更公平，推动提升服务效率和质量。

（四）以患者为中心持续改善医疗服务。这既是深化医改的内在要求，也是提升群众看病获得感的重要举措。《报告》今年主要强调做好"两个改善"：一个是改善病房条件，适当提高床位配置水平，加强病房适老化、便利化改造，在政策允许的范围内增加特需医疗服务供给，满足人民群众多元化需求。另一个是改善诊疗条件，优化门诊全流程布局，加强门诊"一站式"服务中心建设，探索推行"先诊疗后付费"、"一次就诊一次付费"等做法，加强诊后管理与随访，切实改善患者就医感受。

（庚　波）

90. 推进医保改革有哪些措施？

全民医保是中国特色基本医疗卫生制度的基础。经过多年努力，我们建成了全世界最大、覆盖全民的基本医疗保障网。2025年，居民医保人均财政补助标准再提高30元、达到700元，在财政收支平衡压力加大的情况下实属不易，一定要把宝贵资金用在刀刃上。《报告》强调健全基本医疗保险筹资和待遇调整机制，重点从以下几个方面对推进医保改革提出要求：

（一）稳步推动基本医疗保险省级统筹。从国际上看，建立全民医保制度，一个重要的理念就是互助共济，共同抵御大额医疗支出风险。提高医保基金统筹层次，有利于增强医保基金互助共济和抗风险能力，更好实现区域公平、代际公平。《报告》强调推动省级统筹，不是简单地将基金共济范围从地市拓展到全省，要统筹考虑各地市基金总量、报销政策、管理水平等因素，精准精细制定实施方案。对于已开始探索省级统筹的省份，要总结完善政策，持续扩大改革成效。对于省内政策相对统一、管理服务能力较强的省份，要积极推动。对于基础较弱的省份，要加强督促指导，加快推动医保待遇清单统一和管理服务能力提升，为实现全省统筹创造条件。

（二）深化医保支付方式改革。2019年起，按病组（DRG）和病种分值（DIP）付费为主的医保支付方式改革试点先后启动，改变了过去医保基金主要按项目向医疗机构付费的方式。

截至 2024 年底，全国基本实现 DRG/DIP 付费全覆盖。初步看，这项改革在减轻群众负担、保障基金高效使用、规范医疗机构行为等方面取得了积极效果，但也有一些地方医保部门和医疗机构、医务人员反映现行分组存在不够精准、不够贴近临床等问题。要进一步完善 DRG/DIP 付费管理政策，健全分组方案动态调整机制，用好特例单议机制，鼓励动态评审或一季度开展一次特例单议评审，支持新药耗新技术临床使用。

（三）**优化药品和耗材集采政策**。2018 年国家药品集采实施以来，逐步挤掉了虚高药价的水分，有效降低了群众用药负担。近期，有的医疗机构和医务人员反映，集采后价格确实下来了，但效果和稳定性感觉有所降低。按照《报告》部署，2025 年要突出强化质量评估和监管，坚持对集采中选企业全覆盖检查和中选品种全覆盖抽检，鼓励临床一线医生积极反馈质量风险线索，鼓励业内人士和社会各界持续监督中选产品质量，牢牢守住质量安全底线。同时，加强集采中选产品真实世界研究，引入更多权威机构、拓展更多应用场景，更加准确界定集采中选产品临床真实疗效，让人民群众用药更放心。

（四）**严格医保基金监管**。守住基金安全底线，事关广大群众切身利益。近年来，欺诈骗保等违法违规行为隐蔽性有所增强，监管压力不断加大。必须以"零容忍"态度常抓不懈，扎实开展飞行检查、专项整治和日常监管，深化智能监管子系统应用，始终保持监管高压态势。《报告》强调了全面建立药品耗材追溯机制，这项工作对精准打击和纠治药品耗材串换、倒卖等"顽疾"具有重要作用。要加快推动药品耗材追溯码全场景应用，有效实现监管关口前移，促进医保监管网织得更密、扎得更牢，让每一分钱都用于增进人民健康福祉。

（庾　波）

91. 如何提高养老保障水平?

社会保障水平的提高有利于改善广大群众生活。今年将继续加大社会保障力度,提高基本养老金标准,推动多层次多支柱养老保险体系建设。

(一)城乡居民基础养老金最低标准再提高20元。城乡居民养老保险的参保对象主要是未参加职工基本养老保险的城乡居民,其中以农村低收入群众居多。考虑到城乡居民基础养老金水平较低,国家通过增加财政补助的方式,对基础养老金全国最低标准进行了多次调整。按照《报告》要求,2025年将继续加大财政投入力度,在2024年全国最低标准每人每月123元基础上再提高20元,达到每人每月143元。这里的最低标准主要是中央财政补助的,加上地方财政补助和个人账户部分,实际领取额会更高。由于城乡居民养老保险制度建立得比较晚,今后要进一步健全筹资和待遇调整机制,优化完善筹资结构,同时增加个人账户积累,逐步提高保障水平。

(二)适当提高退休人员基本养老金。这里的退休人员,指的是参加城镇职工基本养老保险的离退休人员。退休人员基本养老金调整已经形成稳定机制。2025年适当提高退休人员基本养老金,将延续以往的成熟办法,充分考虑经济增长、物价涨幅、社会工资增长等情况。基础养老金计发比例、基数和个人账户养老金将与个人缴费情况挂钩,体现鼓励长缴多得、多缴多得的导向。同时,养老金调整将向中低收入群体倾斜,防止待遇差距拉大。从资金来源看,提高的部分主要来自财政补助资金、养老保险统筹基金等。实际操作中,有关部门将制定全国总体调整办法,各地据此制定地方的办法。

(三)加快发展第三支柱养老保险。构建以基本养老保险为基础、企业(职业)年金为补充、与个人储蓄性养老保险和商业养老保险相衔接的多层次多支柱养老保险体系,是一项长期任务。其中,加快发展第三支柱养老保险是《报告》部署的重点工作,也是当前养老保险体系建设的重要发力点。我国第三支柱养老保险主要有个人养老金和商业养老保险。其中,个人养老金实行完全由个人缴费、政策给予支持,目前已经向全国推开。为增强制度扩围后的效果,要完善财税政策、金融服务、待遇领取等配套支持措施,加强政策宣传解读,优化经办服务。先行开展的地区要巩固扩大成效,新扩围的地区要按照新的要求和标准开展工作,推动更多有条件的群众参加。大力发展商业养老保险,扩大商业养老金业务试点,支持更多符合条件的保险公司参与商业养老金业务,形成第三支柱养老保险多元发展局面。

(四)继续完善基本养老保险和年金制度。从基本养老保险制度看,重点是实施好养老保险全国统筹制度,这是解决地区间基金负担不均衡的重要制度安排。要推进落实全国统筹制度各项规定要求,落实地方财政投入机制,强化激励约束,确保全国统筹资金调拨顺畅。完善全国统一的社保公共服务平台,创新服务模式,不断提升管理能力和服务水平。从年金看,这项制度包括企业年金和职业年金，分别由企业和机关事业单位建立。其中，企业年金多是经营效益好的单位参加，一些企业由于经营困难、参加意愿不强，企业年金覆盖面还有较大提升空间。要持续健全企业年金制度，通过完善支持政策、简化办理流程等，进一步扩大企业年金覆盖面，使其补充养老功能更好显现。

（王存宝）

92. 在加强"一老一小"服务方面有哪些措施？

随着经济社会发展和人口年龄结构变化，我国总体上已由人口增量发展转向减量发展阶段。要积极应对老龄化、少子化，健全覆盖全人群、全生命周期的人口服务体系，不断提高"一老一小"服务水平。

（一）**完善发展养老事业和养老产业政策机制。**当前我国老龄化程度进一步加深，60 岁及以上老年人口 3.1 亿，占总人口的比重为 22%，其中 65 岁及以上老年人口 2.2 亿、占 15.6%。深化养老服务改革，大力发展银发经济，进一步强制度、建体系、优服务，着力解决养老服务面临的突出难题。聚焦满足多样化养老需求，加快推进社区支持的居家养老，特别是老年助餐服务需求很大，目前全国老年助餐点达 7.5 万个，要用好财政资金和补贴政策，加大对老年助餐服务支持力度。拓展老年助餐服务网络，持续提升服务质量。围绕健全县、乡、村三级养老服务网络，通过改扩建、新建、提升功能等方式，整合养老服务资源，推进县级综合养老服务管理平台、乡镇（街道）区域养老服务中心、村（社区）养老服务设施站点建设，提高标准化建设水平。针对农村老龄化程度更高、养老资源和服务不足的问题，加强农村养老服务和设施建设，大力推进互助性养老服务。扩大普惠养老服务，加大养老设施投入力度，持续组织实施普惠养老专项行动，吸引更多社会力量参与提供养老服务。

（二）强化失能老年人照护。我国失能半失能老年人约3500万，失能照护服务整体上还比较缺乏。要加强和改进照护服务，加大财政投入，支持家庭适老化改造、建设家庭养老床位，加大对康复辅助器具购置和租赁的支持力度。对经济困难家庭失能老年人，继续通过财政支持给予集中照护。服务人员短缺影响照护服务开展，要加大人才培养力度，提升技能水平，健全职业上升通道，加快补齐人力资源短板。积极发展智慧养老，深入开展"智慧助老"行动，推动信息化、智能化技术和产品在失能照护中创新应用。聚焦失能预防、延缓、照护等阶段，围绕医、食、住、行、康、护等具体需求，打造需求评估、服务供给、服务保障的完整服务链，加强部门政策集成，提升服务专业水平。

（三）制定促进生育政策。2024年，全国出生人口954万人，较2023年有所增加，但社会上对生育率下降仍存在担忧。2024年10月底，国务院办公厅出台了《关于加快完善生育支持政策体系推动建设生育友好型社会的若干措施》。要在落实好这些措施基础上，继续加大生育支持力度。《报告》提出发放育儿补贴，深受社会欢迎。现在，全国已经有23个省份在不同层级探索实施育儿补贴政策。要在此基础上，在全国层面向适龄幼儿发放育儿补贴，明确发放对象、标准和形式，逐步提高补贴水平。整合各种补贴形式，加快推进建立育儿补贴制度。除直接的经济支持外，还要完善生育休假制度，制定完善产假、育儿假、陪护假、哺乳假等法规和管理办法，更好分担用人单位和个人的时间成本。完善生育保险制度，扩大到更多以灵活就业人员身份参加职工医保的劳动者，并与育儿补贴制度同步推进。积极研究制定更有力度的综合性支持措施，分阶段持续推进。

（四）增加普惠托育服务供给。生了孩子没人带，是很多年轻父母的担忧。在托育服务方面要继续加力推进，着力增加公建托位供给，大力发展托幼一体服务和社区嵌入式托育，支持有条件的幼儿园招收 2—3 岁幼儿，支持用人单位办托和家庭托育点等多种模式发展。通过这些措施，有效解决托位少、费用高等问题，满足不同家庭的托育服务需求。鼓励有条件的地方对普惠托育服务机构给予适当运营补助，增强机构运营的可持续性。加强综合监管，守住托育服务安全底线。良好的婚育观念和环境对支持生育十分重要，要积极培育新型婚育文化，加强对年轻人婚恋观、生育观、家庭观的引导，破除高额彩礼等陈规陋习，倡导适龄婚育。加强婚姻家庭服务指导，提高婚姻登记信息化水平，加快实现"全国通办"。

（王存宝）

93. 如何加强困难群众兜底保障?

困难群众是社会保障的重点对象。要聚焦低保家庭、困境儿童、残疾人等困难群众,进一步强化兜底救助功能,增强社会保障普惠性,提高救助保障效果。

（一）加强低收入人口动态监测和常态化救助帮扶。 目前,纳入有关部门低收入人口动态监测平台的人数超过 8000 万。对这些困难群体,要按照《报告》要求,通过对象分层、内容分类、动态监测、综合施策,加强精准救助帮扶。运用"大数据比对＋铁脚板摸排"等方式,加强动态监测,及时发现、及时救助帮扶困难群众。研究制定健全常态化救助帮扶体系的指导政策,全面开展低保边缘家庭、刚性支出困难家庭认定工作,提高认定工作的规范性。完善分层分类社会救助体系。稳定困难群众救助保障财政资金投入,落实好低保标准动态调整机制,推进低保扩围增效。完善异地临时救助相关的政策制度,落实好由急难发生地实施临时救助的要求,推进建立"救急难"平台,促进社会组织、经营主体等参与救助帮扶。在以资金和物质救助为主的兜底保障基础上,加快发展服务类社会救助,推进服务类社会救助试点,完善低收入人口就业救助、产业帮扶等发展型政策举措。

（二）加强困境儿童、流动儿童和留守儿童关爱服务。 针对他们的具体情况和实际困难,发挥家庭、学校、政府、社会等力量，在基本生活、心理健康、教育医疗等方面，切实加强分类精准保障。扎实做好孤儿、事实无人抚养儿童基本生活保障，推进全国 1045 个儿童福利和救助机构标准化建设，提升救助服务功能，支持为更多有需求的困境儿童提供服务。加强对流动儿童等的异地临时救助，符合条件的要及时发放相关补贴，切实加强对生活困难家庭的保障房支持。着力提升教育帮扶能力，落实教育资助政策，加大对农村留守儿童辍学学生劝返复学工作力度。全国跨省流动农民工有 6800 多万，对他们的随迁子女，要加大公办学校学位供给，稳步提高就读公办学校或享受政府购买学位比例。做好适龄流动儿童疫苗接种，逐步提高医疗保障水平。

在保障好基本生活同时，要持续做好关爱服务。发挥社区儿童主任作用，加强对家庭监护的督促指导，完善委托照护制度，让留守儿童也有人关爱。对有心理疾病的儿童，要综合运用心理健康教育、心理健康监测、及早有效关爱、畅通转介诊疗等多方面举措，全面提升关爱服务质效。一些随父母进城的儿童在很多方面不适应，要通过城市文化介绍、社区环境熟悉等活动，帮助他们更好融入城市生活。高度重视安全风险防范，加强儿童安全教育引导，在寒暑假等时段重点加强防护，切实守护儿童安全。

（三）提升残疾预防和康复服务水平。我国有 8500 万残疾人，其中持证残疾人 3800 多万，要持续做好关爱保障工作。切实加强残疾预防。2025 年是《国家残疾预防行动计划（2021—2025 年）》的收官之年，要落实出生缺陷和发育障碍致残防控、疾病致残防控等行动任务，扎实开展残疾预防日宣传教育活动，有效控制残疾发生发展。在全面完成各项任务基础上，研究制定新一期国家残疾预防行动计划。提升残疾人康复服务质效。持续推进残疾人精准康复服务行动，健全完善残疾人康复服务标准体系，确保服务覆盖率稳定在85%以上。加强康复机构专业能力建设，提升专业服务能力和科学管理水平。继续开展精康融合行动，推广残疾人自助互助等康复服务，做好帮扶低收入残疾人参加基本医疗保险工作，推进残疾人接受家庭医生签约和友好医疗机构建设。

（四）做好重度残疾人托养照护服务。我国有约1700万重度残疾人，要推进落实已出台的政策，加大各种形式的托养照护服务供给，确保符合条件的重度残疾人得到相应的托养照护服务。养老服务与重度残疾人托养服务密不可分，要做好两者的有机衔接，增加护理型床位供给，引导养老机构收住失能老年人，发展长期照护和认知障碍老年人照护服务，稳步增加照护内容，提升服务水平。要在提升康复服务水平、控制残疾发生发展同时，加强教育和就业帮扶，促进更多残疾人稳定就业和融入社会。

（王存宝）

94. 怎样完善公共文化服务体系和文化产业体系？

提供高质量、多种类的文化服务和文化产品，是一个时代文化发展的重要标志，也是丰富人民精神文化生活的必然要求。要大力推动文化事业和文化产业发展，不断优化文化服务和文化产品供给机制，更好满足人民群众精神文化需求。

（一）生产更多高品质文化产品。内容是文化产品的核心，优化文化产品供给，首先要在源头做好优质内容生产。近段时间《黑神话：悟空》、《哪吒之魔童闹海》火爆出圈，充分说明顺应文化创作和传播规律打磨的精品，可以释放巨大的文化能量与市场潜力。要坚持以人民为中心的创作导向，把提高质量作为文艺创作的生命线，引导广大文艺工作者立足生活的深厚沃土，自觉运用中华优秀传统文化的宝贵资源，学习借鉴人类一切优秀文明成果，充分发挥个性与创造力，推出更多熔铸古今、汇通中西的文化精品。要坚持出成果和出人才相结合、抓作品和抓环境相贯通，实施好新时代艺术创作系列工程，充分调动广大艺术家积极性主动性，营造有利于创新创造的文化生态。近年来新大众文艺蓬勃兴起，人们利用网络平台创作传播小说、散文、诗歌、短视频、微短剧、才艺表演等，积极参与文化创造、体验精神生活。要推动和引领新大众文艺健康发展，为来自普通大众的创作者施展才华搭建平台、创造条件，以树正气、接地气、有烟火气的作品为文化发展注入澎湃动力。

（二）完善公共文化服务体系。发展公共文化服务，是保障人民文化权益、改善人民生活品质的重要途径。要制定促进公共文化服务提质增效的政策措施，创新实施文化惠民工程，推动优质文化资源直达基层，把更多文化服务送到老百姓身边。要完善公共文化设施网络，持续做好公共图书馆、文化馆（站）、美术馆、博物馆等公共文化场馆免费开放工作，建设城市书房、文化驿站等新型文化空间，推动公共文化设施延时、错时开放，有效满足群众需求。要举办丰富多彩的群众文化活动，通过四季"村晚"、群众歌咏、广场舞等大家喜闻乐见的形式，为群众提供展示自我、沟通交流和文化娱乐的舞台。浓郁书香是良好文化环境的重要体现，要深化全民阅读活动，进一步在全社会涵育爱读书、读好书、善读书的良好风尚。要加快补齐公共文化服务短板，实施"春雨工程"、"大地情深"等文化志愿者活动，推动优质公共文化资源向农村地区、革命老区、民族地区、边疆地区倾斜，支持公共文化机构为老年人、残疾人、进城务工人员等做好服务，加强特殊群体文化权益保障。还要适应数字化趋势，实施国家文化数字化战略，统筹推进国家文化大数据体系、全国智慧图书馆体系和公共文化云建设，推动优质公共文化产品和服务广泛覆盖、普惠应用。

（三）健全文化产业体系和市场体系。2024年，我国文化领域各行业实现全面增长，规模以上文化企业实现营业收入14.15万亿元、增长6%，其中文化新业态特征较为明显的16个行业小类实现营业收入5.91万亿元、增长9.8%。要实施国家重大文化产业项目带动等战略，推动文化产业规模持续扩大、经营主体发展壮大、质量效益明显提升。推进区域文化产业带建设，提升国家级文化产业示范园区（基地）发展水平，打造一批文化产业集群。深化文化领域国资国企改革，打造知名文化品牌和企业集团，鼓励、支持、引导非公有资本依法进入文化产业，培养骨干型、新锐型和"小精特型"民营文化企业，扶持"出海型"文化企业，夯实产业发展基础。广泛开展各类文化消费促进活动，扩大文化演出市场供给，促进电影关联消费，提升广播电视和网络视听、网络文学、网络表演、网络游戏质量。加快发展新型文化业态，探索文化和科技融合的有效机制，拓展沉浸体验、剧本娱乐、数字艺术等新场景新模式，形成更多新的文化产业增长点。

（王晓丹）

95. 如何提升体育运动发展水平？

国运兴则体育兴、国家强则体育强。要锚定建设体育强国目标，继续大力发展以人民为中心的体育事业，加快竞技体育、群众体育、青少年体育、体育产业、体育文化、体育对外交往等各领域全面发展，让体育为社会提供强大正能量。

（一）改革完善竞技体育管理体制和运行机制。在 2024 年巴黎奥运会上，中国体育代表团共收获 40 枚金牌、27 枚银牌、24 枚铜牌，取得我国在境外参加夏季奥运会的历史最好成绩，为祖国和人民赢得了荣誉，也标志着我国竞技体育事业又迈上新的台阶。要推动竞技体育举国体制与市场机制更充分结合，建立更加系统完备的竞技体育政策体系，研究制定新时期的奥运争光计划，提升竞技体育治理能力和治理水平。坚持开门、开放办竞技体育，根据不同项目特点实行分类管理，推动符合条件的项目走职业化道路，新兴项目积极调动社会力量办体育，拓宽后备人才培养"蓄水池"。更加注重提升基础大项和"三大球"水平，统筹夏季项目与冬季项目、优势项目与落后项目、东部地区和西部地区，进一步优化项目结构布局和地区发展格局，推动竞技体育协调均衡发展。

（二）广泛开展全民健身活动。当前，人民群众健身意识不断增强，全民健身需求快速增长，我国经常参加体育锻炼的人数比例已经达到 37.2%。要大力推进体育公园、健身步道、社会足球场等群众身边的运动场地设施建设，进一步开展公共体育场馆免费低收费开放，为人民群众参加体育运动提供更多便利。要加强科学健身指导，充分发挥300多万名社会体育指导员作用，通过科学健身大讲堂、国民体质检测等活动，将健身知识送到群众身边。赛事活动是带动全民健身事业发展的催化剂。要充分发挥全运会群众赛事、全民健身大赛等赛事引领示范作用，开展好新年登高、全民健身日等全民健身主题示范活动，加大对"村超"、"村BA"等群众性赛事的宣传和培育力度，持续激发群众体育热情。今年2月的哈尔滨亚冬会是继北京冬奥会后我国举办的又一重大综合性国际冰雪运动盛会，要借此机会广泛开展群众性冰雪运动，巩固扩大"带动三亿人参与冰雪运动"成果。

（三）**加强青少年科学健身普及和健康干预。**青少年健康成长事关国家发展、民族未来，要始终坚持"健康第一"的教育理念，充分发挥体育在促进青少年成长方面的独特作用。要持续举办"奔跑吧·少年"主题健身活动、青少年阳光体育大会、青少年三大球运动会等赛事活动，开齐开足上好体育课，保障课间活动时间，鼓励引导广大青少年走进体育场、走到阳光下，在体育锻炼中享受乐趣、增强体质、健全人格、锤炼意志。要着眼解决青少年近视、肥胖、脊柱侧弯、心理健康等问题，强化科学健身指引和体质健康干预，积极编创开发相关科普读物、体育游戏、运动健康课程等，以体育力量为他们的健康成长保驾护航。

（四）**大力发展体育产业。**近年来，大众体育消费热情高涨，推动了我国体育产业蓬勃发展，从 2012 年到 2022 年，我国体育产业增加值年均增速达到 15.4%，远高于同期经济增速。要进一步扩大体育消费，增加高质量赛事供给，提供多层次、多样化、个性化的体育服务，推动体育与文化、旅游、康养等产业深度融合，拓展"跟着赛事去旅行"等特色模式，不断挖掘体育消费潜力。要推动智慧体育场馆、智能体育公园等设施建设，打造沉浸式、体验式、互动式的数字体育消费新场景。体育用品业占体育产业的"半壁江山"，要积极推动体育用品制造企业加大创新投入，加快新技术、新材料研发应用，培育更多世界一流体育企业，打造一批中国体育高端品牌。要把冰雪经济作为重要经济增长点，加快推动冰雪运动、冰雪文化、冰雪装备、冰雪旅游全产业链发展，让冰雪"冷资源"更大释放经济"热效应"。

（王晓丹）

96. 维护国家安全和社会稳定需要做好哪些重点工作？

国家安全是中国式现代化行稳致远的重要基础。社会稳定是国家强盛的前提。《报告》强调更好统筹发展和安全，对维护国家安全和社会稳定作出部署安排。我们要深入学习领会、认真贯彻落实，在国家更加安全、社会更加有序、治理更加有效、人民更加满意上持续用力，把平安中国建设推向更高水平。

（一）**加强公共安全治理**。公共安全与人民群众切身利益关系最密切，是人民群众安全感的晴雨表，是社会安定的风向标。要进一步提高公共安全治理水平，让更高水平平安中国以人民群众可见、可触、可感的方式实现。坚决遏制重特大事故发生。深入实施安全生产治本攻坚三年行动，进一步做好矿山、危化品、消防、工贸等重点行业领域安全生产风险排查整治，突出抓好建筑保温材料"一件事"全链条整治。强化基层应急基础和力量。贯彻落实好《关于进一步提升基层应急管理能力的意见》，切实筑牢应急管理第一道防线。严格食品药品监管。严把从生产地到餐桌、从实验室到医院的每一道防线，坚持以最严谨的标准、最严格的监管、最严厉的处罚、最严肃的问责强化全流程、全生命周期食品药品安全监管。抓好校园学生餐、平台外卖安全监管。进一步压实部门、地方、企业的安全责任，构建更加科学严谨的食品安全标准体系。强化药品安全风险防控。做好各类自然灾害防范应对。做好西藏定日县地震灾后恢复重建，提高重点地区房屋、基础设施抗震能力。完善国家安全风险监测预警体系，谋划推进自然灾害防治重点工程建设。谋划实施一批"十五五"时期强基础、增功能、利长远的防灾减灾救灾重点工程。提升重大灾害救援救灾能力。

（二）创新和完善社会治理。要确保中国特色社会主义基层治理政治本色，健全党组织领导的自治、法治、德治相结合的城乡基层治理体系，建设人人有责、人人尽责、人人享有的社会治理共同体。健全城乡基层治理体系。加强乡镇街道服务管理力量。坚持重心下移、力量下沉、资源下投，完善网络化管理、精细化服务、信息化支撑的基层治理平台。提高市域社会治理能力。引导支持社会组织、人道救助、志愿服务、公益慈善等健康发展。进一步完善制度、推进改革，以规范化建设推动社会组织高质量发展。深化行业协会商会等改革，支持公益慈善健康发展，加强社会工作者队伍建设，更好组织群众、发动群众，为国家安全工作赢得最可靠、最牢固的群众基础和力量源泉。把矛盾纠纷化解在基层、化解在萌芽状态。坚持和发展新时代"枫桥经验"，推进基层综治中心规范化建设，持续推进信访工作法治化。健全社会心理服务体系和危机干预机制，培育自尊自信、理性平和、积极向上的社会心态。强化社会治安整体防控，切实维护社会安定。完善社会治安整体防控体系，依法严惩涉黑涉恶、电信网络诈骗、跨境赌博、涉枪涉爆、侵害妇女儿童权益和黄赌毒、盗抢骗等群众反映强烈的违法犯罪活动，全力保障人民群众安居乐业、社会安定有序。

96. 维护国家安全和社会稳定需要做好哪些重点工作?

《报告》提出,努力实现高质量发展和高水平安全的良性互动。高水平安全涵盖经济社会发展很多方面内容,除了加强公共安全治理、完善社会治理之外,《报告》对有效防范化解重点领域风险也作出安排。同时,在农业、能源、工业等领域提出的一系列举措,都贯彻和体现了统筹发展和安全的要求。

（孙韶华）

97. 如何提高安全生产水平?

近年来,全国生产安全事故起数和死亡人数持续下降,重特大事故明显下降。同时也要看到,随着我国社会主要矛盾的变化,人民群众对平安的要求也越来越高。要坚持把防范遏制重特大事故作为重中之重,进一步提高公共安全治理水平,让更高水平平安中国以人民群众可见、可触、可感的方式实现。

(一)深入实施安全生产治本攻坚三年行动。安全生产责任重于泰山,须臾不可放松。近年来,一些地方发生的居民自建房坍塌、餐馆燃气爆炸、电动自行车起火等重特大事故,对人民群众安全感造成严重冲击,事故惨痛教训十分深刻。开展安全生产治本攻坚三年行动是解决安全生产领域基础性根源性问题的重要举措。2024 年实施以来已经取得积极成效,2025 年是三年行动承上启下的关键一年,要以制度建设为重点,抓好重大事故隐患判定标准查漏补缺和提质升级,推动"人防、技防、工程防、管理防"措施持续发力,提升安全生产考核巡查规范性和权威性,更加注重源头治本解决问题。

(二)做好重点行业领域安全生产风险排查整治。2024 年有关部门聚焦燃气、电动自行车等重点行业领域强化全链条整治,紧盯"一件事"明确责任分工,取得了明显成效。每百万辆电动自行车火灾数量由 2023 年的 5.6 起下降至 3 起,火灾起数同比下降 42.2%,伤亡人数下降超过 90%。今年要进一步做好矿山、危化品、消防、工贸等重点行业领域安全生产风险排查整治。突出抓好建筑保温材料"一件事"全链条整治，加强渔业船舶、民航安全监管，深化燃气、电动自行车、矿山、危化品、畅通消防"生命通道"等专项整治，不断提高重点行业领域本质安全水平。用好大规模设备更新等支持政策，深入推进化工落后工艺技术设备、老旧装置淘汰退出和更新改造，推动老旧场所消防设施改造升级。

（三）强化基层应急基础和力量。基层处于处置各种情况的最前沿、第一线。一些经营主体安全投入不足，这些单位所在的乡镇街道、城乡社区往往安全监管防范能力水平也较弱，基层安全治理薄弱已经成为当前工作的突出短板。2024年，中共中央办公厅、国务院办公厅印发的《关于进一步提升基层应急管理能力的意见》提出一系列改革举措和制度安排，要抓好贯彻落实，切实筑牢应急管理第一道防线。坚持资源向基层倾斜、力量向一线下沉。进一步完善乡镇街道应急消防工作机制，根据地区人口数量、经济规模、安全风险程度等因素，配齐配强基层应急救援力量。强化对基层干部教育培训，提升基层安全素质和应急能力。加强应急预案编制和演练，持续推动安全宣传进企业进农村进社区进学校进家庭，大力普及防灾减灾、逃生避险、自救互救知识，提升教育培训和科普宣传效果。

（孙韶华）

98. 加强法治政府建设要做好哪些工作？

法治政府建设是全面依法治国的重点任务和主体工程。我国大约 80% 的法律、90% 的地方性法规和几乎所有的行政法规的执法工作，都是由行政机关来承担的。各级政府要深入学习贯彻习近平法治思想和党中央关于全面依法治国的战略部署，严格依照宪法法律履职尽责，推进政府机构、职能、权限、程序、责任法定化，自觉接受各方面监督，增强法治意识，提升法治能力，养成法治习惯，让政府工作始终在法治轨道上开展。

（一）坚持科学、民主、依法决策。规范重大行政决策程序，是建设法治国家、法治政府的必然要求。党的二十届三中全会首次提出"加强政府立法审查"，《报告》落实三中全会精神，提出"加强政府立法审查，强化重大决策、规范性文件合法性审查"。要进一步改革优化立法模式和工作机制，统筹推进相关法律法规规章立改废释纂工作，加强重点领域、新兴领域、涉外领域立法，及时推动修改或废止不适应改革发展要求的法律法规，多推动一些"小快灵"、针对性强的立法，防止部门利益和本位主义，确保行政行为于法有据。抓紧建设全国统一的法律法规和规范性文件信息平台，抓好《法规规章备案审查条例》实施，持续提升立法工作质效。完善重大决策合法性审查机制，进一步明确规范性文件合法性审查范围，规范审查程序，强化审查责任。作出重大决策前，应当听取合法性审查机构的意见，注重听取法律顾问、公职律师或者有关专家的意见。凡涉及公民、法人或者其他组织权利和义务的规范性文件，均应经过合法性审查。

（二）**深化政务公开**。政务公开是建设法治政府的一项重要制度。近年来，各级政府主动回应社会关切，不断加强经济宣传和舆论引导，推动政务公开制度更趋完备。2025 年，要进一步落实《中华人民共和国政府信息公开条例》，完善信息公开目录，健全信息公开审查机制，及时、准确地公开政府信息，持续提高政府工作的透明度。针对企业和群众普遍关注的经济社会发展热点问题，要及时主动发声，扎实做好经济形势宣传、政策解读和预期引导，把与企业和群众利益相关的政策措施讲清楚、讲透彻。随着信息网络技术飞速发展，社会公众对政务公开的及时、便捷、实用有了新的更高期待。在制定政策时，要同步考虑和安排政策解读工作，对涉及面广、社会关注度高、实施难度大、专业性强的政策法规，综合运用多种方式，深入浅出地解读政策出台的背景、目标和要点，帮助企业和群众准确把握政策精神，更好理解政策、便捷享受政策。

（三）**推进严格规范公正文明执法**。推进严格规范公正文明执法是建设法治政府的重要内容。当前，一些领域和地方仍存在滥用行政裁量权、执法不公正甚至选择性执法、趋利性执法问题。要深入落实行政裁量权基准制度，着力完善行政处罚等领域行政裁量权基准的制定主体、职责权限、制发程序、监督管理等规定。针对基准覆盖不全面问题，抓紧完善许可、征收、强制、检查等裁量权基准；针对裁量幅度不合理问题，考虑经营主体违法情况和可承受能力，按照"过罚相当"原则确定处罚限度；针对地方标准不统一问题，加强统筹指导，及时督促调整。中央经济工作会议明确 2025 年要开展规范涉企执法专项行动。各级政府要进一步规范执法程序，全面落实行政执法公示、执法全过程记录、重大执法决定法制审核制度，畅通申诉渠道，依法保障监管对象申诉权利。进一步优化执法方式，对情节比较轻微、没有主观故意、对社会危害性较低的违法行为，可采取柔性执法措施。进一步强化执法监督，关注罚没收入异常增长、违规异地执法、大额顶格处罚等情况，审查核实相关执法行为，有问题的及时纠正。

（董明志）

99. 如何提升行政效能和水平？

优化政务服务、提升行政效能是优化营商环境、建设全国统一大市场的必然要求。各级政府要坚持求真务实，从实际出发解决问题，不断优化工作流程、改进工作方式，把党中央决策部署细化实化具体化，一项一项抓出成效。

（一）**完善党中央重大决策部署落实机制**。各级政府作为国家行政机关，首先是政治机关。要自觉贯彻党总揽全局、协调各方的根本要求，坚持从党和人民的立场、党和国家工作大局出发想问题、作决策、办事情，积极主动将党的主张和重大决策部署转化为法律法规和政策政令，转化为领导体制、工作机制和管理方式方法创新，转化为推动经济社会发展的实际行动。正确处理保证党中央政令畅通和立足实际创造性开展工作的关系，善于把党中央决策部署与自身实际结合起来，谋划牵引性、撬动性强的工作抓手和载体，提高创造性贯彻落实能力，确保抓落实的最终效果符合党中央决策意图。

（二）**加力推进"高效办成一件事"**。国务院把"高效办成一件事"作为优化政务服务、提升行政效能的重要抓手，2024年印发《关于进一步优化政务服务提升行政效能推动"高效办成一件事"的指导意见》，分两批推出了 21 个重点事项，2025年第一批又推出了 12 个重点事项。各级政府要健全"高效办成一件事"重点事项清单管理和常态化推进机制，提升线上线下政务服务能力，着力实现办事方式多元化、办事流程最优化、办事材料最简化、办事成本最小化，最大限度利企便民。以"高效办成一件事"为牵引，加快数字政府建设，完善覆盖全国的一体化在线政务服务平台，扎实推进跨层级、跨地域、跨系统、跨部门、跨业务政务数据共享和业务协同，持续推动政务服务标准化、规范化、便利化，让更多"一件事"能够高效办成，为企业和群众带来更好的体验。

（三）进一步强化正向激励。中央经济工作会议明确提出，要强化正向激励，激发干事创业的内生动力。近年来，各级政府及其工作人员担当作为的责任感和精气神不断提升，但有的干部仍然存在乱作为、不作为、不敢为、不善为问题。2025年我国经济社会发展仍面临不少困难挑战，越是形势复杂、任务艰巨，越要迎难而上、主动作为。各级政府要完善考核评价体系，健全干部担当作为激励机制，把"三个区分开来"落到实处，为负责的干部负责，为担当的干部担当，为敢抓敢管的干部撑腰，为积极作为的干部加油鼓劲，充分调动干部积极性、主动性、创造性。政府工作人员要坚持干字当头、脚踏实地，以时不我待的精神狠抓落实，善于用改革创新的办法破解难题、科学应变，着力增强工作的穿透力，以更加强烈的担当、更加积极的作为推动高质量发展取得新成效，创造更多经得起历史和人民检验的发展业绩。

（四）持续整治形式主义为基层减负。基层是贯彻落实党中央决策部署的"最后一公里"，处于服务群众的最前沿。2024年，中共中央办公厅、国务院办公厅印发了《整治形式主义为基层减负若干规定》，首次以党内法规形式制定出台为基层减负的制度规范。要坚持问题导向，把基层的"痛点"作为整治的"靶点"，对基层群众反映强烈的突出问题，发现一个整治一个；对具有一定典型性、普遍性的问题，集中力量开展专项整治和清理。把握工作重点，继续精简文件会议，整治"指尖上的形式主义"，规范创建示范和节庆展会论坛活动，扎实推动基层报表数据"只报一次"，切实把面向基层的多头重复、指标细碎、方式繁琐的督查检查考核减下来，让广大干部把更多时间和精力用到干实事上。强化源头治理，统筹为基层减负和赋能，健全为基层减负长效机制，把更多政策、资源和力量下放到基层，为基层干事创业创造更好条件。

（董明志）

100. 如何做好 2025 年外交工作?

2025 年是"十四五"规划收官之年。要深入贯彻习近平外交思想,按照党中央对外交工作的总体部署,高举和平、发展、合作、共赢旗帜,为以中国式现代化全面推进强国建设、民族复兴伟业营造更加稳定有利的外部环境,为促进世界和平与进步作出新贡献。重点应把握以下几个方面:

(一)统筹做好元首外交各项活动安排。精心设计元首外交的政治议程,周密安排领导人出访和出席国际多边会议的各项活动。办好中国人民抗日战争暨世界反法西斯战争胜利 80 周年纪念大会,展示中国坚定做维护世界和平中坚力量的决心。举行上海合作组织峰会,以"弘扬'上海精神':上合组织在行动"为主题,总结经验、凝聚共识,推动构建更加紧密的上合命运共同体。继续办好博鳌亚洲论坛、中国国际进口博览会等重要活动,做好我国领导人出席金砖国家领导人会晤、二十国集团领导人峰会、亚太经合组织领导人非正式会议等多边峰会的筹备工作。

(二)积极推动建设开放型世界经济。中国坚定奉行互利共赢的开放战略,维护以 WTO 为核心的多边贸易体制,坚定支持自由贸易和开放合作,反对保护主义和单边主义,共同维护全球产业链供应链稳定安全畅通。坚定扩大高水平对外开放,有序扩大自主开放和单边开放,推动中国—东盟自贸区 3.0 版升级协定书签署实施。

推动高质量共建"一带一路"八项行动取得新成效，统筹推进重大项目标志性工程和"小而美"民生项目建设，形成一批示范性合作成果，持续推动数字、绿色、创新、文旅、减贫等领域合作。深入落实全球发展倡议，助力发展中国家自主发展能力建设。落实和保障好对外国人免签和过境免签政策措施，为中外人员出入境提供高效优质领事服务。

（三）**不断扩大同各国友好合作**。中国坚持在和平共处五项原则基础上同各国发展友好合作，坚持走和平发展道路。推动中美尊重彼此核心利益和重大关切，妥处双方分歧、回归互利共赢，力争两国关系稳定、健康、可持续发展；夯实中俄新时代全面战略协作伙伴关系，坚定相互支持、深化务实合作、加强战略沟通、维护国际公正；加强中欧战略和高层对话，推动中欧经贸、绿色、数字、气候变化等领域合作和人员往来，引领中欧关系沿着独立自主、相互成就、造福世界的方向稳步向前。

推进东亚区域合作和自贸区建设，支持举办第二届中国—中亚峰会，不断巩固周边命运共同体。推动落实中非携手推进现代化十大伙伴行动，加快构建中阿"五大合作格局"，以中拉论坛运行 10 周年为契机开启合作新起点，为全球南方联合自强注入新动力。加强同各国教育、文化、科技、青年、地方等方面的人文交流，促进不同文明间平等对话、包容互鉴、共同进步。

（四）**坚定践行真正的多边主义**。中国始终坚持维护世界和平、促进共同发展的外交政策宗旨，反对霸权主义和强权政治，坚决维护国际公平正义。以联合国成立 80 周年为契机，重申坚定维护以联合国为核心的国际体系、以国际法为基础的国际秩序、以联合国宪章宗旨和原则为基础的国际关系基本准则，倡导和坚持践行真正的多边主义。积极参与和引领全球治理体系改革和建设，倡导平等有序的世界多极化和普惠包容的经济全球化，与国际社会一道践行共商共建共享的全球治理观，落实全球三大倡议，弘扬全人类共同价值，共同应对全球性挑战、推动国际开放合作。

认真筹划上海合作组织"中国年"，传承"上海精神"，深化友好互信，推动地区合作迈上新台阶。支持巴西、南非举办金砖国家领导人会晤和二十国集团领导人峰会，扩大非洲、拉美等全球南方影响力。践行中国特色热点问题解决之道，积极劝和促谈，推动政治解决，为解决乌克兰危机、巴以冲突以及朝鲜半岛、缅甸等热点问题继续发挥重要建设性作用。中国始终做世界和平的建设者、全球发展的贡献者、国际秩序的维护者，为推动构建人类命运共同体而不懈努力。

（刘武通）

后　记

第十四届全国人民代表大会第三次会议听取和审议了国务院总理李强所作的《政府工作报告》（以下简称《报告》）。会议充分肯定国务院过去一年的工作，同意《报告》提出的 2025 年经济社会发展的总体要求、政策取向和工作任务，决定批准这个《报告》。

为深入学习贯彻习近平新时代中国特色社会主义思想，全面贯彻落实党的二十大和二十届二中、三中全会精神以及中央经济工作会议精神，认真学习贯彻习近平总书记在今年全国两会期间发表的重要讲话精神，帮助广大干部群众学习领会《报告》精神，推动党中央决策部署落实落细，国务院研究室编写了这本学习问答，选取了 100 个问题，对《报告》主要内容作了深入解读。国务院研究室党组书记、主任，《报告》起草组负责人沈丹阳担任编委会主任，并为本书作序。

国务院研究室参加本书内容策划和组稿工作的有包益红、王存宝、孙韶华、刘帅等同志。中国言实出版社参加本书编辑出版工作的有冯文礼、朱艳华、霍成上、马衍伟、廖厚才、佟贵兆、曹庆臻、陈春科、张海霞、史会美、王建玲、王战星、代青霞、郭江妮、王蕙子、宫媛媛、商亮、张国旗、李岩、徐晓晨、刘晓云等同志。

2025 年 3 月